Das Bildungsprivileg

Bruno Preisendörfer

DAS BILDUNGS-PRIVILEG

Warum Chancengleichheit unerwünscht ist

Eichborn

1 2 3 4 09 08

Umschlaggestaltung: Christina Hucke
Foto: © Tetra Images
Lektorat: Beate Koglin
Layout: Tania Poppe
Satz: Fuldaer Verlagsanstalt, Fulda
Druck und Bindung: Clausen & Bosse, Leck
ISBN 978-3-8218-5699-5

Eichborn Verlag, Kaiserstraße 66, D-60329 Frankfurt am Main
Mehr Informationen zu Büchern und Hörbüchern aus dem Eichborn Verlag finden Sie unter www.eichborn.de

O Himmel, man kömmt leichter zu seiner Erzeugung als zu seiner Erziehung.

Valerio in *Leonce und Lena* von Georg Büchner

Inhalt

Einleitung
Pinocchios Dilemma

Als im Juli 1881 Carlo Collodi in der italienischen Kinderzeitschrift *Giornale per i Bambini* die ersten beiden Kapitel seines Fortsetzungsromans über *Pinocchios Abenteuer* veröffentlichte, wollte er damit Kinder zum Lesenlernen verführen. Auf die Idee, mit einem Buch für das Lesen zu werben, kann nur ein Schriftsteller kommen. Schließlich können ein solches Buch nur diejenigen lesen, bei denen die Botschaft offene Türen einrennt, während es denjenigen, an die es sich eigentlich wenden müsste, mit sieben Siegeln verschlossen bleibt.

In den ersten Kapiteln des Romans erzählt Collodi, wie Pinocchio von einem Tischler geschnitzt, mit einer Fibel ausgestattet und zur Schule geschickt wird. Dreizehn Kapitel später baumelt Pinocchio am Ast einer Eiche: »Er schloss die Augen, machte den Mund auf, streckte die Beine und blieb nach einem heftigen Zucken starr und steif hängen.«*

Was war passiert? Pinocchio hatte null Bock auf Schule und war einfach davongelaufen: »Wenn ich nämlich hierbliebe, dann geht es mir wie allen anderen Kindern, das heißt, man wird mich in die Schule schicken, und dann muss ich lernen, ob ich will oder nicht; und ich habe zum Lernen nicht die geringste Lust, und es macht mir mehr Spaß, den Schmetterlingen nachzulaufen.« Also verkaufte er seine Fibel und schloss sich einer Theatertruppe an, ganz ähnlich wie Wilhelm Meister in Goethes Bildungsroman.

Normalerweise handeln die Geschichten, die in dieser Gattung erzählt werden, davon, wie junge Menschen – das heißt: junge Männer – aus guter Familie allerhand Abenteuer erleben (gern mit Mädchen aus schlechter Familie), dabei die Eierschalen des Idealismus abstreifen und schließlich gereift den für sie reservierten Platz in der Gesell-

* Quellenangaben und Literaturverzeichnis im Anhang

schaft einnehmen (gern mit einem Mädchen aus guter Familie). Diese Geschichten vom Hörnerabstoßen spielen sich im bürgerlichen Bildungsroman als Selbstentfaltung der Persönlichkeit ab. Die Abenteuer bilden aus, was seit jeher in den Abenteurern steckt. ›Werde, was du bist‹ ist die Maxime.

Nicht so bei Pinocchio, denn Pinocchio stammt aus der Unterschicht. Er »war kein Edelholz, sondern ein gewöhnliches Holz«, wie Collodi betont. Dennoch rebelliert er dagegen, in das Tischbein verarbeitet zu werden, für das er ursprünglich vorgesehen war. Er hat keine Lust auf die tragende Rolle in einem Spiel, in dem es die anderen sind, die zur Tafel gehen. Und wer möchte schon Tischbein sein, obwohl es, andererseits, Tischbeine geben muss, es muss ja auch Kassiererinnen und Busfahrer geben – nur sind das keine Jobs für bürgerliche Kinder, sondern für die aus gewöhnlichem Holz.

Solche Kinder kann man nicht erziehen, indem man ihre Anlagen und Begabungen entfaltet, sondern man kann umgekehrt ihre Anlagen und Begabungen nur entfalten, indem man das Holz überwindet, aus dem sie geschnitzt sind. Brave Bürgerkinder müssen nicht aufhören zu sein, was sie sind, um vielversprechend zu werden. Aber die Gewöhnlichen, die Bildungsfernen, die Bifs, muss man aus ihrem Holz heraushauen, um sie zu etwas ›Besserem‹ erziehen zu können.

Die Erfahrung des Bruchs, die Menschen mit Bif-Hintergrund beim Überschreiten der akademischen Schwelle machen, wird in den öffentlichen Diskussionen kaum zur Kenntnis genommen – oder nur dann, wenn ein Zusammenhang mit multikulturellen Problemen besteht. Die stillen Dramen der Bildungsmigration innerhalb ein und derselben Kultur haben nicht genug exotische Spannung. Eine Beschäftigung damit würde außerdem die Bereitschaft voraussetzen, die multikulturalistische Perspektivenverengung aufzugeben und die dazu quer liegende klassistische Diskriminierung von deutschen wie von Migrantenkindern mit in den Blick zu nehmen.

Eine chancengerechte Schule ist unausweichlich auch eine zerstörerische. Die Bildungsemanzipation von Benachteiligten ist ohne vorübergehende, meist sogar endgültige Loslösung von der familiären Herkunftskultur nicht zu haben. Der Harvardprofessor Roberto Mangabeira Unger drückt das so aus: »Die Schule muss die Stimme der Zukunft sein. Sie muss das Kind aus seiner Familie, seiner Klasse, seiner Kultur und seiner historischen Zeit befreien.« Ralf Dahrendorf hatte Ähnliches in seinem Plädoyer *Bildung ist Bürgerrecht* schon vor vierzig Jahren geschrieben: »Das Bildungswesen ist [...] der Hebel, um Menschen aus ihren regionalen und familiären Loyalitäten zu befreien.«

Mit der Klasse, aus der das Kind nach Unger, und mit der familiären Loyalität, aus der es nach Dahrendorf befreit werden muss, sind nicht die Mittelklasse und die Zugehörigkeit zu einer Bildungsfamilie gemeint, sondern die bildungsferne Schicht und die bildungsferne Familie. Um bildungsfernen Kindern eine Chance geben zu können, müssen sie ihren Eltern weggenommen werden: in geistiger, mentaler und in der Folge oft auch in emotionaler Hinsicht. Das ist der bittere Kern des Versprechens auf Bildung: Diejenigen unter den Bildungsfernen, denen diese Chance gegeben wird, können sie nur wahrnehmen, indem sie ihre Herkunft der Zukunft opfern.

Ebendies müssen sie in der Schule lernen – gegen die Schule und gegen sich selbst. Dahrendorfs Bemerkung von 1965 trifft noch immer zu: »Die deutsche höhere Schule bemüht sich in der Regel nicht um jeden Einzelnen, der zu ihr kommt. Sie nimmt die Kinder, wie sie sind – die einen ›begabt‹, die anderen ›unbegabt‹, die einen zu Hause schon auf sie präpariert, die anderen neu und fremd in ihr, die einen in ihrem Zentrum, die anderen an ihrem Rande – und sie bevorzugt auf diese Weise die ohnehin Starken, während die Schwachen [...] durch sie noch zusätzlich bestraft werden. [...] Man kann mit ziemlicher Sicherheit sagen, wer mühelos durch das deutsche Gymnasium gehen wird: der Sohn des Akademikers etwa, dessen Vater selbst ein humanistisches Gymnasium besucht hat, derjenige also, der im Grunde die Schule nicht braucht, um zu sich selbst zu kommen. Für ihn vervollständigt die Schule auf das eindringlichste die familiäre Welt; er macht es der Schule leicht – und sie entlohnt es ihm mit gleicher Münze.«

Nachdem Pinocchio vor der Schule davongelaufen und zur Strafe aufgeknüpft worden war, hielt Collodi die Moral von der Geschichte an ihr schlimmes Ende gekommen. Aber er hatte nicht mit dem Mitleid gerechnet, das seine Leser aus Fleisch und Blut mit dem hölzernen Hampelmann hatten. Nach einer Flut von Protestbriefen und der Erhöhung des Honorars entschloss Collodi sich zur Wiederaufnahme des Romans und erfand eine Fee, die für Pinocchio ebenfalls Mitleid empfindet und ihm das Leben rettet. Die darauf folgenden Kapitel steigern sich dann zum brutalsten Bildungsroman der europäischen Literatur: Pinocchio wird verspottet, übers Ohr gehauen, zum Dienst als Hühnerhund gezwungen, in einen Esel verwandelt, von einem Haifisch verschluckt. Er muss einen sadistisch ausgeschmückten Zerstörungsprozess durchlaufen, bis er am Schluss von sich selbst sagt: »Komisch war ich, als ich ein Hampelmann war! Und jetzt bin ich froh, dass ich ein braver Junge geworden bin!« Damit endet dieses Gewaltvideo von einem Kinderbuch. Pinocchio ist erzogen – und erkennt sich nicht wieder.

Der italienische Publizist Sergio Benvenuto hat einmal selbstkritisch angemerkt: »Auch wenn wir links wählen, betrachten wir den einfachen Mann wie einen Pinocchio, der als Kind dem Lustprinzip und nicht dem Realitätsprinzip gefolgt ist.« Auch die Bildungsnahen, die links wählen, glauben zu wissen, was den Bifs aus gewöhnlichem Holz fehlt: Strebsamkeit, Frustrationstoleranz und die Fähigkeit zum Belohnungsaufschub. Statt den disziplinierten Hedonismus der Mittelschichten nachzuleben, sitzen sie, mit Staatsknete alimentiert, den lieben langen Tag im Jogginganzug auf der Couch und verfetten beim Unterschichtfernsehen, während ihre Bälger mit Ballerspielen den Amoklauf trainieren, bei dem sie unsere fleißigen und wohlerzogenen Kinder totschießen.

Mit dieser, zugegeben etwas karikierten Akademikervorstellung von ›bildungsfernen Schichten‹ hat der situierte und gut verdienende Facharbeiter in geordneten Verhältnissen nichts zu tun, obwohl er in der Regel tatsächlich bildungsfern ist und seine Kinder meistens auf die Haupt- oder Realschule, manchmal aufs Gymnasium und selten an die Universität schickt. Diese ganz normale Art von Bifs kommt in den Medien so gut wie gar nicht vor, obwohl sie einen großen Teil der arbeitenden Bevölkerung ausmacht. Ihre Bildungsferne wird ganz selbstverständlich gelebt und scheint darum auch ganz selbstverständlich zu sein. Außerdem fehlt ihr dieser verdrehte Sex-Appeal des voyeuristischen Abscheus, den die Hilflosen und Verkommenen und all die Super-Nanny-Bedürftigen bei Akademikern hervorrufen. Der Busfahrer mit sicherem Job, Pkw und Eigenheim lebt zusammen mit seiner als Kassiererin dazuverdienenden Frau in einer Distanz zur Bildung, die sich in ihrer Gewöhnlichkeit nicht theatralisieren lässt und deshalb medial uninteressant ist. Dass sie die Distanz zur Bildung in der Regel an ihre Kinder weitergeben, fällt nicht auf und regt nicht auf.

Die soziale Vererbung von Bildungsferne wird von den meisten Bildungsnahen zwar irgendwie als ungerecht empfunden, aber in vielen Äußerungen, die explizit wohlmeinend sind, steckt implizit auch Abwehr. Das lässt sich an Formulierungen deutlich machen, die in bildungspolitischen Diskussionen immer wieder zu hören und zu lesen sind. In einem *Zeit*-Artikel vom Dezember 2004 hieß es beispielsweise: »Wir können es uns nicht leisten, unsere Begabungsreserven zu verschwenden. Genau das tun wir aber, wenn etwa ein begabtes Arbeiterkind auf der Realschule landet statt auf dem Gymnasium und ihm nicht der Weg zu Abitur und Studium eröffnet wird.«

Es bleibt Potenzial ungenutzt, wenn das begabte Arbeiterkind nicht wie die Akademikerkinder zur Hochschule geht. Was soll an sympathischen Beschwerden wie dieser verkehrt sein?

Ersetzt man das ›Arbeiterkind‹ durch ›Mädchen‹ oder durch ›Ausländerkind‹, hört sich der Satz so an: Wir können es uns nicht leisten, unsere Begabungsreserven zu verschwenden, indem wir einem begabten Mädchen (beziehungsweise einem begabten Ausländerkind) nicht die gleiche Bildungschance geben wie den Jungs (beziehungsweise den Inländern). Die Abwandlungen veranschaulichen, dass der Satz die Ungerechtigkeit, die er im Einzelfall beklagt, strukturell bekräftigt. Warum wird beim Mädchen (beziehungsweise beim Ausländerkind) die Begabung extra betont, während sie bei den Jungen (beziehungsweise den Inländerkindern) unerwähnt bleibt? Und warum wird das begabte Mädchen (beziehungsweise das begabte Ausländerkind) als Reserve betrachtet, während Jungen (beziehungsweise Inländerkinder) von vornherein als Stammspieler der Bildung ausgezeichnet werden? Warum wird beim Arbeiterkind, um zur ursprünglichen Problematik zurückzukehren, die vorsichtige Einschränkung ›begabt‹ für nötig gehalten, während sich diese Begabung bei Akademikerkindern von selbst zu verstehen scheint, warum ist das Arbeiterkind bloß eine Begabungs*reserve,* und warum wird vom begabten Arbeiterkind in der Einzahl gesprochen, während die Akademikerkinder automatisch in der Mehrzahl stehen?

Der Vorbehalt in der Mädchenfassung des Beispielsatzes ist sexistisch, der Vorbehalt in der Ausländerkindfassung ist rassistisch, der Vorbehalt in der Arbeiterkindfassung ist klassistisch.

›Sexismus‹ und ›Rassismus‹ sind vom vielen Herumreichen glatt gegriffene Wortmünzen, der Ausdruck ›Klassismus‹ dagegen ist ungewohnt und sperrig. In Westdeutschland hat seit der ›geistig moralischen Wende‹ der frühen Achtziger und in Gesamtdeutschland seit dem Ende der DDR das Wort ›Klasse‹ etwas Obszönes und wird auf den Bühnen des öffentlichen Meinens sorgfältig vermieden. Der Sachverhalt, der Sozialverhalt, den es bezeichnet, bleibt hinter dem Vorhang, hört aber deshalb nicht auf zu bestehen. Auch nicht im Bildungswesen, das heute wieder so klassistisch ist wie vor fünfzig Jahren. Das ist die Wahrheit der seit dem PISA-Schock heruntergebeteten Litanei:

- Im Dezember 2001 sagte Jürgen Baumert, wissenschaftlicher Leiter der ersten PISA-Studie in Deutschland: »Die Chancen eines Arbeiterkindes, anstelle der Realschule ein Gymnasium zu besuchen, sind viermal geringer als die eines Kindes aus der Oberschicht.«
- Im September 2002 meldete der *Spiegel*: »Von den 32 untersuchten Nationen ist in keiner der Abstand zwischen der Leistung von Schülern aus privilegierten Familien und solchen aus unteren sozialen Schichten derart groß wie in Deutschland: Platz 32.«
- Im April 2003 stand in der *Zeit*: »Je früher die Auslese, je hierarchischer die Schulstruktur, desto stärker schlägt sich die soziale Herkunft eines Schülers auf seine Leistung nieder.«
- Im September 2004 sagte der Eliteforscher Michael Hartmann über die Auswahlgespräche an den Universitäten: »Bewerber aus bürgerlichen Familien werden gegenüber Arbeiterkindern eindeutig bevorzugt.«
- Im Oktober 2004 schrieb Jochen Schweitzer, damals Vertreter der Kultusministerkonferenz in den PISA-Gremien: »Die Schüler aus

den unteren Sozialschichten werden vierfach bestraft: durch ihre Herkunft, durch die ungerechte Selektion am Ende der Grundschule, durch die ungünstigen Lernbedingungen der Hauptschule und schließlich durch die geringsten Chancen auf dem Arbeitsmarkt.«

- Im November 2005 hieß es, nachdem eine neue PISA-Studie veröffentlicht worden war, in der *Zeit*: »Die soziale Ungerechtigkeit ist tatsächlich die klaffende Wunde unseres Schulsystems. Das hat die erste PISA-Studie klar belegt.«
- Im März 2007 appellierte UN-Berichterstatter Vernor Muñoz nach seiner Inspektionsreise durch deutsche Schulen vor dem »Rat für Menschenrechte« an die Bundesregierung, »das mehrgliedrige Schulsystem, das sehr selektiv und sicher auch diskriminierend ist, noch einmal zu bedenken«.
- Im September 2007 stellte OECD-Generalsekretär Angel Gurría den internationalen Vergleichsbericht *Bildung auf einen Blick* vor und kritisierte die Abhängigkeit der Bildungschancen von der sozialen Herkunft und die frühe Selektion im deutschen Schulsystem.

Und was ging wohl aus der jüngsten der drei PISA-Studien hervor? Dass plötzlich Chancengleichheit und Gerechtigkeit ausgebrochen sind?

Als 1957 der erste sowjetische Weltraumsatellit im Westen den Sputnikschock und in dessen Folge eine Bildungsoffensive zum Ausschöpfen der ›Begabungsreserven‹ auslöste, gab es vier Hauptgruppen von Bifs: die Mädchen, die Katholischen, die Landeier und die Arbeiterkinder. Das katholische Arbeitermädchen vom Land wurde zum erschrocken herumgereichten Sinnbild akkumulierter Benachteiligung. Heute sind Landkinder und Katholiken in höheren Schulen und Universitäten nicht mehr unterrepräsentiert. Auch die Bildungsdiskriminierung der Mädchen ist überwunden (allerdings nicht die Benachteiligung der Frauen in Beruf und Karriere). Dagegen hat sich an der klassistischen Benachteiligung von Arbeiter-, Unterschicht- und Kleine-Leute-Kindern nichts geändert. Hinzugekommen ist die Diskriminierung der Kinder von Migranten.

Nach dem PISA-Schock vom Dezember 2001 ist eine Bildungsdiskussion aufgeflammt, die derjenigen nach dem Sputnikschock auf frappierende Weise ähnelt. Damals wie heute wurden und werden die Ungerechtigkeiten benannt, beschrieben, beziffert, beklagt. Dass hinter den Ungerechtigkeiten handfeste Interessen stehen und dass es um die Verteidigung von Privilegien geht, war und ist jedoch nur selten Thema. Was wäre denn, wenn die Kinder der Bifs nach ihrem Bevölkerungsanteil an den Universitäten vertreten wären? Und wenn dementsprechend die Kinder der Akademiker ebenfalls nach ihrem Bevölkerungsanteil an den Universitäten vertreten wären?

Würden den Kindern der Bifs auch nur annähernd gleiche Chancen eingeräumt, hätte das für die Kinder der Akademiker derart dramatische Gerechtigkeitsfolgen (viele könnten nicht mehr studieren), dass von den bildungsnahen Schichten einfach nicht zu erwarten ist, zu mehr als zu Mitleid im Einzelfall bereit zu sein – so wie die Leserinnen und Leser Collodis Mitleid mit Pinocchio hatten und wie heute das besonders begabte Arbeiterkind bemitleidet wird. Einzelne Bifs kann man aufnehmen ins Bildungssystem, aber wehe, wenn sie in Scharen kommen.

In Zeiten, in denen eine verunsicherte Mittelschicht von Abstiegsängsten geplagt wird und um die Zukunft ihrer Kinder fürchtet, fällt es den Bildungsnahen verständlicherweise schwer, statt Mitleid im Einzelfall Solidarität in der Breite aufzubringen. Chancengleichheit muss man sich leisten können, Gerechtigkeit ist ein Luxusartikel für fette Jahre.

Die Bifs werden aber nicht nur von Bildung ferngehalten, sie halten sich auch selbst davon fern. Zu oft verstehen sie nicht einmal, worum sie da betrogen werden und sich selbst betrügen. Nicht Bildung als Bildung vermissen sie, sondern das, was Bildung gewöhnlich mit sich bringt: besseres Einkommen, mehr soziale Sicherheit, einen höheren gesellschaftlichen Status. Bildung ist jedoch nicht nur ein funktioneller Wert, sondern schließt geistige, seelische und ästhetische Dimensionen auf, deren Begreifen, Erleben und Genießen wertvoll in sich selber sind. Wer an der Bildung betrogen wird, wird am Leben betrogen.

Solange die Bifs nicht begreifen, welches Spiel mit ihnen gespielt wird, gibt es für sie nur in Einzelfällen Chancen, aber nie in der Masse, wie es gerecht wäre und auch der Normalverteilung ihrer Begabung entspräche, die sich nicht wesentlich von der in bildungsnahen Schichten unterscheidet. Was den Bifs fehlt, um ihr Recht auf Bildung einzufordern, ist eben: Bildung! Sie werden bemitleidet, kommen aber nirgends zu Wort. In den Zeitungen nicht, in den Schulbehörden nicht und in den Schulen selbst auch nicht. Sie können nicht mitreden, nicht einmal wenn es um ihre eigenen Kinder geht. Sie wissen einfach nicht Bescheid, und wenn sie doch Bescheid wissen, können sie sich nicht ausdrücken. Wenn sie sich doch ausdrücken können, werden sie nicht gehört. Und wenn sie doch gehört werden, hat das Folgen für einzelne, besonders begabte Ausnahmefälle, aber nicht für das durch und durch klassistische System der ›Selektion‹, wie das scheußliche Rampenwort der Pädagogik lautet.

Darin besteht das Pinocchio-Dilemma: Wer fähig ist zu verstehen, wie dem Hampelmann mitgespielt wurde, ist gleichzeitig zu verschieden von ihm, um sich ganz in ihn hineinversetzen zu können; und wer sich in ihn hineinversetzen kann, ist selbst zu sehr Pinocchio, um die Zusammenhänge zu begreifen. Deshalb ist Pinocchio am Ende, als er es geschafft hat, von sich selbst getrennt und versteht sich nicht mehr.

Der im Jahr des Sputnikschocks geborene Autor dieses Buches kommt sich als katholisches Arbeiterkind vom Land manchmal selbst wie ein Pinocchio vor. Er hat einen recht verwickelten Bildungsweg durchlaufen, auch wenn er – hoffentlich – nicht in einen Esel verwandelt und bestimmt nicht von einem Haifisch verschluckt wurde (die Becken, in denen das vorkommt, hat er gemieden). Es ist ihm gelungen, die zweite Chance, die er wie Pinocchio ausnahmsweise bekommen hat, zu nutzen. Aber am Ende steht er seiner Herkunft getrennt gegenüber und weiß: Die Mehrheit der Bifs hat keine Chance.

Aus ihrer Perspektive ist dieses Buch geschrieben. Das geht nicht ohne Gefühle, rote wie weiße. In Emily Brontës Roman *Sturmhöhe* gibt es eine Passage, in der geschildert wird, wie die hübsche und gut erzogene Catherine auf die Selbsterziehungsversuche ihres bildungsfernen Vetters Hareton Earnshaw reagiert, der ohne Erlaubnis ihre

Bücher benutzt: »Ja, ich höre ihn immer, wie er sich im Buchstabieren übt und laut vor sich hinliest, und was für schöne Schnitzer er dabei macht!« Der männliche Ich-Erzähler, vor dem Catherine ihren Vetter, noch dazu in dessen Beisein, verhöhnt, kommentiert: »Der junge Mann fand es ganz offenbar zu gemein, dass man ihn erst wegen seiner Unwissenheit verspottete und sich dann auch noch über seine Versuche lustig machte, sie aus eigener Kraft zu überwinden.« Als er Hareton gegen Catherine in Schutz nimmt, bekommt er zur Antwort: »Ich will seinem Wissensdrang nicht im Wege stehen, dennoch hat er kein Recht, sich an meinem Besitz zu vergreifen.« – »Hareton blieb einen Augenblick stumm, und seine Brust hob und senkte sich; in ihm tobte ein Gefühl der Demütigung und der Wut, das er nur mit Mühe unterdrücken konnte.«

Fast alle, die trotz des Stigmas elterlicher Bildungsferne der Bildung nahegekommen sind, kennen diese zwischen Rot und Weiß schwankende Empfindung. Die Scham über die Kränkung treibt uns das Blut in die Wangen, der Zorn über sie lässt uns erbleichen.

Kapitel 1
Kurze Geschichte der Chancengleichheit vom Sputnik- bis zum PISA-Schock

»Die Konstellation war glücklich; die Sonne stand im Zeichen der Jungfrau und kulminierte für den Tag; Jupiter und Venus blickten sie freundlich an, Merkur nicht widerwärtig; Saturn und Mars verhielten sich gleichgültig; nur der Mond, der soeben voll ward, übte die Kraft seines Gegenscheins umso mehr, als zugleich seine Planetenstunde eingetreten war. Er widersetzte sich daher meiner Geburt, die nicht eher erfolgen konnte, als bis diese Stunde vorübergegangen.«

Mit diesem Absatz beginnt Johann Wolfgang von Goethe das erste Kapitel seiner Autobiografie *Dichtung und Wahrheit*. Das Buch ist einer der Schlüsseltexte des deutschen Bildungsbürgertums und zusammen mit Goethes *Wilhelm Meister* das Fundament des deutschen Bildungsromans. Aber nicht nur über Individuen lassen sich Bildungsromane erzählen, sondern auch über ›Alterskohorten‹, wie Soziologen martialisch sagen, oder über ganze Gesellschaften.

Der Bildungsroman der Bundesrepublik begann mit einem zwölf Jahre dauernden restaurativen Prolog. Nach dem Zusammenbruch des ›Dritten Reiches‹ dominierten zunächst die Entnazifizierungs- und Reedukationsprogramme der Alliierten den Aufbau des Schulwesens in den vier Besatzungszonen. Allerdings setzten sich ihre bildungspolitischen Vorstellungen nicht in allen Punkten durch. So wurde etwa der Versuch, die starre vertikale Gliederung des Schulsystems durch eine Verlängerung der Grundschule auf sechs Jahre und durch eine größere Durchlässigkeit zwischen den Schultypen wenigstens abzumildern, von den deutschen Bildungsschichten heftig befehdet und schließlich abgewehrt. 1955 vereinbarten die westdeutschen Bundesländer, denen das Grundgesetz die Bildungs- und Kulturhoheit garantierte, im Düsseldorfer Abkommen die Verbindlichkeit des dreigliedrigen Schulsystems, also das getrennte Nebeneinander von Volksschulen, Mittelschulen und Gymnasien.

Auch wenn dieses System später durch zweite und dritte Bildungswege ergänzt und je nach Bundesland und bildungs- und arbeitsmarktpolitischer Konjunktur mal mehr, mal weniger flexibel gehandhabt wurde, macht seine Starrheit heute noch zu schaffen. Und heute wie vor fünfzig Jahren hält die Bildungselite zäh an der Widerspiegelung der sozialen Hierarchie in der Hierarchie der Schulen fest. Jedes Bemühen, daran etwas zu ändern, wurde und wird von den Privilegierten als Frontalangriff auf ihre Interessen gewertet. Die jüngste Horizontalisierung in Hamburg und Schleswig-Holstein versucht sich zwar an der Rettung der Hauptschule durch ihre Zusammenlegung mit der Realschule, tastet aber das Gymnasium und die Bildungsvorteile derer, die es üblicherweise besuchen, nicht an.

Nicht einmal die Sieger über das zusammengebrochene Deutschland wagten es, die Egalisierung und Demokratisierung des Schulwesens gegen den Willen der Eliten durchzusetzen, mit denen sie sich zum Wiederaufbau verbünden mussten. Der mittleren und oberen Beamtenschaft, dem Besitzbürgertum und der traditionellen Funktionselite stand das altsprachliche Gymnasium weiterhin als exklusive Vorbereitung auf die Universität zur Verfügung. Bildung wurde ausdrücklich nicht als Ausbildung begriffen, sondern als Persönlichkeitsreifung des Nachwuchses der Elite, der damit die exklusive Berechtigung erwarb, die führenden Stellungen in Staat und Gesellschaft einzunehmen.

»Höhere Schulbildung muss Elitebildung sein und bleiben«, forderte die Zeitschrift des konservativen Philologenverbandes. In diesem Gesellschaftsbild entspricht der Abstufung der Schichten die Abstufung der Schulen und ihr wiederum die Abstufung der Begabungen. »Nur fünf Prozent aller Kinder«, hieß es 1956 in *Die Bayerische Schule*, »erfüllen die psychologischen Bedingungen, die für die höhere Schule gestellt werden müssen; weitere zehn Prozent besitzen die mehr praktische Begabung, wie sie von den Mittelschulen verlangt wird, und die übrigen 85 Prozent sind für die Volksschule geeignet.« Dass die Abstufung der natürlichen Begabung möglicherweise quer liegen könnte zur sozialen Schichtung, wurde nicht thematisiert; das Hochschulprivileg war ein Geburtsvorteil wie in früheren Zeiten die aristokratische Herkunft. Ausdrücklich warnt *Die Bayerische Schule* vor ›ungesundem‹ Bildungsdrang.

Diese so rigorose wie bornierte Fortsetzung des Hergebrachten geriet allerdings seit Mitte der Fünfzigerjahre in die Kritik. Es wurde darüber nachgedacht, was aus der bundesdeutschen Ökonomie werden würde, wenn das Wirtschaftswunder der Wiederaufbaujahre seinen Höhepunkt überschritten hätte und weiteres Wachstum mehr vom wissenschaftlich-technischen Fortschritt abhinge als vom bloßen Arbeitsfleiß der Bevölkerung. Würde die gesellschaftliche und wirtschaftliche Weiterentwicklung durch unmoderne Schulen und Universitäten gebremst werden? »Wie man es auch dreht und wendet, das deutsche Bildungssystem weist einen kritischen Modernisierungsrückstand auf.« Dieser Satz passt genau auf die Situation der Fünfzigerjahre, obwohl er in einem 2003 erschienenen Bericht des Max-Planck-Instituts für Bildungsforschung steht und sich – umso schlimmer – auf die Gegenwart bezieht.

Im Unterschied zu heute wurden diese Zukunftsprobleme Mitte der Fünfzigerjahre in der Öffentlichkeit nur vorsichtig diskutiert. Es sollten beim Volk keine Erwartungen geweckt werden, die der Staat dann nicht erfüllen konnte. Die Angst vor dem ›ungesunden‹ Andrang war groß – bis 1957 der sowjetische *Sputnik* in den USA einen Schock auslöste, dessen Welle auch die Bundesrepublik überrollte. Der Satellit wurde in der Nacht von Freitag, den 4. Oktober, auf Samstag, den 5. Oktober, mit einer mehrstufigen Trägerrakete ins All geschossen. *Sputnik* bedeutet auf Deutsch ›Weggenosse‹, und diesem etwas doppeldeutigen Namen gemäß umkreiste er Mutter Erde, bis er 92 Tage später der Anziehungskraft seiner Herkunft erlag und in der Atmosphäre verglühte.

Bereits Anfang November schickten die sowjetischen Techniker *Sputnik 2* hinterher, mit Laika an Bord. Der arme Hund ließ bei der mörderischen Mission sein Leben, aber es war der Beweis erbracht, dass ›die Russen‹ nicht bloß Anfängerglück hatten, sondern ihr Weltraumwunder wiederholen konnten, während die am 6. Dezember 1957 gestartete erste amerikanische Weltraumrakete *Vanguard 1* zurück auf die Rampe stürzte und explodierte. Und noch etwas fiel ins

Gewicht, auf bedrohlich wörtliche Weise: Der zweite *Sputnik* war fünfmal schwerer als der erste. Die Trägerrakete hatte also Antriebskraft genug, nicht nur piepsende Aluminiumkügelchen in den Himmel, sondern auch Atombomben nach Amerika zu schießen.

Nach dem Koreakrieg Anfang der Fünfziger, der Aufnahme der Bundesrepublik in die NATO und der Gründung des Warschauer Pakts 1955, der Suezkrise von 1956 und der Niederschlagung des Ungarnaufstandes im gleichen Jahr drohte aus dem Kalten Krieg ein heißer zu werden. In dieser dramatischen Situation sah es so aus, als hätte die Sowjetunion die technologische Führung übernommen. Als *Sputnik 1* Anfang Januar 1958 seinen Lebenslauf um die Erde beendete, widmete ihm der amerikanische Radiokommentator Gabriel Heatter einen Nachruf voll sarkastischer Selbstkritik. »Thank you, Sputnik«, sagte Heatter, »du wirst nie wissen, welch ungeheuren Lärm du gemacht hast. Du hast uns einen Schock verpasst, der viele Leute so hart traf wie der von Pearl Harbor. Du hast unserem Stolz einen schrecklichen Schlag versetzt. Wir mussten plötzlich begreifen, dass wir nicht in allem die Besten sind.«

Der Sputnikschock führte zur bildungspolitischen Einsicht, dass die technologische Gesellschaft der Zukunft nicht allein von einer wissenschaftlichen Elite aufgebaut werden konnte, sondern auf ein breites Fundament allgemeiner Bildung angewiesen war. Im Konkurrenzkampf der Systeme reichte es nicht mehr, dem Volk in einer achtklassigen Regelschule nur das Nötigste beizubringen: Lesen, Schreiben, Rechnen, ergänzt durch Religion und Heimatkunde. Die herkömmlichen Theorien über die vom ›Kleinen Mann‹ und seiner Frau benötigte Schulbildung wurden beiseitegespült. Der technische Vorsprung der Sowjetunion konnte nur eingeholt werden, wenn es gelang, die Begabungsreserven im Volk zu mobilisieren.

In einem Artikel von W. Brookover über »Entwicklungstendenzen in der Soziologie der Erziehung« aus dem Jahr 1959 heißt es: »In dem Maße, in dem der Kalte Krieg einen Kampf um die Einstellungen der Menschen und einen Wettbewerb um das wirksamste soziale System darstellt, kann das Erziehungssystem zu einem Faktor werden, der den Ausgang bestimmt. Wir haben gesehen, dass man sich sehr um die Erhellung der Beziehungen zwischen dem pädagogischen System und der gesellschaftlichen Schichtung bemüht. Der dringende Bedarf an hoch qualifizierten Kräften in den akademischen und technischen Berufen in allen Teilen der Welt hat zu einer kritischen Überprüfung unserer Schulsysteme geführt.«

Die nicht zu umgehende Notwendigkeit der Mobilisierung von Reserven erleichterte auch den konservativen Eliten das Nachdenken über die Chancenerweiterung für Kleine-Leute-Kinder. Für sie lässt sich sagen: »Die Konstellation war glücklich.« Ohne den Sputnikschock wären sie nie auch nur in die Nähe einer höheren Schule oder gar einer Universität gelangt. Die Kinder der ›Generation Begabungsreserve‹ wurden die Kalten-Kriegs-Gewinnler der bundesdeutschen Bildungsgeschichte. Was für Goethe freundlich kreisende Planeten waren, das waren für sie feindlich kreisende Satelliten.

Allerdings konnten selbst die *Sputniks* dem dreigliedrigen Schulsystem nichts anhaben. Das Rekrutieren von Nachrückern ins System wurde möglich, das System selbst aber blieb sakrosankt. 1959 legte der Deutsche Ausschuss für das Erziehungs- und Bildungswesen einen »Rahmenplan zur Umgestaltung und Vereinheitlichung des allgemeinbildenden öffentlichen Schulwesens« vor. Der Bildungshistoriker Bruno Hamann schreibt darüber: »Aus gesellschaftlichen Gründen suchte der Deutsche Ausschuss die bildungsexpansiven Tendenzen [...] zu fördern. An der Dreigliedrigkeit des Schulsystems hielt er (mit Rücksicht auf die arbeitsteilige Gesellschaftsverfassung) fest, forderte aber mehr Durchlässigkeit und individuell angepasste Bildungsgänge.« Der gewundene Ausdruck ›arbeitsteilige Gesellschaftsverfassung‹ ist ein Euphemismus für ›Klassengesellschaft‹. Die sollte durch Reformen gegen den Sowjetsozialismus verteidigt und keinesfalls selbst ›sozialistisch‹ werden.

Die nach dem Sputnikschock geführten bildungspolitischen Diskussionen waren beherrscht von der Sorge, weder genug Lehrer und Professoren noch genug Schüler und Studenten hervorbringen zu können. Die Führung im Kreml habe begriffen, schrieb am 11. November 1960 die *Stuttgarter Zeitung*, dass ein Staat »viele Wissenschaftler haben muss, wenn er stark sein will«. Es gäbe in der Sowjetunion 2,4 Millionen Studenten und 104 000 Professoren, in der Bundesrepublik aber nur 200 000 Studenten und 9000 Professoren und Dozenten.

Hans Werner Richter, der Zeremonienmeister der Gruppe 47, mahnte noch 1962: »Wir Deutschen können in der Weltgeschichte leicht zu den Provinzlern des kommenden, ›planetarischen‹ Zeitalters werden [...] Heute sind wir sowohl hinter dem amerikanischen wie auch hinter dem russischen Schulsystem, in dem doppelt so viele Lehrer auf die gleiche Schülerzahl kommen wie bei uns, weit zurückgeblieben, eine Gefahr, die größer ist als jede unmittelbar militärisch-politische Bedrohung.«

Kurze Zeit später machte der nordrhein-westfälische Kultusminister Paul Mikat sogar den Vorschlag, 300 Pädagogikstudenten nicht zur Bundeswehr einzuziehen, sondern wegen ihres Einsatzes an der Bildungsfront unabkömmlich zu stellen: »Im letzten Krieg sind es die Rüstungsarbeiter gewesen, die man uk stellen musste, jetzt, in diesem Kalten Krieg, sind es die Lehrer.«

Eine weitere wichtige Berufsgruppe im kalten Bildungskrieg waren die Ingenieure. 1957 empfahl die Kultusministerkonferenz den Aufbau zusätzlicher Studiengänge. Außerdem wurden seit diesem Jahr die Ingenieurschulen bei der statistischen Erfassung von den übrigen Fachhochschulen getrennt, um ein besseres Bestandsbild zu erreichen. Die Klagen der Wirtschaft über den Mangel klingen von heute aus wie ein historisches Echo der gegenwärtigen Beschwerden. Im Dezember 2006 warnte der Verband der Deutschen Ingenieure vor Mangelerscheinungen und bezifferte die unbesetzten Stellen vor allem für Maschinenbau-, Elektro- und Bauingenieure auf 22 000, während gleichzeitig 30 000 Ingenieure arbeitslos gemeldet seien, die entweder ein zu niedriges Kompetenzniveau oder zu hohe Ansprüche oder beides hätten. Der Klage folgte der Appell an die Frauen, sich stärker den Ingenieurberufen zuzuwenden. Vor fünfzig Jahren waren die Arbeiterjungs die technische Reservearmee, heute sind es die Mädchen. »1000 Männer, eine Frau – Studiengang Maschinenbau.« Ganz so schlimm ist es nicht mehr. Heute sind es 160.

Der US-amerikanische Politikwissenschaftler Harold Lasswell hat Politik als Antwort auf die Frage beschrieben: Wer bekommt was, wann und wie? Dementsprechend ist Bildungspolitik die immer wieder neu auszuhandelnde Beantwortung der Frage: Wer bekommt warum wie lange welche Schule? Diese Frage wurde in den verschiedenen Phasen der bundesdeutschen Nachkriegsgeschichte auch verschieden beantwortet. Die Konjunkturanfälligkeit eines bedarfsorientiert konzipierten Rechts auf Bildung stellte sich schnell heraus. Die Kinder aus der Begabungsreserve blieben Reserve, mochten sie so begabt sein, wie sie wollten. Sie kamen nur an die Reihe, wenn die Kinder aus Beamten- und Akademikerfamilien mit Gymnasial- und Universitätsplätzen versorgt waren.

Der Bildungshistoriker Alfons Kenkmann fasst das so zusammen: »Die Hochkonjunktur bildungspolitischer Diskussionen in der bundesrepublikanischen Geschichte endete im Zusammenhang mit der ökonomischen Krise 1973/74 als Bildungskrise. Gleichzeitig wurde damit die ›Periode der bildungspolitischen Ernüchterung‹ eingeleitet. Es wurde deutlich, dass der Konsens in der Bildungsplanung unter Bedingungen der Prosperität breit war, unter rezessiven Vorzeichen sich jedoch als äußerst brüchig erwies.«

Der bildungspolitische Aufbruch nach dem Sputnikschock wurde in den Sechzigerjahren forciert durch die Warnung vor einer drohenden ›Bildungskatastrophe‹, mit der Georg Picht 1964 aufgeregte Debatten hervorrief, die nur mit denen nach der ersten PISA-Studie fast vier Jahrzehnte später verglichen werden können. Picht gehörte dem Deutschen Ausschuss für das Erziehungs- und Bildungswesen an, der anderthalb Jahre nach dem Sputnikschock gegründet worden war.

In einer Artikelserie in der Zeitung *Christ und Welt* und in einem daraus zusammengestellten Buch rechnete er eine dramatische Verschärfung des Lehrermangels vor, prangerte den Zustand der Volksschulen an, beklagte die Unreformierbarkeit des Gymnasiums und die Rückständigkeit der Hochschulausbildung. Deutschland befinde sich, verglichen mit anderen Industrieländern, in einem Modernisierungsrückstand und sei den Herausforderungen der künftigen Wissensgesellschaft nicht gewachsen. Die gesellschaftliche Bedeutung der Schule sei überhaupt noch nicht erkannt, hier »werden die Sozialchancen vergeben, hier wird entschieden, nach welchen Prozentsätzen sich die verschiedenen Bildungsqualifikationen auf unsere Gesellschaft und ihre Schichten verteilen«. Wenn es nicht gelinge, die Starrheit des dreigliedrigen Schulsystems zu überwinden und die Begabungsreserven auszuschöpfen, drohe dem deutschen Volk nach dem Ersten und dem Zweiten Weltkrieg eine dritte, eine Bildungskatastrophe.

Pichts Prophezeiung trug dazu bei, ihr Eintreffen zu verhindern. Das öffentliche Erschrecken, das seine Mahnungen auslösten, unterstützte die Reformkräfte, die es in allen Parteien gab und die sich in allen Parteien gegen die Bewahrer durchsetzen mussten. Mit welch ausdauerndem Hass Pichts Ideen über Jahre und Jahrzehnte bekämpft wurden, zeigt eine 1986 veröffentlichte Schmähschrift von Günther Schnuer: »Den Eltern in der Bundesrepublik wurden unaufhörlich bildungs- und parteiideologisch eingefärbte Schlagworte eingetrichtert. Chancengleichheit, [...] Erschließung von Begabungsreserven auf dem Land, Mobilisierung der Arbeiterbevölkerung zur Wahrnehmung besserer Bildungschancen für ihre Kinder, Flexibilität und Durchlässigkeit bei Bildungsgängen und Abitur für alle.« Nach diesem langen Anlauf folgt ein kurzer Sprung – es wird der Standardvorwurf sozialistischer Gleichmacherei erhoben: »Wenn der Staat erst einmal das Umfeld im Sinne marxistisch-sozialistischer Umwelttheorie in Ordnung gebracht hat, sprießen allerorts die bislang durch das bisherige System behinderten Begabungen nur so aus dem Boden!«

In der Sache aufschlussreicher als dieses Gepolter ist die weitsichtige Kritik Hans Heckels. In einem Beitrag, den Picht in den Anhang seines Buches aufgenommen hat, wies er auf blinde Stellen in Pichts Streitschrift hin, etwa das völlige Übersehen der »Vernachlässigung des Ausbaus der Kindergärten in ganz Deutschland«. Noch heute ist die erzieherische Betreuung der Kinder von berufstätigen Eltern aller Schichten nicht zufriedenstellend gelöst. Sie gehört zu den jahrzehntelang verschleppten Aufgaben.

In den überaus erregt geführten Debatten um den tatsächlichen Zustand und die erwartbare Entwicklung des Bildungssystems bestätigte sich, was Picht vorhergesagt hatte: »Die Kultusminister allein haben nicht die politische Kraft, dem Konflikt der Ideologien, dem Widerstreit der gesellschaftlichen Mächte, dem Druck der Interessenten und der Engstirnigkeit der Lokalpolitiker jenen Widerstand entgegenzusetzen, der im Interesse des Gemeinwohls nötig wäre.« In einem Beschluss des Verbandes Deutscher Studentenschaften von 1964 wird konstatiert: »Das Bildungswesen der Bundesrepublik ist in seiner gegenwärtigen Gestalt nicht in der Lage, die latenten Begabungsreserven auszuschöpfen. [...] Der Anteil der einzelnen Sozialschichten an der höheren Bildung entspricht nicht ihrem Anteil an der Bevölkerung. (Anteil der Arbeiter an der Gesamtbevölkerung: 49 Prozent, Anteil an der Gesamtzahl der Studierenden: 5 Prozent. Landwirte: 15:2 Prozent. Dagegen sind Beamte in der Gesamtbevölkerung zu 5 Prozent vertreten, in der Gesamtzahl der Studierenden zu 34 Prozent. Angestellte: 18:26 Prozent. Selbstständiges Gewerbe: 11:18 Prozent. Freie Berufe: 2:15 Prozent.)«

Der Bericht weist deutlich auf die familiäre Weitergabe von Bildungsnachteilen beziehungsweise -vorteilen hin: »Die soziale Umwelt des Elternhauses fördert die Anpassung und Eingewöhnung in den gleichen sozialen und beruflichen Bereich; der Arbeitersohn wird wieder Arbeiter, die Tochter des Angestellten geht oft wieder ins Büro, während für das Kind des Akademikers der Besuch der höheren Schule und das Studium an einer Hochschule fast selbstverständliche Ziele sind.«

Im gleichen Jahr erklärte Paul Mikat auf dem Bundesparteitag der CDU die schichtenspezifische Verteilung von Bildungschancen nassforsch zu einem erledigten Problem: »Es ist überholt, heute noch von einem Klassenunterschied in der Erziehung zu sprechen. Längst drängen alle Schichten in die weiterführenden Schulen, und es wäre denen, die von einer Benachteiligung gewisser Gruppen unseres Volkes sprechen, eher anzuraten, die noch zögernden Eltern zu ermutigen, ihre Kinder auf das Gymnasium zu schicken, als in einer nicht immer fairen Polemik vorhandene Ressentiments künstlich aufrechtzuerhalten.«

Argumentationsloopings wie diese bringen es fertig, soziale Tatsachen ideologisch zu bestreiten und im gleichen Atemzug die Schuld an diesen Tatsachen denjenigen anzulasten, die auf sie hingewiesen haben. Die Logik dieser Vorgehensweise ist bizarr, verfehlt aber selten ihre Wirkung. Was daran liegen mag, dass so die Schuld an Nachteilen von denjenigen, die ihre Vorteile ohne schlechtes Gewissen genießen wollen, den Benachteiligten zugeschoben werden kann. Die Gedankenreihe ist primitiv, aber effizient: Die Bildungsfernen sind bildungsunmündig, sonst wären sie bildungsnah. Nach der sozialen

Funktion von Bildungsunmündigkeit muss dann nicht weiter gefragt werden.

Ralf Dahrendorf hat 1965 als aufrechter Liberaler die Frage trotzdem gestellt: Ist Unmündigkeit in Sachen Bildung »nicht vielleicht Absicht? Nützt sie nicht zumindest bestimmten Gruppen, die an ihrer Beseitigung daher kein Interesse zeigen? [... Die] Analyse des katholischen Bildungsdefizits ist doch wohl auch so zu verstehen, dass die Kirche im Missverständnis der Modernität deren Durchsetzung zu verhindern gesucht hat. Zuweilen drängt sich auch bei den Argumenten ›der Wirtschaft‹, d. h. vor allem der Unternehmer, gegen die Expansion des Bildungswesens der Verdacht auf, dass diesen Gruppen an einer effektiven Ausbreitung staatsbürgerlicher Unabhängigkeit für alle, etwa auch alle Arbeiter, nicht gerade viel gelegen ist.«

Immerhin ließ das Bayerische Kultusministerium im März 1965 eine Broschüre mit dem Titel *Aus Ihrem Kind soll etwas werden* an die Eltern der Volksschüler der Klassen vier bis acht verteilen. Das dreigliedrige Schulsystem sollte quantitativ ausgebaut, aber qualitativ nicht verändert werden. Es ging einfach darum, die Schleusen zu öffnen, solange das gesellschaftspolitisch sinnvoll und volkswirtschaftlich bedarfsgerecht war. Bei dieser Art von ›Öffnung‹ war das erneute Schließen immer schon mitgedacht.

Ginge es wirklich um Bildungsgerechtigkeit, müssten die Schleusen nicht geöffnet, sondern abgeschafft werden. Bildungspolitik hätte ihr Recht und ihren Wert in nichts anderem als in: Bildung. Die Vernachlässigung des unabhängigen Eigenwerts der Bildung war von Hans Heckel auch Georg Picht vorgeworfen worden. Jenseits der statistischen Bedarfsschätzung habe zu gelten: »Unabhängig davon, wie viele Akademiker wir für die Zukunft brauchen werden, brauchen wir jedenfalls um der Bildung willen möglichst viele Abiturienten.«

Um der Bildung willen! Das ist die Gabelung in einen bloß funktionell aufgefassten und in einen eigenständigen Bildungsweg. Bei allem Verdienst, die Pichts Bildungswerbung durch Katastrophendrohung hatte, muss ihm vorgeworfen werden, dass sein Bildungsbegriff nicht am Recht des einzelnen Individuums orientiert war, sondern am gesamtgesellschaftlichen Bedarf: »Das Bildungswesen ist in der modernen Welt die tragende Basis der Gesellschaft, denn Wirtschaft und Politik und Verwaltung brauchen heute ganz andere Zahlen von qualifiziert ausgebildeten Menschen als früher. Das hat man in Deutschland unglücklicherweise später verstanden als in den anderen Kulturnationen, und deswegen befinden wir uns in dem Rückstand, den ich geschildert habe. Unser zukünftiges Sozialprodukt wird davon abhängen, ob es uns gelingt, rechtzeitig die Maßnahmen zu treffen, die nötig sind, damit wir wieder aufholen können.«

Diese Passage aus einem Rundfunkinterview Pichts von 1965 ist in der Sache nahezu deckungsgleich mit dem, was auch heute, da Deutschlands Schulen sich auf PISA-Aufholjagd befinden und die demografische Entwicklung zusätzlich zu schaffen macht, immer wieder festgestellt wird, etwa im September 2006 in der *Zeit*: »Angesichts der Zurückhaltung der gut Ausgebildeten in puncto Familiengründung wird es über kurz oder lang von existenzieller Bedeutung für Wirtschaft und Gesellschaft sein, wie viele Kinder aus schwierigen Verhältnissen es auf die Universitäten schaffen.« Sobald die gut Ausgebildeten ihre ›Zurückhaltung‹ aufgeben, angespornt durch die staatliche Fortpflanzungsprämie des Elterngeldes, ist es für ›Wirtschaft‹ und ›Gesellschaft‹ nicht mehr ›existenziell‹, Bif-Kinder an die Uni zu expedieren.

Vom Recht und Interesse des einzelnen Bif-Kindes und von einem Bürgerrecht auf Bildung unabhängig von der Nachfrage des Marktes und der Planung des Staates ist heute noch weniger die Rede als Mitte der Sechziger, als Ralf Dahrendorf gefordert hat: »Bildung ist Bürgerrecht. Ihr Anstoß und Nutzen liegen nicht in den wirtschaftlichen Verhältnissen. Hinter einer aktiven Bildungspolitik heute steht vielmehr der Gedanke, den Nexus zwischen Berufswelt und Ausbildung zu durchbrechen und die Bildung allein auf die Menschen zu beziehen, denen sie zugedacht ist.« Und: »Wenn Bildungspolitik [...] dem Fundament der Freiheit für den Einzelnen und seine Gesellschaft gilt, dann kommt es zunächst darauf an, die Schulen für alle zu gestalten.«

Dass die Idee einer für ›alle gestalteten Schule‹ in den Sechzigern vor allem Verlustängste bei Privilegierten auslöste, zeigte die erbitterte Auseinandersetzung um die Einführung einer Orientierungsstufe nach der vierten Klasse. Damit sollte die verfrühte Selektion vermieden und das schichtenspezifische Gymnasialprivileg durch mehr Begabungsgerechtigkeit wenn schon nicht abgebaut, so doch wenigstens gemildert werden.

Ludwig von Friedeburg, der in den Siebzigern im Bildungsbürgerkrieg um die Gesamtschule gescheiterte hessische SPD-Kultusminister, schrieb rückblickend, dass es um die Verteidigung höherer Bildungsprivilegien gegen den befürchteten Ansturm von unten ging: »Der Kampf um die besseren Stellen hatte die oberen Schichten darin bestärkt, den Weg durch das Berechtigungssystem zu ihnen möglichst schmal, allein für die eigenen Kinder möglichst sicher zu halten. Eine nach Begabung und Schulleistung fragende Orientierungsstufe konnte dabei nur stören. Das grundständige Gymnasium, auf dem damals, vom Ausscheiden in den ersten beiden Jahren ganz abgesehen, nur eine Minderheit von vierzig Prozent der Quartaner zum Abitur gelangte, sorgte bei entsprechendem Familienhintergrund und elterlichem Nachdruck für die rechte Platzierung. Den breiten Schichten der Bevölkerung verbürgten eher kürzere Schulzeit und baldige Erwerbsarbeit nicht nur ein Auskommen, sondern auch den rascheren Eintritt in das System sozialer Sicherheit.«

Trotz solcher Widerstände blieb der Reformwille, vorübergehend zusätzlich befeuert durch die Aufbruchstimmung der Studentenbewegung, bis in die frühen Siebziger akut. Der »Bildungsbericht '70« der ersten Brandt-Regierung forderte die Zusammenlegung von Hauptschule, Realschule und Gymnasium zur Gesamtschule; es wurde eine bildungspolitische Rahmenplanung auf Bundesebene entwickelt, das erste Bundesausbildungsförderungsgesetz (Bafög) 1970 verabschiedet, die Kompetenz des Bundesministeriums für Bildung und Wissenschaft erweitert und das Bundesministerium für Forschung und Technologie gegründet (1972). Von heute aus betrachtet, wirkt diese Phase wie eine sozialdemokratische Idylle. Der deutsche und der europäische Sozialstaat hatten ihr ›Goldenes Zeitalter‹, wie es der marxistische Historiker Eric Hobsbawm gegen Ende des Jahrhunderts in der Rückschau genannt hat.

Das heißt aber nicht, dass es in bildungspolitischer wie in so manch anderer Hinsicht ein gerechtes Zeitalter gewesen wäre. Es war nur weniger ungerecht als die Jahrzehnte zuvor. Vergleicht man die frühen Dreißiger mit den frühen Siebzigern bezüglich der Anteile der verschiedenen Schichten an der Erwerbsbevölkerung und der Anteile der verschiedenen Schichten an den höheren Schülern, ergibt sich dieses Bild: Der Anteil der Arbeiter an der Erwerbsbevölkerung ist in diesem Zeitraum von 55 auf 52 Prozent gefallen, der Anteil ihrer Kinder unter den Gymnasiasten von etwas über 6 auf 19 Prozent (bei den Jungs) beziehungsweise 16 Prozent (bei den Mädchen) gestiegen.

Das ist eine Verbesserung, aber eine auf niedrigem, immer noch nachteiligem und benachteiligendem Niveau. Jedenfalls wenn man davon ausgeht, dass die Kinder der Arbeiterschicht nicht dümmer geboren werden als die anderer Schichten. Wäre es chancengleich zugegangen, hätte Anfang der Siebziger ihr Anteil an den Gymnasiasten in etwa dem Anteil ihrer Eltern an der Erwerbsbevölkerung entsprechen müssen: um die 50 Prozent!

1973 brach in den sozialdemokratischen Optimismus die Verstörung durch die Ölkrise. Der Wille zur Reform und der Werktagsfleiß bei ihrer Durchsetzung verödeten wie sonntags die Autobahnen, und im Machtkampf um das Bildungsprivileg veränderten sich erneut die Kräfteverhältnisse. Ludwig von Friedeburg sagte dazu 1989 in einem Rundfunkinterview: »Man soll sich nicht täuschen: Die gesellschaftlichen Gegensätze, die darin liegen, dass bestimmte Gruppen einer Bevölkerung viel investiert haben im Bildungssystem, um ihre Position zu halten und ihre Kinder wieder in die Positionen zu bringen, und andere mehr oder minder ausgegrenzt werden, diese gesellschaftlichen Gegensätze sind da. Sie wurden Ende der Sechziger nur dadurch überspielt, dass sehr schwache Jahrgänge auf den Arbeitsmarkt kamen, sehr viel Platz dort war wegen einer lang anhaltenden Konjunktur, und deswegen, weil so viel Platz war, die Meinung herrschte, es würde überhaupt nicht schaden, wenn man ein paar begabte Arbeiterkinder mitnähme auf diese Reise, den eigenen Kindern entstände dadurch kein Schaden. Schon Anfang der Siebziger standen in Scharen die Abiturienten auf den Plätzen vor den Kultusministerien und forderten Studienplätze, der Numerus clausus nahm zu, schon da wurde den Mittelschichten bewusst, es wird eng, die Konkurrenz wird groß, also ist Widerstand am Platze.«

Die bildungspolitische Ernüchterung verschärfte sich Ende der Siebziger und führte in den Achtzigern zu einer Erstarrung. Chruschtschows ›Weggenossen‹ hatten im Westen ein Zeitfenster aufgestoßen, das der Sturmwind der Bildungskonkurrenz wieder zuwarf, als die Mittelschichten begriffen, dass studierende Unterschichtkinder das Reservoir an gut bezahlten Stellen für die eigenen verkleinerten. Dabei stammten Mitte der Achtziger gerade vier Prozent der an Universitäten Immatrikulierten aus Arbeiterfamilien. Nimmt man Fachhochschulstudentinnen und -studenten hinzu, lag der Anteil immer noch unter zehn Prozent. Auch die Teilhabe der Arbeiterkinder an der Gymnasialbildung war insofern enttäuschend, als sie auf verbessertem Niveau stagnierte und nicht weiter ausgebaut werden konnte.

In den Worten von Kai Cortina: »Die Thematisierung sozialer Disparitäten der Bildungsbeteiligung als sozial- und bildungspolitisches Problem war ein Verdienst der in den Sechzigerjahren einsetzenden Bildungsreform. Der Anteil von Kindern aus Arbeiterfamilien an den Gymnasiasten lag noch Mitte der Sechzigerjahre mit etwa sechs Prozent auf dem Niveau von 1931. In der Folgezeit waren nahezu alle Reformmaßnahmen – seien es die Landschul-, Hauptschul- oder Gesamtschulreform – immer auch sozial motiviert. Auch an die Öffnung und Expansion der weiterführenden Schulen war die Hoffnung auf sozialen Ausgleich geknüpft. Umso enttäuschender waren die ersten Analysen des Mikrozensus, die Mitte der Achtziger vorgelegt wurden. Soziale Disparitäten der Bildungsbenachteiligung erwiesen sich als außerordentlich zäh. […] Im Verlauf der letzten vier Jahrzehnte stiegen zwar die Chancen, einen höheren Bildungsabschluss zu erreichen, aber das Verhältnis der schichtspezifischen Bildungschancen blieb weitgehend stabil.«

Die ›Bildungsexplosion‹ der Achtzigerjahre und die Vermassung der Universitäten war durch die geburtenstarken Jahrgänge verursacht, nicht durch die akademische Anwerbung von Bif-Kindern im großen Stil. Abgesehen davon, dass die Studierenden die Überfüllung der Hochschulen beklagten, herrschte während der Achtzigerjahre in der Öffentlichkeit ausdauerndes bildungspolitisches Desinteresse, nur hin und wieder durch aufflackernde Protestaktionen wie den

UniMut von 1988/89 unterbrochen. Ansonsten ging es in Nachhutgefechten um die Ruinen der sozialliberalen Reformen. Die Gesamtschulen waren erst behindert, dann ins Scheitern getrieben worden, und diejenigen, die für dieses Scheitern gesorgt hatten, sahen nun die Funktionsuntüchtigkeit der ›sozialistischen Einheitsschule‹ als bewiesen an. Die Implosion der DDR 1989/90 verallgemeinerte und automatisierte die Assoziation von ›Sozialismus‹ mit ›Scheitern‹. Und wie in allen anderen Diskussionen war es auch in der bildungspolitischen ein Leichtes, den letzten noch nicht verstummten Kritikern des nach wie vor klassistischen bundesdeutschen Bildungssystems mit dem Vorwurf der Gleichmacherei über den Mund zu fahren.

Bildungspolitik wurde aufgefasst als Problem des Systemumbaus in den neuen Bundesländern, in den alten galt die Parole: weiter so. Mitte der Neunziger, als die Durchmusterung wissenschaftlicher Institutionen vom Osten auf den Westen ausgedehnt wurde, begannen Begriffe wie ›Evaluierung‹, ›Rating‹ und ›Effizienz‹ ihre Karriere. Inzwischen hat die Ökonomisierung vom äußeren Management der Bildung auf ihren inneren pädagogischen Kern übergegriffen. Das Sinnvolle an Qualitätskontrollen wird durch die quantifizierende Reduktion, mit der sie betrieben werden, zum Unsinn fetischisierter Evaluation. Die Orientierung, die Rangverhältnisse geben können, wenn sie auf transparente Weise entstehen, verkommt zum ›Branding‹ durch Rating. An der Fortdauer struktureller Diskriminierung von Bif-Kindern beim Zugang zum Studium hat das alles nichts geändert. 1998 ging nahezu jedes Kind aus der Oberschicht und jedes zweite Beamtenkind an die Universität, aber nur jedes 23. Arbeiterkind.

In die pädagogisch pragmatische Geschäftstätigkeit brach am 4. Dezember 2001 die Veröffentlichung des Programme for international Student Assessment (PISA). Der Bericht verglich im Auftrag der OECD in 32 Ländern die Lesekompetenz von 15-Jährigen miteinander und kam zu niederschmetternden Ergebnissen. Beispielsweise rangierten die deutschen Hauptschüler hinter denen in Mexiko, gleichauf mit Brasilien. Die Erklärung, dass dies an den vielen schlecht Deutsch sprechenden Ausländerkindern lag, ist zwar richtig, aber kein Trost, zumal das Deutsch vieler Inländerkinder, die in der Hauptschule hängen bleiben, auch nicht viel besser ist.

Der PISA-Schock ließ das Thema der Bildungsgerechtigkeit erneut so brisant werden wie der Sputnikschock. Es stellte sich heraus, dass das deutsche Bildungssystem nach einem halben Jahrhundert der Reformen inzwischen wieder so ungerecht war, als hätte es überhaupt keine Reformen gegeben. Die Migrantenkinder verschärften die Klassenlage in den Schulen noch. Trotz der sogenannten Bildungsexpansion, die mehr auf demografische Faktoren zurückzuführen war als auf den Ausgleich von Benachteiligung, trotz der zunehmenden Zahl der Abiturienten, trotz der Massenuniversitäten waren und sind Kinder ›niederer‹ Herkunft an höheren Schulen und Hochschulen fast so unterrepräsentiert wie in den Fünfzigerjahren. Unser Bildungssystem ist immer noch grundgesetzwidrig: »Niemand darf wegen seines Geschlechtes, seiner Abstammung, seiner Rasse, seiner Sprache, seiner Heimat und Herkunft, seines Glaubens, seiner religiösen oder politischen Anschauungen benachteiligt oder bevorzugt werden.« (GG Artikel 3, Absatz 3)

Die Kinder der Bifs werden wegen ihrer Abstammung, Sprache und Herkunft benachteiligt, die Kinder der Mittel- und Oberschicht wegen ihrer Abstammung, Sprache und Herkunft bevorzugt. Lieschen Müller und Klein Fritz sind stets nur Gastarbeiter im bürgerlichen Bildungssystem. Ihre Rekrutierung hängt von Konjunkturen ab. Kai Cortina: »Mit dem Modernisierungsprozess der letzten Jahrzehnte, zu dem auch die Bildungsexpansion gehört, ist also das Gefüge von sozialer Herkunft, Bildung und Lebensverlauf nicht offener, sondern tendenziell geschlossener geworden.«

Geringe Herkunft, geringe Bildung: kein Aufstieg. Das Versprechen der ›Chancengleichheit‹ war seit jeher eine Gerechtigkeitslüge. Die Einlösung dieses Versprechens hing stets von ›Umständen‹ ab, die mit seinem ethischen Kern nichts zu tun hatten. Es handelte und handelt sich noch immer um eine Rekrutierungsparole, ein moralisches Abfallprodukt sozialer und ökonomischer Notwendigkeit. Sobald der Bedarfsdruck nachlässt, lassen für diejenigen aus der ›Reserve‹ auch die Chancen nach, und mit diesen Chancen schwindet die Gerechtigkeit.

Die Schule als Institution ist immer zugleich pädagogische Anstalt und ökonomische Selektionsagentur. Einerseits soll sie jedem eine

Chance geben, andererseits bedarfsgerecht ausbilden. Das Schönste, was ihr passieren könnte, das Hereinbrechen ganzer Begabungskohorten aus allen Schichten, wäre zugleich ihr größtes Drama. Dem wäre die Schule nicht gewachsen, weil der Markt dem nicht gewachsen ist. Die Chancen, wie sie unter der Vorspiegelung einer wie auch immer definierten ›Begabungsgerechtigkeit‹ in der Schule verteilt werden, sind Marktchancen. Die pädagogische Moral, die am Potenzial jeder einzelnen Schülerin, jedes einzelnen Schülers orientiert sein sollte, muss im schulischen Bewertungsprozess immer wieder neu mit der ökonomischen Effizienz ins Verhältnis gesetzt werden. Die Schule ist gerade keine humanistische, ausschließlich am Menschen interessierte Einrichtung, und dementsprechend ist auch das ›Schülermaterial‹ mehr Mittel als Zweck, ›Humankapital‹, das sich akkumulieren muss.

Bildung wird nur selten zuerst um ihrer selbst willen geschätzt und stets für etwas anderes in Dienst genommen: den individuellen Aufstieg, den gesellschaftlichen Fortschritt, das ökonomische Wachstum, die Rettung der Welt. Noch durch die schönsten Loblieder auf die Bildung hallt das Echo ihrer Instrumentalisierung.

Konrad Paul Liessmann hat das in seiner *Theorie der Unbildung* persifliert: »Bildung war und ist das Vehikel, mit dem Unterschichten, Frauen, Migranten, Außenseiter, Behinderte und unterdrückte Minderheiten emanzipiert und integriert werden sollen, Bildung gilt als begehrte Ressource im Kampf um die Standorte der Informationsgesellschaft, Bildung ist das Mittel, mit dem Vorurteile, Diskriminierungen, Arbeitslosigkeit, Hunger, Aids, Inhumanität und Völkermord verhindert, die Herausforderungen der Zukunft bewältigt und nebenbei auch noch Kinder glücklich und Erwachsene beschäftigungsfähig gemacht werden sollen.«

Dieses Huldigungsklima überdeckt die Tatsache, dass Bildung in Deutschland bewirtschaftet wird wie eine begrenzte Ressource – die sie unter Marktbedingungen schließlich auch ist. Daran wird sich so lange nichts ändern, wie Bildungszertifikate vor allem wahrgenommen werden als Berechtigungsscheine zum Aufstieg oder, so dieser nicht nötig ist, zum Bewahren des Klassenerhalts. Wenn der Bildungsweg nichts weiter ist als die erste Etappe eines lebenslangen

Rattenrennens, kann weder von den Benachteiligten noch von den Bevorzugten erwartet werden, dass sie plötzlich innehalten, weise die Köpfe schütteln und das Rennen einvernehmlich abbrechen. Vielmehr arbeiten alle, Gewinner und Verlierer, an der Illusion der Gleichheit der Chancen. Denen in der zweiten und dritten Reihe erleichtert diese Illusion, schlechte Ausgangspositionen hinzunehmen, die Mittelschichten entlastet sie vom schlechten Gewissen, das sie sich machen, um ein gutes zu haben, in der Oberschicht wirkt sie als höfliche Verhüllung nackter Herkunftsmacht.

Außerdem tröstet die Illusion jene über den Selektionsdruck hinweg, die diesem Druck am stärksten ausgesetzt sind, am schlechtesten auf ihn vorbereitet wurden und ihm am wenigsten standhalten. In einer sachlich falschen, aber psychologisch verständlichen Bewältigung durch Verdrehung wird strukturelle Benachteiligung leichter ertragen, wenn die Benachteiligten sich einbilden können, sie hätten eine Chance gehabt und nur versäumt, sie zu nutzen. Nach einer verpassten Chance bleibt immerhin die Hoffnung auf eine zweite. Das fällt leichter als die Einsicht, gar keine gehabt zu haben.

Privilegierte schreiben ihre Bildungserfolge ebenfalls der eigenen Begabung zu, nicht der ›Pole Position‹, die ihnen im Rennen durch die Institutionen vom Kindergarten bis zur Hochschule zuvorkommend eingeräumt oder von den Eltern erkämpft wird, zunehmend auch mit juristischen Mitteln, wenn die Noten der Kinder dem Selbstbild der Eltern widersprechen oder ein Lehrer es wagt, statt der ›natürlichen‹ Gymnasialempfehlung mit einer für die Realschule zu kommen. »Wenn alle Eltern so lautstark und gewichtig darauf bestehen würden, dass ihre Kinder das Abitur machen, wie es Akademikereltern auch dann tun, wenn ihre Sprösslinge nur sehr mäßige Schulleistungen aufzuweisen haben, dann wäre der vorzeitige Abgang bei allen Gruppen so gering wie bei Kindern aus höheren Schichten.«

Diese Beobachtung von Ralf Dahrendorf hat nichts an Aktualität verloren. Das ›Elternrecht‹ ist die wichtigste Waffe, um Vorteile der eigenen Kinder im Nahkampf des Schulalltags zu verteidigen. Und seit jeher ist es auch eine Waffe in der institutionellen Auseinandersetzung um die richtige Schulform. Noch im Jahr 2007 wurde in einem Gutachten des Aktionsrates Bildung (gegründet 2005 von dem Unternehmer Randolf Rodenstock) die Gesamtschule mit dem Hinweis auf das Elternrecht abgelehnt.

Bei all diesen Auseinandersetzungen treffen drei Gruppen von Akteuren unmittelbar aufeinander: Schüler, Lehrer und Eltern. Es gibt Eifersuchtsszenen, Machtkämpfe, Intrigenspiele; und es gibt Hilfsbereitschaft, Zärtlichkeit und Freude.

Kapitel 2
Schultüte im Arm

In meinem siebten Herbst begann meine Karriere als Begabungsreserve. Die Konfrontation mit dem Ernst des Lebens in schulischer Gestalt wurde versüßt mit Bonbons in einer großen Schultüte, bunt besternt und mit Krepppapier ausgeschlagen. Das Papier quoll oben heraus und war zu einer Art Verschluss zusammengedreht. Die Tüte sah genauso aus wie später die ›Tüten‹, nur viel größer. Aber das wusste ich damals noch nicht, für das Bildungserlebnis ›Joint‹ musste ich die Universität besuchen.

Im alten Schulgebäude glänzten die gewienerten Flure und es roch nach Bohnerwachs. Alle waren schrecklich aufgeregt, besonders die Mütter. Manche machten in Übersprungshandlungen ihre Taschentücher mit Mamaspucke feucht und rieben ihren verzweifelt die Gesichter verziehenden Sprösslingen nur Müttern sichtbare Schmutzflecken von den ohnehin blank gescheuerten Backen. Ein paar vereinzelte Väter standen verlegen zwischen all den Frauen und Kindern herum, Beamte, die sich extra freigenommen, und Schichtarbeiter, die zufällig freihatten.

Wir Kinder wurden in getrennten Reihen aufgestellt, Knaben auf der einen, Mädchen auf der anderen Seite, alle mit Schultüten in den Armen und den damals tatsächlich noch ledernen Ranzen auf den Rücken. Aus den Ranzen hingen an Schnüren saubere kleine Lappen. Die Schnüre liefen durch die dafür vorgesehenen Löcher der roten Holzrahmen um die linierten schwarzen Schiefertafeln, die in den Ranzen verstaut waren. Auch die Schwammdöschen waren dort untergebracht, mit denen die kleinen Tafeln abgewischt werden konnten. Noch heute bekomme ich Gänsehaut, wenn ich an das schabende Geräusch denke, das die Plastikdose später auf der gesprungenen Tafel machte, wenn ich mit dem ausgetrockneten Schwamm die Kreidebuchstaben verschmierte.

Am Tag der Einschulung hatte die Tafel noch keinen Sprung und das Schwämmchen war feucht. Die Griffel im hölzernen Griffelkasten waren noch nicht zerbrochen und die weißen Pappbuchstaben des Setzkastens, mit denen wir unsere ersten Worte in Pappritzen steckten, waren noch nicht zerknickt und zerfasert und mit den Abdrücken schmutziger Kinderfinger verziert. Am ersten Schultag hatte auch das Holzlineal noch keine dieser Scharten, die ihm später bei Fechtduellen auf dem Pausenhof zugefügt wurden. Und wir wussten noch nicht, dass auch der Lehrer ein Holzlineal hatte, ein viel größeres, und dass er es für zelebrierte Abstrafungen benutzen würde, wenn wir im Unterricht unruhig sein oder in den Pausen zu sehr herumtoben würden. Wen es erwischte, der musste aufstehen, nach vorne gehen und eine Hand ausstrecken. Drei Schläge auf die Innenseite der Finger waren Standard. Wer sich nicht beherrschen konnte und die Hand im letzten Moment zurückzog, bekam einen Zuschlag. So wurde man gezwungen, sich zu zwingen, diesem Lehrer die Hand zur Züchtigung zu reichen.

Volksschullehrer H. war einer dieser kleinen Männer, die große Geschichten von der Ostfront erzählten und sich vor den Kindern, an denen sie herumprügelten, als Heldenkämpfer aufspielten; er war einer dieser furchtbaren Pauker aus der alten Zeit, die den jungen Menschen, die ihnen anvertraut waren, nichts beibrachten außer Angst und Hass.

Später kamen andere, jüngere, aufgeschlossenere Lehrer in die Klasse, die ihre Autorität nicht mehr mit Holzlinealen verteidigten. Rituellen Abstrafungen bin ich erst wieder bei den Benediktinern begegnet: Und sie begnügten sich nicht mit der flachen Hand der Knaben, sondern verlangten den Hintern.

Von all dem ahnte ich am ersten Schultag noch nichts, als wir in zwei Reihen aufgestellt wurden für den Eintritt oder eher den Einmarsch in unsere ›neue Lebensphase‹, wie der Direktor in seiner Ansprache halb drohend, halb lockend ankündigte. Unsere Herzen klopften gegen die großen Schultüten, und die schweren Ranzen mit den Tafeln, Griffeln und Heften zogen an unseren schmalen Schultern.

Es war ein Tag wie auf einem Schwarz-Weiß-Foto mit wellig beschnittenem Rand, ein Tag wie aus den frühen Fünfzigern, als auf dem Land die Honoratioren noch der Herr Pfarrer, der Herr Direktor, der Herr Doktor und der Herr Bürgermeister waren, vor denen die einfachen Leute auf den Gassen die Hüte zogen. Aber an der Wand des Schulzimmers hing neben dem Kreuz und der Weltkarte ein Kalender mit der Jahreszahl 1963, und auf etlichen Häusern im Dorf standen riesige Fernsehantennen, und seit April gab es sogar zwei (!!) Programme, die durch die Antennen auf bauchige Bildschirme geleitet wurden und dort schwarz-weiße Flecken hinterließen. Das Fernsehen war damals noch kein ›Medium‹, sondern ein Möbel, und zwar ein sehr respektables, besonders wenn es in einem eigenen Schrank stand wie in einem Tabernakel, dessen Türen nach dem Abendessen vom Familienvorstand feierlich geöffnet wurden. 41 Prozent der Haushalte verfügten damals über das Fernsehen, während heute das Fernsehen über 99 Prozent der Haushalte verfügt.

Den Fernsehtruhen und Antennen zum Trotz hing, von heute aus gesehen, über den Landgemeinden der frühen Sechziger des 20. Jahrhunderts immer noch ein Abglanz des späten 19., als die meisten Menschen in den Lebenskreis gebannt blieben, in den sie hineingeboren worden waren. Der Apfel fällt nicht weit vom Stamm. Diese bäuerliche Weisheit war auch während des Wirtschaftswunders noch geläufige Pädagogenansicht, nach der Erziehung als eine Art gärtnerische Aufgabe angesehen wurde. Der junge Mensch sollte an dem Platz, auf den der liebe Gott ihn gestellt hatte, verwurzelt werden, um ihn dann aufziehen zu können wie die Bäumchen auf den Spalierobstwiesen vor dem Dorf.

Kapitel 3
Volksschule. Hauptschule. Restschule. Rütlischule

Genau genommen war die Volksschule ein Kriegskind. Nach dem Zusammenbruch des Kaiserreichs am Ende des Ersten Weltkriegs wurde in der Weimarer Republik die Volksschule dem Bürgertum als Einheitsschule aufgezwungen. Das am 28. April 1920 verabschiedete Reichsgrundschulgesetz legte fest: »Die Volksschule ist in den untersten Jahrgängen als die für alle gemeinsame Grundschule, auf der sich das mittlere und höhere Schulwesen aufbaut, einzurichten.« Bürgerliche Eltern mussten von da an hinnehmen, dass ihre Kinder, statt wie bisher in privaten Progymnasien auf einen exklusiven Bildungsweg vorbereitet zu werden, mit Krethi und Plethi in den Bänken saßen, womöglich Ellbogen an Ellbogen mit den Kindern des eigenen Personals, vier Jahre lang. Aber auch *nur* vier Jahre lang. Danach konnten sie der erzwungenen Volksnähe wieder entgehen und sich in den Gymnasien auf die Universität vorbereiten.

Die Einführung der Schulpflicht und mit ihr die vierjährige Volksschule für alle war ein Kompromiss. Die katholische Zentrumspartei, deren Stimmen für die Verabschiedung des Gesetzes gebraucht wurden, gab ihre ohnehin widerwillige Zustimmung nur unter der Bedingung, dass es bei vier gemeinsamen Jahren bleiben würde. Der Strukturfehler des deutschen Bildungssystems, die frühe Verteilung der Kinder auf parallel geschaltete Schulwege, hat seine historischen Ursachen in den gleichen Motiven, die bis heute die Korrektur dieser in Europa einzigartigen Selektionskonstruktion verhindert haben: im Bildungsegoismus jener Schichten, die von dieser Konstruktion auf Kosten der anderen profitieren.

Wie nachhaltig dieser generationenübergreifende Egoismus ist, zeigte sich noch 2007 am Vorschlag des Aktionsrates Bildung, die

Hauptschule durch Zusammenlegen mit der Realschule zu retten. Das Gymnasium indessen soll unangetastet bleiben. Es wird gegen die Bifs verteidigt wie eine Zitadelle.

Nach dem Zweiten Weltkrieg wurde die Volksschule in hergebrachter Weise fortgeführt. Ihre Oberstufe, die heutige Hauptschule, blieb die flächendeckende Lehranstalt der Kinder des ›gemeinen Mannes‹. Sie war konfessionell orientiert und auf dem Land vielerorts in Gestalt von Zwergschulen anzutreffen, an denen ein, zwei Dorfschulmeister Kinder aller Altersstufen in gemeinsamen Klassen unterrichteten. In solchen Schulen lernten Lieschen Müller und Klein Fritz die Grundrechenarten, Lesen, Schreiben sowie einige Werte, die den lieben Gott, den Staat und dessen ›Keimzelle‹, die Familie, betrafen. Den Buben wurde außerdem der Umgang mit Werkzeugen beigebracht, den Mädchen der mit Nähzeug und Kochtöpfen. Die Kultusministerkonferenz hielt 1956 in ihren »Grundsätzen für die Volksschule« fest: »Denken und Handeln der meisten Schüler [sind] mehr vom gegenständlichen Begreifen als von abstrakten Überlegungen« geprägt.

Aus dem Jahr vor dem Sputnikschock stammte auch Eduard Sprangers Schrift *Der Eigengeist der Volksschule*, besonders unter Lehrern bis in die frühen Sechziger weit verbreitet. Im Honoratiorenstil – paternalistisch, volkspflegerisch, kopftätschelnd – beschrieb er das Gemüt des einfachen Menschen als heimatgebunden und erdverwurzelt. Die harmonische Weltsicht sei zu bewahren, der am Gewohnten orientierte gesunde Menschenverstand zu stärken und das abstrakte, gar wissenschaftliche Denken fernzuhalten. Dem habe der erzieherische ›Geist‹ der Volksschule zu entsprechen.

In Wahrheit war dieser Geist ein Gespenst aus dem 19. Jahrhundert, ein mehr erschrockenes als erschreckendes Gespenst und völlig unfähig, den Herausforderungen der Wiederaufbauzeit zu entsprechen. Schließlich waren die Fünfzigerjahre gerade nicht ›gemütlich‹, wie ahnungslose Nostalgiker heute meinen, sondern eine Epoche ungeheurer Mobilität, mit den Millionenströmen der Flüchtlinge, mit den Kriegsheimkehrern und mit vielen, vielen Hunderttausenden, die angezogen vom Lohn und getrieben von Aufstiegshoffnungen von der ›ländlichen Scholle‹ in die städtischen Fabriken flohen.

Der Sputnikschock platzte in eine Idylle, die es überhaupt nicht gab. Dennoch blieb bei Obrigkeit und Honoratiorentum fürsorgliche Herablassung verbreitet. Emanzipation, Modernität, Freisinnigkeit galten als gefährlich für Volk, Vaterland und Staat. Besonders die katholische Kirche und ihre Truppen in den Unionsparteien bekämpften zäh und ausdauernd alles, was die kirchliche Vormachtstellung auf dem Land vermeintlich oder wirklich infrage stellte. Die effektivste Waffe war, nicht zum ersten und nicht zum letzten Mal in bildungspolitischen Auseinandersetzungen, das Elternrecht. Die Kirche machte ihren Einfluss auf die Kinder Gottes geltend, die dann als Eltern ihrerseits Einfluss in der Schule geltend machten. So wurde die Herauslösung der Volksschule aus der konfessionellen Bindung an die katholische beziehungsweise evangelische Kirche zu einem langwierigen Prozess, der sich bis zum Abschluss der Landschulreform im Jahr 1970 hinzog. Die konfessionsgebundene Zwergschule war ein wahrer Riese an Beharrungskraft. Noch 1964 zählte Hildegard Hamm-Brücher, damals FDP-Abgeordnete im Bayerischen Landtag, in ihrem Bundesland rund 1800 einklassige und 1900 zweiklassige Volksschulen, was der Hälfte aller Volksschulen in Bayern entsprach.

Im gleichen Jahr vereinbarten die Bundesländer im Hamburger Abkommen die Umwandlung der alten Volksschuloberstufe zur Hauptschule. Die Aufwertung, die damit verbunden sein sollte, stellte sich als sehr vorübergehend heraus, denn die Hauptschule setzte die Krise der Volksschule unter anderem Namen fort. 1959 hatte der Deutsche Ausschuss für das Erziehungs- und Bildungswesen, ein von Bund und Ländern eingerichtetes überparteiliches Beratergremium, einen »Rahmenplan zur Umgestaltung und Vereinheitlichung des allgemeinen öffentlichen Schulwesens« vorgelegt und eine zweijährige Förderstufe vorgeschlagen, um die Selektion von der vierten auf die sechste Klasse zu verschieben. Es wird jedoch gewarnt, »eine über das jetzige Maß hinaus verbreitete und nivellierte Höhere Schule könnte keine echte Anwartschaft auf gehobene Berufe mehr verleihen. Vor allem aber würde die Verarmung der Volksschule sich vollenden; die nicht bildungswilligen, allermeist auch schwach begabten Kinder gleichgültiger Eltern würden so sehr überwiegen, dass in der Volksschule selbst bei intensivster pädagogischer Arbeit nicht mehr genug geistige Lebendigkeit aufkommen kann.«

In dieser Passage sind gleich vier ›Diskurselemente‹ versammelt, die bis heute in bildungspolitischen Debatten wieder und wieder repetiert werden: Erstens werden der Abbau von Exklusivität und die Verbreiterung des Angebots höherer Bildung handstreichartig mit ihrer Nivellierung identisch gesetzt. Zweitens wird die Gleichungsreihe der Diskriminierung aufgestellt: bildungsfern = bildungsunwillig = schwach begabt. Drittens wird den Stigmatisierten die Schuld am Stigma zugeschrieben. Viertens wird die ›Verarmung‹ der Volksschule vorhergesagt, die sich heute in der nicht mehr zu rettenden Hauptschule als Restschule vollendet – falls ein Ausdruck wie ›Vollendung‹ für die Bezeichnung des Niedergangs angemessen ist.

Das Hamburger Abkommen von 1964 beinhaltete neben der Umwandlung der Volksschuloberstufe in die Hauptschule eine Reihe weiterer Vereinbarungen, darunter die Vereinheitlichung des Einschulungsalters, den Beginn des Schuljahres im Herbst und die Einrichtung einer Förderstufe als Möglichkeit, aber nicht als Pflicht, womit sie in vielen Bundesländern schulpraktisch erledigt war.

Im gleichen Jahr, in dem das Hamburger Abkommen die Hauptschule ausrief, wiederholte der Deutsche Ausschuss seine Verarmungswarnung von 1959 in verschärfter Form: »Wenn hier nicht bald Wirksames geschieht, dann wird die Volksschule eines Tages die ›Restschule‹ sein, die Schule nämlich nur derjenigen Jugendlichen, deren Lebenschancen sich auf ungelernte Arbeit beschränken.« Es war geboren, das hässliche Balg ›Restschule‹, Jahrgang 1964, das inzwischen Mitte vierzig ist und immer noch nichts dazugelernt hat, immer nur mitgeschleppt wird. Bereits 1975 erschien unter dem Titel »Von der Hauptschule zur Restschule« ein Aufsatz, der die Auflösung dieses Schultyps empfahl!

Dass die Hauptschule keine Chance hatte, *nicht* zur Restschule zu verkommen, hing auch mit dem Aufstieg der Realschule zusammen. Dieser mit technischen und kaufmännischen Zweigen ausgestattete Schultyp passte gut zur Mentalität aufstrebender Arbeitereltern, denen das Gymnasium nicht geheuer und die ›Volksschule‹ nicht mehr gut genug war. Die Kinder sollten nicht mehr wie man selbst im Blaumann in der Fabrikhalle stehen und sich die Hände schmutzig machen, sondern mit Schlips und Kragen beziehungsweise im ›Kostüm‹ im Büro sitzen und die Vorteile der Angestellten genießen, die ein ›Monatsgehalt bezogen‹, nicht bloß Stundenlohn in der Tüte bekamen. Aufsteigen – aber doch in der Nähe bleiben, das war die mittlere Lösung und die ›Mittelschule‹ ein praktikabler Weg dorthin.

Über das Zurückbleiben der Hauptschule schrieb Ludwig von Friedeburg 1989: »Jetzt gibt es nur noch einige ländliche Regionen, in denen die Hauptschule mehr als die Hälfte der Schüler aufnimmt. Insgesamt in der Bundesrepublik dominieren die weiterführenden Schulen, vor allem in den größeren Städten. Dort wurde aus der Haupt- vielfach eine Restschule für Arbeiterkinder, insbesondere ausländische.«

Heute, weitere zwei Jahrzehnte später, ist die Hauptschule endgültig abgehängt als Restschule für Ausländerkinder, insbesondere aus der Arbeiterschicht. Denn Migrantenkinder werden im deutschen Schulsystem nicht, jedenfalls nicht strukturell, deshalb benachteiligt, weil sie Migrantenkinder sind, sondern weil sie schlecht Deutsch sprechen. Das haben sie mit den deutschen Unterschichtkindern gemeinsam, mit denen sie in schlechten Schulen in schlechten Gegenden schlechten Unterricht erhalten. Die überbetonte ›rassistische‹ Diskriminierung ist in Wahrheit eine verleugnete klassistische. Die PISA-Studie hat eindeutig ergeben, dass ausreichend Deutsch sprechende Schüler ausländischer Herkunft gegenüber ihren inländischen Mitschülern bei gleicher sozialer Herkunft nicht benachteiligt sind.

Nur noch 15 Prozent der deutschen Kinder landen auf den Hauptschulen. In Berliner Bezirken wie Wedding, Kreuzberg oder Neukölln ist es völlig normal, dass mehr als die Hälfte der Hauptschüler einen ›Migrationshintergrund‹ haben – und zwar in der Regel einen, der weit im Vordergrund steht. Je mehr die multikulturelle Sache aus der sozialen Balance gerät, desto heftiger kämpfen die deutschen Akademiker für eine gymnasiale Zukunft des Nachwuchses, während die normalverdienenden deutschen Bifs ihre Kinder in die Realschulen schicken – die normalverdienenden türkischen Bifs übrigens auch. An der einzigen Realschule Kreuzbergs stieg der Anteil nichtdeutscher Schüler in den letzten Jahren auf über 80 Prozent. Und was

Akademiker ausländischer Herkunft angeht, die iranische Ärztin, den türkischen Anwalt oder den indischen IT-Spezialisten: Sie liefern ihre Kinder ebenfalls nicht den ›Rütlischulen‹ aus.

Berlin hat die niedrigste Hauptschulquote von allen Bundesländern und zugleich die meisten Schüler ohne Abschluss. Die Hauptschule der Hauptstadt ist die Volksschule der kaum Deutsch sprechenden Migranten- und der schlecht Deutsch sprechenden Proletenkinder. Wissenschaftlicher und allgemeiner ausgedrückt: »Die allgemeine Anhebung des Bildungsstandards scheint fast unumgänglich all jene in eine unterlegene Position zu bringen, die am unteren Ende der Status- und Befähigungsverteilung stehen und auf einer niederen Qualifikationsebene verbleiben. Dabei trifft die soziale Abwertung den Einzelnen ebenso wie die gesamte Institution, was wiederum deren Anziehungskraft weiter mindert und den Trend dadurch noch verstärkt.«

Bei der Einschulung gilt die Parole: Nichts wie weg! Ein multikultureller Stadtteil ist eine feine Sache, aber soll man seine Kinder dort zur Schule schicken? Timur Hussein, Sohn eines türkischen Vaters und einer kroatischen Mutter, ließ 2004 als Kreisvorsitzender der Jungen Union Kreuzberg wissen: »Ich werde mein Kind ganz sicher nicht in eine Grundschule stecken, in der 90 Prozent Türken sind.« Als im Dezember 2006 Berlins Regierender Bürgermeister Klaus Wowereit gefragt wurde, ob er seine Kinder, so er welche hätte, in Kreuzberg einschulen würde, rutschte ihm die Antwort heraus: Nein! Er könne »jeden verstehen, der sagt, dass er da seine Kinder nicht hinschickt«. In diesem Zusammenhang ist erwähnenswert, dass Wowereit, eines von fünf Kindern einer alleinerziehenden Arbeiterin in Berlin-Lichtenrade, sich von einem seiner Lehrer über seine gymnasialen Ambitionen sagen lassen musste: »Deine Mutter ist doch nur Arbeiterin, das schaffste doch sowieso nicht.«

Nach Wowereits Ehrlichkeit war der Protest groß und die Scheinheiligkeit noch größer. Schließlich lassen viele Akademiker, auch sozialdemokratische, nichts unversucht, ihren Kindern den Kontakt mit dem, was heute noch ›Volk‹ ist, zu ersparen. Sie mögen diesen Kontakt so wenig wie das 1920 vom Reichsgrundschulgesetz dazu gezwungene Bürgertum. Das ›Sprengelprinzip‹, dem zufolge die Kinder in einer wohnortnahen Grundschule anzumelden sind, ist Akademikern seit jeher ein Ärgernis. Um den pädagogischen Notstandsgebieten im multikulturellen Kiez zu entrinnen, in dem man so vorbildlich tolerant in preisgünstigen Altbauten wohnt, werden die Kinder bei Freunden oder bei Oma und Opa in gutbürgerlichen Gegenden scheinangemeldet, damit sie in astrein Deutsch sprechende Klassen kommen, vielleicht zusammen mit einem dunkel aussehenden Diplomatenkind, für das man ohne Risiko ›weltoffen‹ sein kann.

Man selektiert die Schulen, um der Selektion der Kinder zuvorzukommen, und das kann man wirklich verstehen. Ich würde es auch nicht anders halten. Allerdings ohne den für die Bigotterie der multikulturellen Mittelschicht typischen Versuch, so zu tun, als wäre das Omelett zu haben, ohne Eier zu zerschlagen. Wenn das Interesse des eigenen Kindes und die multikulturelle Moral nicht zusammenpassen, gewinnt im Konflikt zwischen Moral und Interesse gewöhnlich das Interesse. Das ist verständlich, aber eben nicht moralisch. Deshalb macht man sich das verlegene Winden im eigenen Anspruch, dem man nicht gerecht wird, erträglich, indem man die Verantwortung für die unerwünschten Folgen seines Handelns von sich weist.

Im Kommentar einer Berliner Stadtillustrierten stellt sich diese Salvierungsmethode selber bloß. Wenn die Leute, heißt es da, ihre Kinder von Kreuzberger Schulen fernhalten, »tun sie es ja nicht, um das Projekt Integration zu torpedieren und die Entmischung von Arm und Reich voranzutreiben, sondern aus ganz persönlichen Beweggründen. Wenn es um die Ausbildung und damit um die Zukunftschancen der eigenen Kinder geht, lassen sich Eltern nun mal ungern auf Experimente ein. [...] Man kann die individuellen Entscheidungen besorgter Eltern nicht für die fortschreitende soziale Segregation verantwortlich machen.«

Die Grundschule ist in Problemvierteln eine stigmatisierte Institution, die Hauptschule fast überall. Im Apartheidsystem unseres Bildungswesens ist sie die Schule der Parias, und zwar nicht nur bei den Schülern, sondern auch bei Eltern und Lehrern. Viele Schüler sind demotiviert, viele Eltern uninteressiert und viele Lehrer nicht engagiert. Motivierte Schüler, die es auch gibt, interessierte Eltern und engagierte Lehrer versuchen chancenlos, Wasser zu Butter zu strampeln, um nicht zu ertrinken.

Jede Hauptschülergeneration macht an sich selbst erneut den Abstieg durch, dem diese Schulform insgesamt seit Jahrzehnten preisgegeben ist. Die Internationale Grundschul-Leseuntersuchung (IGLU) von 2003 hat dokumentiert, dass deutsche Viertklässler bei der Lesekompetenz im internationalen Vergleich im oberen Mittelfeld landen. Aber nach der Selektion geht es bergab bis aufs unterste Niveau, wie Wilfried Bos, der Leiter des deutschen IGLU-Teams, seinerzeit beklagte: »Wir haben beide Schülergruppen sehr zeitnah getestet: die 15-Jährigen im Jahr 2000 [bei der ersten PISA-Studie] und die 10-Jährigen 2002 [durch IGLU]. Und da stellen wir fest: Am Ende der Grundschulzeit verfügen deutsche Schüler über ein hohes Leseniveau, die Leistungsunterschiede sind gering, und wir haben relativ wenig Probleme im unteren Leistungsbereich. Fünf Schuljahre später drehen sich die Verhältnisse um: schlechtes Gesamtergebnis, enormes Leistungsgefälle, riesige Probleme im unteren Bereich. Da läuft in Deutschland in den Klassen fünf bis neun irgendetwas schief.«

Zu dem, was da schiefgeht, gehört auch die hoffnungslos ungerechte Verteilung finanzieller Mittel. Nach einer Studie von 2002 bleiben die Aufwendungen pro Schüler in Deutschland bis zur zehnten Klasse deutlich unter OECD-Durchschnitt, erst ab der elften erreichen sie Spitzenwerte im internationalen Vergleich. Ein Gymnasiast ist dem deutschen Staat pro Jahr doppelt so viel wert wie ein Hauptschüler. Spezifiziert in Primarstufe, Sekundarstufe eins und Sekundarstufe zwei ergibt sich, ausgedrückt in US-Dollar (kaufkraftbereinigt), für Deutschland dieses Zahlenbild: Primarstufe – 3818, Sekundarstufe eins – 4918, Sekundarstufe zwei – 10 107 US-Dollar. Das ist die größte Ungleichverteilung in allen OECD-Staaten. Bei den Finnen, den Besserwissern von PISA, sieht die Sache so aus: Primarstufe – 4138, Sekundarstufe eins – 6390, Sekundarstufe zwei – 5479. In Schweden: 5736 zu 5678 zu 6077. Und selbst die Schweiz, die für Oberschüler mit 11 819 Dollar pro Schüler und Jahr noch mehr ausgibt als Deutschland, lässt sich ihre Primarschüler immerhin 6663 Dollar kosten.

Es muss allerdings hinzugefügt werden, dass die Verhältnisse in den einzelnen Bundesländern recht unterschiedlich sind. Nach einer im November 2007 veröffentlichten Studie des Steinbeis Transferzentrums für Wirtschafts- und Sozialmanagement, die auf Datenmaterial von 2004 beruht, gibt beispielsweise Berlin für einen Grundschulplatz 6266 Euro aus, für einen Hauptschulplatz 9390 Euro, für einen Platz in der Realschule 5989 Euro, einen im Gymnasium 6659 Euro, einen in der Gesamtschule 7757 Euro und einen in der Förderschule 14 841 Euro.

Die ungewöhnlichen Relationen haben mit dem Schülerrückgang im Ostteil der Stadt zu tun, der die Kosten pro Schüler ansteigen lässt, außerdem mit dem vermehrten Personalbedarf in der Hauptschule durch den hohen Anteil von Schülern aus sozial schwachen und aus Migrantenfamilien. Hinzu kommen die statistischen Folgen der Integration von geistig oder körperlich behinderten Kindern in den ›normalen‹ Unterricht. Auch das erhöht den Personalbedarf und treibt so auf der Seite der Hauptschule die Kosten pro Platz in die Höhe, während auf der Seite der Förderschule die Kosten auch deshalb so hoch sind, weil sich die Kosten für Personal, Ausstattung und Immobilien auf weniger Plätze verteilen.

Die Studie geht auf die Initiative von Privatschulförderern zurück. Da Privatschulen von den Ländern im Bundesdurchschnitt mit etwa 80 Prozent von dem unterstützt werden, was ein Platz in einer entsprechenden staatlichen Schule kosten würde, sind Privatschulen daran interessiert, die Kosten der öffentlichen möglichst hoch anzusetzen, um die staatlichen Zuschüsse zu steigern.

Unabhängig von der Sach- und Finanzlage in einzelnen Bundesländern und den damit verbundenen statistischen Berechnungsproblemen entspricht die auffällig disproportionale Mittelverteilung in Deutschland der Frühselektion im schulischen Dreiklassensystem. Dass es eines Tages zu der von Bildungsforschern gelegentlich angemahnten Umschichtung eines Teils der Mittel von den Gymnasien zu den Hauptschulen kommt, steht nicht zu erwarten. Kein Politiker wird es wagen, Hand anzulegen und sich am heißen Eisen der Vorteilsnahme, das die Bildungsnahen weiter für sich im Feuer halten wollen, die Finger zu verbrennen. Wenn es zu Umschichtungen kommt, dann eher in die entgegengesetzte Richtung. Ein Beispiel dafür beschrieb im April 2006 der Erziehungswissenschaftler und Hamburger Landesschulbeirat Reiner Lehberger: »So investiert

Hamburg die gesamten Gelder aus dem Ganztagsschulprogramm der vormaligen Bundesregierung nicht in die Hauptschule, wo sie hingehören. Vielmehr macht die Stadt die Gymnasien zu Ganztagsschulen, um den Nachmittagsunterricht für die Schulzeitverkürzung auf zwölf Jahre zu ermöglichen. Gut für die Gymnasien – aber eine falsche Prioritätensetzung.«

Auch das seit Jahrzehnten verkrustete Gehaltssystem der Lehrer gehört in diesen Zusammenhang. Die Besoldung der Pädagogen folgt wie ihr Status einer Art Kastensystem: unten diejenigen, die ›nur Volksschullehrer‹ sind, oben die Solidargemeinschaft der Studienräte. Gute Lehrer gibt es auf allen Ebenen, schlechte aber auch. Pädagogen, die sich in Problembezirken in Problemschulen an Problemkinder wagen, hängt mitunter der Ruf an, besonders schlecht zu sein. Warum wären sie sonst an der pädagogischen Peripherie gelandet? So werden dort, wo Engagement besonders kostbar ist, diejenigen mit Verachtung gestraft, die es allen Widrigkeiten zum Trotz immer noch aufbringen. Statt Loser-Image oder Mitleid hätten solche Lehrerinnen und Lehrer Bewunderung und Zulagen verdient.

Die Schulbehörden im Verwaltungsnirwana, weit weg vom tagtäglichen Nahkampf der Erziehung, sind eher Teil des Problems als der Lösung. In allen Kriegen neigen Etappenhengste (und -stuten auch) dazu, die Truppe an der Front bei brenzligen Situationen im Stich zu lassen. Im Bürgerkrieg um die Bildung ist es nicht anders. Die ganz normal erbärmlichen Zustände an der Neuköllner Rütlischule wurden nur deshalb zu einem medialen Schocker, weil der im Stich gelassene ›Lehrkörper‹, frustriert und erschöpft, in einem ungewöhnlich offenherzigen Brief an die Administration seine pädagogische Kapitulation bekannt gab, die eben diese Administration durch ausdauerndes Nichthandeln mitverschuldet hatte. Beispielsweise waren etliche Stellen, darunter die des Schulleiters, längere Zeit unbesetzt geblieben. Dieser Fall von routiniertem Staatsversagen, eklatant und alltäglich zugleich, ist der eigentliche Skandal, nicht das eine oder andere von halbstarken Schülern den Kameraleuten vorgezeigte Klappmesser.

Ich wohne in der Nachbarschaft dieser Schule, keine fünf Fußminuten entfernt, erfuhr aber erst durch professionell hysterische Reporter vom Restschulengomorrha vor meiner Haustür, nah am Herzen der Neuköllner Finsternis. Helmut Hochschild, der kommissarische Rektor, der nach dem Lehrernotruf an der Rütlischule vorübergehend als Troubleshooter eingesetzt war, erklärte später: »In der damaligen Situation gab es neben dem normalen Arbeitsdruck an der Schule noch einen unglaublichen Druck durch das Medieninteresse. Wir hatten Polizisten vor der Schule stehen – aber nicht wegen der schwierigen Schüler, sondern damit die Journalisten nicht die Schule stürmten.«

Die Rütlischule wurde zum Symbol eines Niedergangs noch unter Restschulniveau. Inzwischen hat sich das Klima verbessert und die stigmatisierten Schüler haben zusammen mit den stigmatisierten Lehrern gelernt, sich gegen das Kainsmal der Unfähigkeit zu wehren. Manchmal sehe ich in meiner Straße an Laternenpfähle geklebte Zettel, auf denen Tage der offenen Tür oder andere ›Events‹ angekündigt werden. Die Normalitäten sind zurückgekehrt, die Reporter weitergezogen und die Probleme geblieben. Der Ausländeranteil an der Schule beträgt 80 Prozent, und von diesen 80 Prozent sind 20 Prozent arabischer Herkunft mit Duldungsstatus. Wie kann man von diesen jungen Leuten erwarten, dass sie unbeschwert lernen? Sie wissen, dass sie auch bei Begabung und Leistung keine Chance auf einen Job haben, weil der Gesetzgeber ›bloß Geduldeten‹ nun einmal das Recht auf Arbeit juristisch abgeschnitten hat.

Sozial abgeschnitten wird dieses Recht einem Zehntel aller Schüler, jenen 950 000 Jugendlichen, die heute noch die rund 5000 Hauptschulen in Deutschland besuchen. Nur jeder Fünfte von ihnen findet einen Ausbildungsplatz. Die jungen Leute von der Restschule stehen in der Bewerbungshierarchie auf der letzten Stufe, unter ihnen ist nichts mehr. Die Abiturienten verdrängen die Realschüler, die Realschüler die Hauptschüler. 1970 waren 80 Prozent der Auszubildenden Hauptschüler, 19 Prozent Realschüler, 1 Prozent Abiturienten. Das hat sich dramatisch verändert. 2004 waren 37,8 Prozent Hauptschüler, 45,8 Prozent Realschüler und 16,5 Prozent Abiturienten. Das Konkurrenzdefizit der Hauptschule macht jeden ihrer Schüler zu einem KoZ: Kind ohne Zukunft – keine Ausbildung, kein Job.

Die Hauptschule selbst hat auch keine Zukunft. Die letzten Versuche, sie zu retten, münden inzwischen in ihre Abschaffung, wie Joachim Bauer in seinem *Lob der Schule* schreibt: »Die Zusammenlegung von Haupt- und Realschule, wie sie in Sachsen und Thüringen bereits realisiert ist, in Bayern erwogen und in Hamburg sowie in Schleswig-Holstein konkret geplant wird, dürfte ein richtiger Schritt sein, weil es fatal ist, wenn Hauptschüler das Gefühl haben, ihre Schule sei ein Mittel sozialer Ausgrenzung.« In Hamburg sollen die Haupt- und Realschulen zu Stadtteilschulen zusammengefasst werden, die nach zehn Jahren einen Abschluss und weiterführend nach dreizehn Jahren die Hochschulreife bieten. Daneben bleibt das aparte Gymnasium mit einem Abitur nach zwölf Jahren bestehen. Die Realschüler müssen sich irgendwie mit den Hauptschülern arrangieren, aber die Bildungsprivilegierten geben die Exklusivität der Gymnasiastenschulung nicht preis. Die Kinder der in- und ausländischen Unterschicht in den Hauptschulen und die Kinder der normalverdienenden Bifs in den Realschulen kann man miteinander mischen, die Kinder der Akademiker jedoch sollen für sich bleiben und behütet werden vor denen, die vermeintlich oder wirklich unter ihnen stehen.

Der Hoffnung, dass die Realschule die Hauptschule retten kann, entspricht die Befürchtung, dass die Hauptschule die Realschule verdirbt. Mit diesem Risiko wollen die Bildungsschichten gar nicht erst zu tun bekommen. Sollen die Realschul-Bifs und die KoZler die Sache unter sich ausmachen. »Man sollte nicht eine funktionierende Schulform opfern«, meint der Erziehungswissenschaftler Dieter Lenzen, »um Ungerechtigkeit zu bekämpfen.«

Ginge es mit rechten Dingen und nach richtigen Maßstäben zu, müsste denjenigen, die im Bildungssystem wegen ihrer Klassen- und Migrantenherkunft benachteiligt sind, besonders unter die Arme gegriffen werden. »Hauptschüler brauchen mehr als rein organisatorische Veränderungen«, mahnt Joachim Bauer. »Vielmehr brauchen sie eine ›positive Diskriminierung‹, das heißt mehr individuelle, auch den familiären Hintergrund einbeziehende Unterstützung. Wir müssen ihnen in einer besonders hohen Dosis das zur Verfügung stellen, was sie an spezieller Förderung brauchen: Unterricht in besonders kleinen Klassen, besondere Unterrichtsangebote (vor allem im Bereich Sprache), einen Schwerpunkt auf sozialem und emotionalem

Lernen, intensive Schulsozialarbeit und spezielle Hilfestellungen beim Übergang in weiterführende Schulen oder ins Berufsleben.« Das würde indessen eine Korrektur bei der Verteilung der Finanzmittel erfordern, und das ist nicht zu erwarten.

Ein anderer in letzter Zeit favorisierter Vorschlag zur Behebung der Hauptschulkrise ist der Wettbewerb. Schulen, die nicht mehr mithalten können, sollen durch eine Konkurrenz kuriert werden, der sie nicht gewachsen sind. Das Sprengelprinzip, von cleveren Akademikern ohnehin routiniert unterlaufen, wird gelockert oder, wie ab 2008 in Nordrhein-Westfalen, abgeschafft. Die Eltern sollen wählen können, auf welche Grundschulen ihre Kinder gehen. Die Schulen haben sich dann als Anbieter auf einem Markt zu bewähren, auf dem die Eltern als Nachfrager auftreten. In den Worten von Dieter Lenzen: »Die Schule sollte frei in der Wahl des Weges und der Mittel sein. Wenn die Schulen pro Schüler einen bestimmten Geldbetrag bekämen und die Eltern die Schule wählen könnten, dann würde der Wettbewerb gute Schulen belohnen, schlechte würden schlimmstenfalls geschlossen.«

Ist damit für Lenzen das Problem erledigt? Jedenfalls gibt er keine Auskunft darüber, was mit den Kindern geschieht, deren Schule ›schlimmstenfalls geschlossen‹ wird. Man kann es aber auch umdrehen: Was geschieht mit den Kindern, deren – schlechte – Schule schlimmstenfalls *nicht* geschlossen wird? Weil ihre Eltern schlechte Bildungskonsumenten sind, vielleicht weil es ihnen selbst an Bildung fehlt – oder an Interesse oder an Zeit oder an Geld oder an allem zusammen –, müssen sie an Schulen ausharren, die für die Kinder guter und informierter Bildungskonsumenten nicht mehr gut genug sind.

Pädagogik, die wie ein Produkt über den Markt verteilt wird, führt zur Schwächung der Schwachen und Stärkung der Starken. Ausdrücke wie ›Kundenorientierung‹ sind bezogen auf die Schule nichts weiter als Wunderheilerformeln, wenn den Schulen, die sich am Kunden, also an den Eltern, orientieren sollen, dazu die Mittel fehlen. Oft genug fehlt es Problemschulen in Problembezirken aber nicht nur an den Mitteln, sondern auch an einer Kundschaft, die in der Lage wäre, ihren Einsatz zu würdigen. Wahl*freiheit* setzt Wahl*fähigkeit* voraus und die wiederum Interesse und Kompetenz. Die ›kundenorientierte‹ Schule soll ausgerechnet dort, wo die Voraussetzungen für ihr Funktionieren fehlen, diese Voraussetzungen schaffen, indem sie funktioniert – sie soll sich am eigenen Schopf aus dem Sumpf ziehen.

Die Idee miteinander wetteifernder Schulen mag sich in bildungsnahen Gegenden für bildungsnahe Schichten bewähren. In Kiel beispielsweise hat die Aufhebung des Sprengelprinzips schon seit einigen Jahren Erfolg. Aber was in Kiel gelingt, passt nicht automatisch für Dortmund-Nordstadt, das Frankfurter Gallusviertel oder Berlin-Neukölln. In schwierigen Stadtvierteln wird schulischer Wettbewerb nur in Ausnahmefällen, die es allerdings gibt, auch jetzt schon, Inseln der Zuversicht hervorbringen. Insgesamt und auf Dauer gesehen steht für diese Viertel eher zu vermuten, dass ›der marktwirtschaftliche Weg‹ zum Grenzweg zwischen innen und außen wird, der auf der Seite der guten Gegenden gut und auf der Seite der schlechten gar nicht begehbar ist.

Für die einen ist der kundenorientierte Wettbewerb Teil der Lösung, für die anderen Teil des Problems. Wo er Teil des Problems ist, wird er die ethnische und soziale Entmischung der Schülerschaft eher verstärken als abschwächen. Gleichzeitig wird die Egalisierung zunehmen, aber auf beiden Seiten des Weges auf sehr ungleiche Weise: Auf der guten werden alle gemeinsam besser, auf der schlechten alle gemeinsam schlechter. Das Bürgerrecht auf Bildung, für das Liberale wie Ralf Dahrendorf sich in der Vergangenheit starkgemacht haben, wird der Markt in der Zukunft nicht verwirklichen. Und der Bif-Abkömmling, der dieses Buch schreibt, verneigt sich wehmütig vor einem Lord.

Während meines vierten Schuljahres stellte sich heraus, dass ich »ein typischer Realschüler« war, wie mein Lehrer (nicht mehr der Pauker von der Ostfront) schubladisierte. Ich solle noch zwei Jahre die Dorfschule besuchen und nach der Sechsten in die Realschule der Kreisstadt wechseln. Meine Noten waren ein wenig besser als der Durchschnitt, aber nicht direkt genial. ›Ein wenig besser als der Durchschnitt‹ reichte bei Akademikerkindern, um sie aufs Gymnasium zu schicken. Bei einem Arbeiterkind war Vorsicht geboten.

Wenn ein Akademikerkind sich schwertat, halfen die Eltern oder Nachhilfelehrer, und zur Not wurde eben eine Klasse wiederholt. Wenn ein Arbeiterkind sich schwertat, konnten die Eltern nicht helfen, Nachhilfe war teuer, und drohte eine Klassenwiederholung, wurde das Kind lieber gleich von der Schule genommen, damit es etwas ›Ordentliches‹ lernte und Geld verdiente.

Scheitern demütigt, besonders wenn es ein Scheitern an der Grenze zwischen dem elterlichen Platz in der Gesellschaft und dem für die Kinder angestrebten ist. Die Rückkehr an die alte Schule bedrückt das Kind, beschämt die Eltern und belastet den Lehrer, der zum Besuch des Gymnasiums ermuntert hatte und sich nun enttäuscht sieht. Warum dieses Risiko eingehen? Für bildungsferne Eltern wie für bildungsnahe Lehrer ist die Realschule der risikominimierende Mittelweg, wenn sich eine Begabung abzeichnet, die zwar ein wenig mehr als der Durchschnitt, aber nicht direkt Genialität verspricht.

Außerdem geht der Lehrer nicht nur ein Risiko ein, wenn er dem Arbeiterkind eine Gymnasialempfehlung ausspricht, sondern auch, wenn er sie dem Akademikerkind verweigert. Er muss dann mit Konflikten rechnen, in denen Macht, so sie vorhanden ist, ohne Umstände und Einfluss, so gegeben, ohne Scham eingesetzt werden. Promoviert gezeugte Kinder gehen nicht auf die Hauptschule. Akademische Beschwerden bei den Schulleitungen und Zeugnisanfechtungen bei den Kultusministerien nehmen zu. Es werden Prozesse um Noten geführt oder um die Einstufung des Kindes als ›Legastheniker‹, wenn ihm eine weitere positive Diskriminierung verschafft werden muss, sobald der soziale Selektionsvorteil der Herkunft nicht genügt, um Minderbegabung zu kompensieren. Es häufen sich Auseinandersetzungen mit Akademikereltern, die auf die Einstufung ihrer Kinder als Legastheniker pochen, auch wenn psychologische Gutachten dem widersprechen. Um Missverstehen vorzubeugen: Das ist nicht gegen die besondere Unterstützung von Legasthenikern (gleich welcher Herkunft) gesagt, sondern gegen das Benutzen dieser Kategorie als Trick.

Was zu jeder Zeit an jeder Schule zu beobachten ist, auch von Eltern, die weder Soziologen noch Statistiker sind, hat die Hamburger

Lernstudie LAU soziologisch und statistisch bestätigt: eine deutliche Verbindung zwischen der ›Abiturhaftigkeit‹ der Väter und der Gymnasialempfehlung für die Kinder. Dem entsprach die nicht minder deutliche Abhängigkeit bloß haupt- oder realschultauglicher Kindsbegabung vom väterlichen ›Arbeitertum‹.

Auch bei mir war die Sache klar, ich ein »typischer Realschüler«, meine Lebenslaufbahn vorgezeichnet: Mit Fleiß und ›Anstelligkeit‹ würde ich es in ein Büro schaffen oder vielleicht sogar zu lebenslanger Sesshaftigkeit in einer Amtsstube. Ein Platz unter den Fittichen von ›Vater Staat‹ war in den Augen vieler Arbeiter damals das Traumziel der Sicherheit für ihre Kinder. Unkündbarkeit und Beamtenpension, welch ein Aufstieg für Sohn oder Tochter eines Blaukittels.

Aber dann erfuhr ich durch Klassenkameraden von einer Besichtigungsfahrt zu einem Benediktinerinternat mit angeschlossenem humanistischen Gymnasium. Ich durfte die Fahrt mitmachen, kam begeistert zurück und rang meinen Eltern die Erlaubnis ab, auch an der Aufnahmeprüfung teilnehmen zu dürfen. Es wurde das erste ›Assessment‹ meines Lebens (und ist das einzige geblieben). Der Lehrer, der die Realschulempfehlung ausgesprochen hatte, zuckte mit den Achseln, als er von meiner Bewerbung um einen Platz an diesem Internatsgymnasium hörte: »Keine Chance!«

Zwischenstück über Selektion

Die Aufnahmeprüfung dauerte drei Tage. So lange waren die Prüflinge in dem Internat untergebracht, das diejenigen, die bestehen würden, mit Beginn des nächsten Schuljahres besuchen durften. Meine Eltern rechneten nach der Realschulempfehlung meines Volksschullehrers nicht mit einem Erfolg. Dennoch erlaubten sie mir die Teilnahme, um sich später nicht vorwerfen lassen zu müssen, sie hätten mir die Chance verweigert, die ich nach Meinung des Lehrers nicht hatte.

Am Nachmittag des dritten Tages, als die Ergebnisse verkündet wurden, waren wir alle sehr aufgeregt. Ich wurde zum ersten Mal Zeuge, was es bedeutet, wenn jemand ›durchfällt‹. Es gab Tränen und Trost, aber auch Häme und Schulterzucken. All diesen Zehnjährigen war die Tragweite des Urteilsspruchs vollkommen bewusst, auch dem einen Jungen, der die Mitteilung über sein Versagen mit einer Gelassenheit zur Kenntnis nahm, die schon sehr nach Erleichterung aussah. Ich wiederum war erleichtert, dass mir der liebe Gott, dem ich mit meinen Kindergebeten arg zugesetzt hatte, das ›Bestanden‹ gönnte. Ich lohnte es ihm mit dem Versprechen, Priester zu werden und als Missionar in die Welt hinauszuziehen, um Heidenkinder zu bekehren. Das vertrug sich wunderbar mit den abenteuerlichen Vorstellungen, die ich mir von diesem Job machte.

Die finanzielle Seite der Vorbereitung auf meine künftige Rolle beschäftigte mich nicht, meine Eltern dafür umso mehr. Für Schule und Internat wurden 120 Mark berechnet. Zum Vergleich: Das Kindergeld für dritte Kinder, für erste und zweite gab es damals noch nichts, betrug 25 Mark. Das Kloster minderte aber mit einer sogenannten ›Kann-Förderung‹ in einzelnen Fällen das Schulgeld um 20 oder 30 Mark. Diese Förderung wurde mir bewilligt, und da sich auch einer meiner Großväter an den Kosten beteiligte, konnte ich mit dem Eintritt ins Internat einen langen Bildungsweg beginnen, der knapp zwanzig Jahre später mit dem Universitätsexamen zu Ende ging.

Was mich auf diesen Weg brachte, waren nichts weiter als Zufälle, wenn auch von mir selbst erkämpfte. Ich hatte zufällig von der Besichtigungsfahrt ins Internat gehört und die Erlaubnis zur Mitfahrt erbettelt; ich hatte von der anstehenden Aufnahmeprüfung erfahren und meine Teilnahme durchgesetzt; und nachdem ich zufällig die Prüfung bestanden hatte, war mir zufällig die Kann-Förderung zuteilgeworden, was meinen Eltern half, sich über ihre Bedenken und die meines Volksschullehrers hinwegzusetzen und es mich mit dem Gymnasium probieren zu lassen statt zwei Jahre später mit der Realschule.

Bis heute sind Bif-Kinder auf Zufälle angewiesen, zum Beispiel darauf, von Grundschullehrerinnen und -lehrern ›entdeckt‹ und gefördert zu werden. Während die Gymnasialempfehlung für Akademikerkinder die Regel ist, ist sie bei Bif- oder gar Unterschichtkindern die Ausnahme, die durch besondere Begabung gerechtfertigt werden muss. Wenn durchschnittlichen Bif-Kindern die gleichen Chancen eingeräumt werden wie durchschnittlichen Kindern aus bildungsnahen Familien, grenzt das schon an Wunder. Denn wie sehr Lehrer sich beim Qualifizieren ihrer Schüler disqualifizieren, hat die IGLU-Studie glasklar bewiesen. Wilfried Bos, Leiter der deutschen Sektion: »Wir haben unsere Testergebnisse mit den Empfehlungen der Lehrer verglichen, welche weiterführende Schule der betreffende Schüler wählen soll. Dabei haben wir riesige Überschneidungen festgestellt«, gemeint sind Leistungsüberschneidungen »zwischen Haupt- und Realschule sowie Realschule und Gymnasium, aber ebenso zwischen Hauptschule und Gymnasium. Die Übergangsempfehlungen haben oft wenig mit den Fähigkeiten der Schüler zu tun.«

Dieser Befund wird durch die zwischen 1996 und 2005 in Hamburg durchgeführte Untersuchung der Aspekte der Lernausgangslage und der Lernentwicklung (LAU) bestätigt. Rainer Lehmann, Betreuer der Studie: »Generell gilt, dass der Zusammenhang zwischen der Leistung eines Schülers und seiner Entscheidung, in eine Berufsausbildung oder in die gymnasiale Oberstufe zu wechseln, überraschend gering ist.«

1964 hatte Georg Picht erklärt: »Durch das Schulsystem werden schon die zehnjährigen Kinder – und zwar in der Regel definitiv – in Leistungsgruppen eingewiesen, die durch das Berechtigungswesen einer entsprechenden Gruppierung der sozialen Positionen zugeordnet sind. Die so geschaffene Klassifizierung durch Bildungsqualifikationen überlagert mehr und mehr die noch fortbestehende Klassenstruktur der bisherigen industriellen Gesellschaft.«

Nach wie vor richtig an dieser Einschätzung ist die in der Regel ›definitive‹, später nur schwer zu korrigierende Sortierung nach Schulformen. Die übrigen Vermutungen Pichts haben sich nicht bestätigt. Die Kinder werden zwar in ›Leistungsgruppen eingewiesen‹, aber nicht nach dem, was sie in der Schule bringen, sondern nach dem, wozu es ihre Eltern im Leben gebracht haben. Auch ›überlagert‹ die soziale Schichtung nach Bildungsqualifikationen die Klassenstruktur nicht, sondern bestätigt und verschärft sie.

Der 1970 von der ersten Brandt-Regierung vorgelegte »Bildungsbericht« hatte das ganz deutlich gesehen, einschließlich des Problems, dass bereits die innere pädagogische Verfassung der Grundschule zu Diskriminierungen führte: »Bisher gibt es fast keine Hilfe für Kinder, die durch ihre soziale Herkunft sowie ihr häusliches Sprachmilieu benachteiligt und durch fehlende Lernanreize in ihrer Umwelt weniger gut auf die Anforderungen des schulischen Lernens und Zusammenlebens vorbereitet sind. In der Grundschule werden die Leistungen der Kinder immer noch nach den Maßstäben einer letzten Endes doch schichtenspezifischen Bildungstradition beurteilt, die dann auch für die Auslese nach dem vierten Schuljahr entscheidend sind. Diejenigen Kinder, die in ihrer Familie und Umwelt nicht auf die Inhalte, Ausdrucksformen und Maßstäbe dieser Tradition hin gefördert werden, können diesen Maßstäben nicht genügen. So trägt die [...] Grundschule doch dazu bei, dass sich die sozialen Schichten von Neuem reproduzieren.« Was sich auch darin ausdrückt, dass die ›niederen Schichten‹ nach dem letzten Selektionsjahr der Grundschule in der Hauptschule unter sich bleiben.

Im Jahr 2003, immerhin mehr als drei Jahrzehnte nach der Lagebeschreibung durch den *Bildungsbericht*, fasste Kai Cortina in einer wissenschaftlichen Studie die Situation so zusammen: »Den Eltern höherer sozialer Schichten gelingt es offenbar häufiger, die Hauptschule zu vermeiden. Aber auch bei den relativen Chancen des Gymnasialbesuchs schlägt die Sozialschichtzugehörigkeit selbst bei Kontrolle von Leistungsmerkmalen durch. Jugendliche aus der Oberschicht haben eine deutlich höhere Chance, ein Gymnasium anstelle einer Realschule zu besuchen, als Jugendliche aus Arbeiterfamilien – und zwar auch dann, wenn man nur Schüler mit gleicher Begabung und gleichen Fachleistungen vergleicht.«

Die Zusatzbemerkung nach dem Gedankenstrich ist besonders wichtig. Ihr entspricht die Diagnose des Wirtschaftsberaters Jürgen Kluge: »Während 70 Prozent der Kinder, deren Väter die Schule mit dem Abitur abgeschlossen haben, in der vierten Klasse eine Empfehlung für die Aufnahme ins Gymnasium erhalten, sind es bei Kindern, deren Väter über keinen Hauptschulabschluss verfügen, nur 16 Prozent. Sie werden selbst bei guten Aufnahmeprüfungen viel seltener empfohlen als die Kinder von Vätern mit Abitur, die selbst bei schlechten Testergebnissen sehr gute Chancen haben, mit Empfehlung ihrer Lehrer aufs Gymnasium zu kommen. Diese soziale Verzerrung setzt sich fort: Während 84 Prozent aller Kinder aus einer hohen sozialen Herkunftsgruppe die gymnasiale Oberstufe erreichen, sind es bei Kindern aus einer unteren sozialen Herkunftsgruppe nur 33 Prozent. Von der ersten Gruppe studieren später 72 Prozent, während nur 8 Prozent der Kinder aus einer unteren sozialen Gruppe ein Studium aufnehmen. Hinzu kommt: Selbst ein guter Schul- und Universitätsabschluss ist noch keine Garantie für einen Platz in der gesellschaftlichen Führungsetage – auch die Nachwuchsrekrutierung in deutschen Unternehmen ist hochselektiv. Das soziale Milieu des Elternhauses spielt eine wichtige Rolle.«

Jürgen Kluge war als McKinsey-Mann gewissermaßen schon von Berufs wegen dem Vorwurf der Gleichmacherei enthoben, dem viele ausgesetzt sind, die darauf hinweisen, dass der Ungleichheit im Ganzen der Gesellschaft die Gleichmacherei in den Binnenmilieus der sozialen Eliten entspricht. Mit Sorgfalt achtet man darauf, dass von denjenigen, die qua Geburt dazugehören, keiner zu kurz kommt, während die Abschließung gegen diejenigen, die aus dem gleichen Grund nicht dazugehören, fester und fester wird. Was ein ›Leistungsträger‹ wie Jürgen Kluge beklagt, ist die mangelnde Durchlässigkeit des Funktions- und Statussystems für leistungsfähige und leistungsbereite Außenseiter. Die Zugehörigkeit zur gesellschaftlichen Elite wird nicht oder nur selten durch herkunftsunabhängige Leistung errungen, sondern sozial vererbt.

Die schulischen Selektionsprozesse haben im direkten Gegenteil zu ihren Rechtfertigungsideologien keineswegs die Aufgabe, begabte Kinder zu entdecken und sie für Führungspositionen vorzubereiten. Vielmehr gelten Kinder von Eltern in Führungspositionen automatisch als begabt und schon für Höheres bestimmt, bevor sie das erste Wörtlein über die Lippen bringen. Anders und allgemeiner ausgedrückt: Die Funktion der Selektion besteht nicht darin, soziale Unterschiede aufzuheben, sondern sie zu verfestigen. Die Reproduktion von Ungleichheit ist kein Versehen des Bildungssystems, wie die Gutherzigen glauben und die Hinterlistigen wider besseres Wissen glauben machen, sondern ein wesentlicher Teil seiner Aufgabe.

Weil die soziale Auslese im deutschen Bildungssystem im Unterschied zu allen anderen europäischen Ländern über das dreigliedrige Schulsystem organisiert wird, ist bei den Gewinnern dieses Systems der Widerstand gegen eine Reform heute so ungebrochen wie vor fünfzig Jahren. Dass die Kinder nach der vierten Klasse auf verschiedene Schultypen zu verteilen sind, um ihnen begabungsgerecht werden zu können, ist das Grunddogma der pseudopädagogischen Interessenpolitik der Privilegierten. Nur in Deutschland und Österreich werden die Weichen für die Bildungs- und damit meistens auch für die Lebenswege der Kinder im Alter von zehn Jahren (in Berlin in der Regel immerhin erst mit zwölf) gestellt. In Belgien und in der Schweiz geschieht das mit zwölf, in den Niederlanden mit dreizehn, in Frankreich und Italien mit vierzehn, in Griechenland und Portugal mit fünfzehn und in Spanien, Großbritannien, Norwegen, Schweden und Finnland mit sechzehn.

Das Alter der Kinder bei der ersten institutionellen Selektion ist für sich allein noch kein Gradmesser für die Egalität der Bildungssysteme. Das britische System beispielsweise ist in den ›oberen Etagen‹ noch hermetischer als das deutsche, trotz der späten Selektion mit sechzehn. Unter bundesrepublikanischen Bedingungen allerdings würde eine Anhebung des Selektionsalters den gebildeten Mittelschichten die Verteidigung der pädagogischen Privilegien ihrer Kinder erheblich erschweren und die Chancen der Bif-Kinder zwar nicht angleichen, aber wenigstens erhöhen. Schließlich geht selbst noch ihre Unterrepräsentierung an den Universitäten darauf zurück, dass die meisten von ihnen im Alter von zehn Jahren durch das erste Rüttelsieb der Selektion fallen.

Für diejenigen, die es dennoch ins Gymnasium schaffen, wird das zweite Rüttelsieb in der Oberstufe in Gang gesetzt; das dritte ist die Entscheidung darüber, ob nach dem bestandenen Abitur ein Beruf oder ein Studium angestrebt wird. Wenn die Entscheidung zugunsten eines Studiums fällt, kommt es zu einer Art negativer Selbstselektion. Überdurchschnittlich viele Bifs wählen für sich nicht die Universität, sondern eine Fachhochschule. Auch bei der Wahl der Studienfächer halten sie sich von statushohen wie Medizin eher fern und orientieren sich ›praktisch‹ (die Jungs klischeegemäß zum Maschinenbau) oder ›menschlich‹ (die Mädchen klischeegemäß zu Pädagogik und Sozialarbeit).

Dass im deutschen Bildungssystem Auslese nicht der Begabungserkennung und -förderung dient, sondern als kontinuierlicher Benachteiligungsprozess organisiert ist, lässt sich am Beispiel geschlechtsspezifischer Diskriminierung veranschaulichen. Als ich 1963 eingeschult wurde, betrug der Anteil der Mädchen an der Bevölkerung 49 Prozent, ihr Anteil an den Überwechslern in (irgendeine) höhere Schule 41 Prozent, ihr Anteil an den Abiturienten 36 Prozent, an den Studienanfängern 28 Prozent und an den Examinierten 17 Prozent. Heute liegt der Anteil der jungen Frauen an den Schulabgängern mit Hochschulreife in den meisten westdeutschen Bundesländern mit Ausnahme Bayerns zwischen 52 Prozent und 60 Prozent, in den neuen Bundesländern sogar über 60 Prozent. Bei den Studierenden sind es 46 Prozent. Die Forcierung der Diskriminierung beginnt mit dem Übergang ins Berufsleben. Bei Juniorprofessuren und Habilitationen beträgt der Frauenanteil nur noch 15 Prozent.

In den Sechzigern hat es Äußerungen gegeben, die die Tatsache, dass 49 Prozent der Bevölkerung, aber nur 17 Prozent der fertig Studierten weiblich waren, als Beweis femininer Minderbegabung hinstellten. Heute ist die strukturelle Benachteiligung der Mädchen im deutschen Schul- und Hochschulwesen überwunden, jedenfalls was die Lage vor dem Berufseintritt angeht, und die Behauptung einer durch das Geschlecht bedingten geistigen Minderbemittlung würde nicht einmal mehr als Ideologie ernst genommen, sondern bloß noch als ordinäre Dummheit belacht.

Im Unterschied dazu gilt die Idee von der *sozial* bedingten geistigen Minderbemittlung weder als ordinär noch als dumm. Sie wird von Intelligenztestern und Begabungsforschern ernsthaft diskutiert und von einem aggressiv auf seiner Bevorzugung beharrenden Akademikermilieu halb mitleidig, halb herablassend gegen die Bifs in Stellung gebracht. Die Einsichten der Sozialisations- und Bindungsforschung über die Selektionsfolgen einer defizienten frühkindlichen Erziehung werden seit der ›Entzifferung des genetischen Codes‹ mehr und mehr überlagert von einer bizarren Renaissance des Erbgutgedankens. Die meisten haben keine Ahnung, was es mit dieser angeblichen ›Entzifferung‹ oder mit dem ›genetischen Code‹ auf sich hat. Selbst Genetiker und Entwicklungsbiologen, betont der Hirnforscher Gerhard Roth, wissen nicht genau, »was ein Gen oder eine Gruppe von Genen etwa für die Leistungen des Gehirns bedeuten, insbesondere im Hinblick auf komplexe kognitive und emotionale Eigenschaften des Individuums«.

Dennoch wird in privaten wie veröffentlichten Meinungen von den verschiedenen Begabungen schwadroniert, die ›in den Genen liegen‹. Dem ›Buch des Lebens‹, das der genetische Code in Wirklichkeit gar nicht ist, vermeinen die Bildungsnahen entnehmen zu können, warum die Bildungsfernen keine Bücher lesen. Mutter Natur legt den Kindern der Bildungsnahen die Zugangsvoraussetzungen zur Alma Mater schon in die Wiege, und im Umkehrschluss der Selbstrechtfertigung wird so getan, als wäre die Tatsache, dass jemand studiert, der Beweis für die genetische Disposition zum Akademikerdasein. Die Bildungsaristokratie vererbt Begabung wie früher der Adel blaues Blut.

Manchmal ist unter den biologistischen Diskursgletschern der allerneuesten Gegenwart der faschistische Unterstrom der Vergangenheit zu hören, und so muss man sich nicht wundern, wenn in der einen oder anderen hippen genetischen Begriffspuppe die Mumie der Lehre von der erblichen Überlegenheit (sei es einer Rasse, sei es einer Klasse) steckt.

Bildungsnahe halten ihre Kinder seit jeher für überdurchschnittlich, Bildungsferne ihre für unterdurchschnittlich begabt. Die üblichen schichtspezifischen Schulkarrieren scheinen den Eigenprognosen recht zu geben, die Prophezeiungen erfüllen sich selbst – im Guten wie im Schlechten. Wesentlichen Anteil an diesen sich selbst verstärkenden Prozessen haben die Lehrer, die dazu neigen, bei ihrer Begabungseinschätzung der Schüler den Selbstdefinitionen der Eltern zu folgen, trotz der Eltern-Lehrer-Differenzen, zu denen es im Schulalltag kommt. Die PISA-Studien zeigen, dass die Schülerleistungen keineswegs immer mit den Schulformen übereinstimmen, in denen sie erbracht werden. Beispielsweise bewegt sich in Bayern beinahe die Hälfte der Hauptschüler in der Mathematik auf Realschulniveau, und in Baden-Württemberg ist ein knappes Drittel der Realschüler sogar besser als der untere Durchschnitt der Gymnasiasten. Diese Befunde passen zu den bereits erwähnten Ergebnissen von LAU und IGLU und strafen die Behauptung von der Neutralität der Notengebung Lügen.

Dumme Ratten sind dumm, kluge sind klug. Das wurde in Laborversuchen bewiesen. Forscher, denen Tiere anvertraut wurden, denen (grundlos) besondere Geschicklichkeit attestiert worden war, erzielten bei Dressurexperimenten mit ihren animalischen Zöglingen deutlich bessere Ergebnisse als Forscher, die mit (grundlos) als weniger lernfähig etikettierten Tieren arbeiten mussten. Die Lösung des Rätsels liegt in der fördernden Sympathie, die den ›hochbegabten‹ weißen Mäusen im Unterschied zu ihren als ›unbegabt‹ stigmatisierten Artgenossen zuteilwurde. Wenn also Gymnasiallehrer der Illusion anhängen, sie hätten es mit einer nach Leistungsfähigkeit vorselektierten Schülerschaft zu tun, hat das bevorteilende psychologische Folgen für die Bevorteilten und benachteiligende für die Benachteiligten. Auch hier schließt sich der Kreis der Begabungstautologie: Dumme Schüler sind dumm und kluge sind klug.

Die Elterneinschätzung, die Lehrereinschätzung und die Selbsteinschätzung der Schüler beziehungsweise Schülerinnen schwingen einander gegenseitig hoch oder aber herunter. Auch Ruf und Rang der Schule haben auf Engagement und Motivation von Eltern, Lehrern und Schülern einen die vorherrschende Tendenz bestätigenden Einfluss: In Rütlischulen gehen Rütlischüler, und wer das beste Gymnasium der Stadt besucht, wird schon nicht zu den schlechtesten Schülern gehören. Der Stigmatisierung am unteren Ende der Skala entspricht das Renommee am oberen.

Das ungerechte System der Selektion bezieht seine falsche moralische Rechtfertigung aus der Tatsache, dass es vor der schichtspezifisch orientierten, psychologisch motivierten und institutionell organisierten Auslese *in* der Schule immer schon eine davor gibt. In der Familie wird vorentschieden, was nachher in der Schule bestätigt wird, je nach Schülerpersönlichkeit begabungsgerecht oder -ungerecht. In den geordneten Milieus der Bifs findet in der vorschulischen Sozialisation eine Prägung auf bescheidenes Fortkommen statt, dem später der Gang zur Realschule passgenau entspricht. In den Unterschichtfamilien wird der Nachwuchs durch eine kognitiv defizitäre Sozialisation an das schmutzige Erbe des geistigen Mangels gewöhnt. Die sprachliche Fähigkeit bleibt unterentwickelt, das Denken schabloniert, die Ausprägung des ästhetischen Sinns rudimentär. Die geistig-seelische Existenz dieser Kinder ist schon verkümmert, bevor sie eine Chance bekommen, diese Dimension in sich überhaupt zu entdecken. In den Worten des Entwicklungspsychologen Colwyn Trevarthen: »Ich glaube, dass der Stolz darüber, sich in einem gemeinsamen Bedeutungsfeld zu bewegen, das erste und ursprüngliche menschliche Motiv für kulturelles Lernen darstellt. Es ist die zentrale emotionale Grundlage dafür, dass andere das Kind etwas lehren, und zwar indem sie Anteil an seinen Intentionen und Absichten nehmen; fehlen das Interesse und die Bewunderung jener, an die das Kind emotional besonders gebunden ist, wird es seine Energie und Lebensfreude verlieren.«

Wem das zu allgemein klingt, dem seien beispielhaft ein paar ›Basics‹ angeboten. Einem Akademikerkind wird bis zur Einschulung etwa 1700 Stunden lang vorgelesen, einem Unterschichtkind ganze 30. Kein Wunder, dass nach einer amerikanischen Studie die einen Kinder im Alter von drei Jahren durchschnittlich über 1100 Wörter verfügten, die anderen bloß über die Hälfte. Entsprechend unterschied sich der IQ: 117 zu 79. Es ist zum Steinerweichen, wie Unterschichteltern, gefangen in Bedrängnis und Inkompetenz, ihre Kinder sprachlich und seelisch niederhalten: »Bis zum dritten Lebensjahr hatten die Mittel- und Oberschichtkinder 500 000 Ermunterungen und 80 000 Entmutigungen gehört. Die Kinder von Sozialhilfeempfängern erlebten es umgekehrt: Sie hörten von ihren Eltern 75 000 Ermunterungen und 200 000 Entmutigungen.« Eine genetische Normalausstattung vorausgesetzt (wie immer sie aussehen mag), ist Begabung nicht etwas Angeborenes, sondern etwas Beigebrachtes. Warum sollte es bei der schichtspezifischen Benachteiligung anders sein als bei der geschlechtsspezifischen? Mädchen wurden in den Sechzigern nicht erst in den Bildungsinstitutionen benachteiligt, sondern bereits durch ihre ›typisch weibliche‹ Sozialisation davor. Der Abbau der Bildungsnachteile für Mädchen ist ebenso den institutionellen Reformen wie auch veränderten Erziehungsvorstellungen zu verdanken, die wiederum auf den veränderten Vorstellungen von dem beruhen, was Frauen in ihrem Leben sein und werden möchten.

Sollen Bif- und Unterschichtkindern mehr Chancen eingeräumt werden, sind dafür nicht nur Veränderungen im Selektionssystem der Institutionen nötig, sondern auch in den Erziehungsmethoden der Familien. Defizitäre frühkindliche Erziehung in der Familie muss durch kompensatorische Förderung der Kinder außerhalb der Familie gemildert werden. Der Kampf um mehr Bildungschancen für alle wird auf dem Betreuungsfeld der Vorschule entschieden. Deshalb ist nicht einzusehen, dass für Kinderkrippen, -gärten und -tagesstätten, die allen gleichermaßen zugutekommen, Gebühren zu zahlen sind, während das Studium als Privileg einer Minderheit von jeder Selbstkostenbeteiligung befreit bleiben und über Steuern von der Mehrheit derer mitfinanziert werden soll, die nie auch nur in die Nähe eines Hörsaales kommen. Auf die scheinheilige Erregung der studentischen Vorteilsnehmer, die so tun, als wären sie die Verdammten dieser Erde, werde ich im Universitätskapitel zurückkommen.

Die Vorschulerziehung ist in letzter Zeit als eines der Hauptfelder der Familien-, Bildungs- und Sozialpolitik entdeckt worden – wiederentdeckt, müsste es richtig heißen, wie ein Appell Hildegard

Hamm-Brüchers beweist, der aus einem Radio-Interview von 1970 stammt: »In kurzen Strichen geht es darum, in unserem Lande Chancengleichheit für alle Kinder, gleich welcher Herkunft, zu verwirklichen, und dafür ist es notwendig, erst einmal den Vorschulbereich sehr energisch auszubauen.«

Seit dieser Ermahnung ist zwar einiges geschehen, aber lange nicht genug. So sieht es auch der UN-Beauftragte Vernor Muñoz, der im Februar 2006 das deutsche Bildungssystem inspiziert und darüber im März 2007 einen Bericht veröffentlicht hat. Unter Punkt 91 (d) empfiehlt der Berichterstatter: »... dass die Vorschulerziehung einen Teil des normalen Erziehungssystems bilden und dass sie gebührenfrei angeboten werden sowie allen Kindern zugänglich sein sollte, dass die Zugangsbedingungen zur Vorschulerziehung überprüft werden müssten, um sicherzugehen, dass das Recht auf Erziehung keinem Kind vorenthalten wird.«

Muñoz reiste im Auftrag des UN-Menschenrechtsrats und sprach daher in seinem Gutachten nicht nur von irgendeinem menschlichen Anspruch, sondern dezidiert von einem Recht auf Erziehung. Dieser Dimension, die Ralf Dahrendorf, wie schon geschildert, mit seiner Auffassung von Bildung als Bürgerrecht bereits in den Sechzigern in den Vordergrund zu rücken gesucht hatte, wird im pädagogischen Expertenstreit eine viel zu geringe Bedeutung beigemessen, und sie spielt in den Grabenkämpfen der Interessenpolitik überhaupt keine Rolle. Umso wichtiger ist eine Stimme, die an diese Dimension des Bildungsproblems erinnert, auch und gerade wenn es eine Stimme von außen ist.

Unter Punkt 90 fasste Muñoz seine Beobachtungen über die Benachteiligung von Kindern mit Migrationshintergrund, Kindern mit Behinderungen und Kindern aus den unteren sozialen Klassen zusammen: »Einer der Hauptgründe für die Ausschließung ist das Klassifikationssystem, das in einem sehr frühen Alter wirksam wird und Kriterien folgt, die weder klar noch einheitlich sind. Die Ergebnisbewertung hängt zu einem großen Teil von den besonderen Regularien in jedem Bundesland ab, außerdem von den Lehrern, die nicht immer ausreichend auf diese Aufgabe vorbereitet sind. Deutschland sollte sein Erziehungssystem so reformieren, dass es seine bestehenden Vorzüge – wie etwa den hohen Grad des Schulbesuchs – bewahrt, während es die Ungleichheiten und den Mangel an Chancen für bestimmte Bevölkerungsgruppen überwindet. Ein rechtlich garantierter Zugang zur Erziehung würde ermöglichen, die notwendigen Reformen durchzuführen, um den Erziehungsbedürfnissen aller Mitglieder der Bevölkerung gerecht zu werden.«

Diese Diagnose hat wütende Reaktionen hervorgerufen. Exemplarisch sei der bildungspolitische Sprecher der FDP-Bundestagsfraktion, Patrick Meinhardt, zitiert: »Der Muñoz-Bericht ist eine Zumutung für alle Bildungspolitiker, die für mehr Vielfalt und Wettbewerb im Schulsystem sind. Wer glaubt, Bildung in Deutschland über Strukturdebatten verändern zu können, ändert überhaupt nichts. Wir müssen endlich aus der Nischendiskussion über das gegliederte Schulsystem raus. Allein das gegliederte Schulsystem kann Begabungen fördern, weil dort besser auf die einzelnen Schüler eingegangen werden kann als in der Einheitsschule.«

Da ist er wieder, der schäbige alte Vorwurf, den seit jeher die Verteidiger der traditionellen Bildungsprivilegien gegen Reformen aufbieten, die den Kindern der Bifs bessere Startchancen verschaffen und sie zu Konkurrenten der eigenen machen könnten. Meinhardts Verlautbarung ist als krude Klientelbedienung politisch aufschlussreich, sachlich aber nicht der Rede wert. Interessanter ist die Frage, was denn das für eine ›Begabung‹ ist, die ›allein das gegliederte Schulsystem‹ fördern könne.

Die Meinungen darüber, was unter Begabung zu verstehen sei, sind häufig so einfach gestrickt, dass sie an der Begabung derjenigen, die sie vertreten, ernsthafte Zweifel hervorrufen. Es läuft immer auf die Tautologie hinaus: Wo ich bin, ist Begabung – wo Begabung ist, bin ich. Meine Kinder sind begabt, also gehen sie aufs Gymnasium – meine Kinder gehen aufs Gymnasium, also sind sie begabt. Damit ist der Gedanke, falls man das so nennen kann, bereits zu Ende geführt. Nicht einmal der Unterschied zwischen Leistung und Begabung wird thematisiert. Auch weniger Begabte können gute Leistungen erbringen, wenn sie es verstehen, durch Willenskraft und Fleiß Defizite auszugleichen. Und Hochbegabte können miserabel sein beim Abliefern von Leistungen. In der Forschung werden sie ›underachiever‹ genannt und auf 10 bis 15 Prozent der Hochbegabten geschätzt. Kein Wunder, dass Akademikern, die eine Tochter oder einen Sohn haben, der oder die auf dem Gymnasium versagt, der ›Gedanke‹ naheliegt, ihr Nachwuchs sei noch begabter als sie selbst: hochbegabt – underachiever.

Als Schallmauer der Hochbegabung wird gern ein IQ von 130 angesetzt, den etwa drei Prozent der Getesteten erreichen. Bei mir reicht es übrigens nur zu 115. Dieser Wert ist nicht direkt genial, liegt aber »am oberen Rand normaler Intelligenz«, wie Gerhard Roth schreibt, und »entspricht dem deutschen Abiturientendurchschnitt«.

Nur Intelligenzforscher wissen, was Intelligenz ist: ›Das, was wir messen, was immer es sein mag‹. Die selbstironische Definition der Wissenschaftler passt wunderbar zur verbreiteten Begabungstautologie, nur dass die Laien sie ernst meinen. Umstritten ist »bis heute die Frage«, heißt es bei Roth, »ob es sich bei Intelligenz um relativ einfache informationsverarbeitende Prozesse handelt (z. B. im Wahrnehmungsbereich) oder um relativ komplexe Prozesse des Schlussfolgerns und Problemlösens«. Umstritten ist weiterhin, ob und, wenn ja, wie Intelligenz von spezifischen Fähigkeiten und Begabungsfeldern unterschieden werden soll; ob und, wenn ja, wie die in den meisten Tests gemessene analytische, an den akademischen Normen orientierte Intelligenz durch eine kreative und eine praktische Intelligenz zu ergänzen sei; Einigkeit besteht nicht einmal darüber, ob es so etwas wie eine ›allgemeine Intelligenz‹ überhaupt gibt.

Psychologische Tests unterscheiden sich von naturwissenschaftlichen Experimenten durch die Kulturgebundenheit der ihnen zugrunde liegenden Werte. Der Apfel fällt nicht weit vom Stamm; das war schon zu Newtons Zeiten so, stimmt heute noch und ist nachmessbar. Wenn mit dem ›Apfel‹ aber ein Kind gemeint ist, kommen die Unwägbarkeiten des Deutens ins Spiel.

In der Auffassung von Intelligenz und Begabung dominierten lange die am humanistischen Bildungskanon orientierten Fähigkeiten mit ihrer Überbetonung der Philologie. Diese traditionellen ›bildungsbürgerlichen‹ Kompetenzen sind heute im Vergleich zu mathematisch-naturwissenschaftlichen in den Hintergrund getreten. Verschiebungen wie diese schlagen sich manchmal (manchmal aber auch nicht) in der

Konstruktion von Intelligenz- und Begabungstests nieder und in der Definition dessen, was Intelligenz und Begabung ist oder sein könnte. Jedoch verändert sich das, *was* gemessen wird (was immer es sein mag), schneller als die Art, *wie* gemessen wird. Die Intelligenz der Tests hinkt der Intelligenz, die sie testen sollen, häufig hinterher, wie der Psychologe Detlef H. Rost beklagt: »Intelligenztests sollten spätestens nach sechs bis zehn Jahren neu normiert werden. Viele Kollegen benutzen Tests, bei denen die Normierungen bis zu dreißig Jahre zurückliegen. Zu unserer Beratungsstelle kommen Kinder, die mit einem veralteten Test fälschlich als hochbegabt diagnostiziert worden sind. Unsere Diagnostik zeigt dann oft, dass sie eindeutig nicht hochbegabt sind.«

Wenn aber die Tests von gestern heute überholt sind, steht zu erwarten, dass es den heutigen Tests morgen genauso geht. Die ›Objektivität‹, mit der da hantiert wird, ist sehr viel subjektiver als die bei der Messung eines vom Baum fallenden Apfels nach Newtons Gravitationsgesetz. Sie ist so unzuverlässig, dass sie nur mit Umsicht zur Grundlage von Selektionsentscheidungen gemacht werden sollte, bei denen es immerhin um Menschen und die Entfaltung ihrer Potenziale geht, nicht um die Bewegung lebloser Dinge im Raum.

Das Missverstehen von Begabung als klar konturierter, mathematisch messbarer und statistisch auswertbarer Eigenschaft passt zur Diskursverschiebung von der ›Chancengleichheit‹ zur ›Chancengerechtigkeit‹. Die Forderung nach Chancen*gleichheit* wird als sozialdemokratische Irrlehre gebrandmarkt, die alle über einen Kamm schere und keine Rücksicht auf individuelle Begabungen nehme. Chancen*gerechtigkeit* dagegen orientiere sich an persönlichen Eigenschaften, deren Förderung die Aufgabe der entsprechenden Schultypen sei. Jeder bekomme die Chance, die er verdient. Aber solange sich die Chancengerechtigkeit nach einem den Privilegierten verpflichteten Begabungsbegriff ausrichtet, ist sie bloß eine gute Idee, die schlechte Folgen für diejenigen hat, die von ihr ausgeschlossen bleiben. Deshalb möchte ich vorerst bei dem älteren Begriff ›Chancengleichheit‹ bleiben, auf die Gefahr hin, von einigen Leserinnen und Lesern für einen Bildungsbolschewisten gehalten zu werden.

Die ›Chancengerechtigkeit‹ ist als Ergänzung dennoch wichtig, weil sich mit ihm das Besondere besser gewichten lässt als mit der notgedrungen aufs Allgemeine bezogenen ›Chancengleichheit‹. Die beiden Begriffe sollen hier nicht auf ideologische oder parteipolitische Pole verteilt (die Gleichheit den Sozis, die Gerechtigkeit den Liberalen) und gegeneinander ausgespielt werden. Sie haben beide ihre Berechtigung und können sich wechselseitig austarieren. Die Fixierung auf Gleichheit läuft ohne Gerechtigkeitsimpulse leicht auf Formalismen in der Theorie und auf Bürokratie in der Praxis hinaus. Die Fetischisierung einer bloß individuell gedachten Gerechtigkeit neigt in der Theorie zum Ausblenden des Sozialen und in der Praxis zur Verweigerung von Solidarität. Chancengleichheit und Chancengerechtigkeit wurden und werden in bildungspolitischen Debatten immer wieder gegeneinander ausgespielt. In der Sache fruchtbarer ist es, sie neben- oder noch besser: miteinander zu denken.

Das ist auch bei einem der Hauptprobleme unseres Bildungssystems möglich, dem Entdecken und Entwickeln von Potenzialen. Beidem müsste mehr diagnostische Aufmerksamkeit und mehr pädagogische Sorgfalt gewidmet werden. Das hätte weitreichende Folgen für die Leistungskultur in allen Schulen und für die Ermutigung aller Schüler. Beispielsweise ist es ein Unterschied, ob gegebene beziehungsweise erreichte Leistungsniveaus gemessen werden oder Leistungsfortschritte bezogen auf den Ausgangspunkt. Wer ist bei gleichem Leistungsniveau begabter: ein Schüler, der dieses Niveau von einer guten oder von einer schlechten familiären Ausgangsposition her erreicht? Bei gleichen Leistungen müssten Schüler aus Bif- und Unterschichtfamilien denen aus Akademikerfamilien vorgezogen werden, weil sie diese Leistungsgleichheit nur durch höhere individuelle Begabung oder stärkere Motivation erlangen konnten. Stattdessen werden Schüler aus Bif- und Unterschichtfamilien bei gleichen Leistungen benachteiligt – eine doppelte Ungerechtigkeit.

Um es ein weiteres Mal mit dem IGLU-Forscher Wilfried Bos zu sagen: »Wir sortieren die Kinder bereits nach der vierten Klasse und stellen damit eine entscheidende Weiche für ihr Leben – und stellen diese Weiche in sehr vielen Fällen falsch. Dabei wissen wir, dass diese Fehlentscheidungen später kaum korrigiert werden, zumindest nicht nach oben. In Deutschland wechselt kaum ein Schüler von der

Haupt- auf die Realschule oder von der Realschule auf das Gymnasium. Umgekehrt kommt der Abstieg in eine niedrigere Schulform jedoch sehr häufig vor.«

Mir war der Aufstieg ins Gymnasium gegönnt, dann kam es zum Abstieg in die Realschule, nach der ich mit dem Wiederaufstieg ins Gymnasium eine zweite Chance bekam.

Kapitel 4
Hölle & Himmel

Nachdem ich die Aufnahmeprüfung bestanden hatte, trat ich im Oktober 1967 in das Benediktinerinternat St. M. mit angeschlossenem humanistischen Gymnasium ein. Die Tage waren klösterlich reglementiert, begannen in der Kapelle und endeten dort. »Ora et labora!« war der Wahlspruch des heiligen Benedikt und ist es seinen Nachfolgern geblieben: »Bete und arbeite!« Die rund 120 Zöglinge lernten, was das bedeutet. Alles hatte seinen Platz, alles hatte seine Stunde, vom Wecken um sechs Uhr morgens bis zum Ausschalten des Lichtes in den Schlafsälen um neun Uhr am Abend. Vormittags fand der Unterricht statt, nach dem gemeinsamen Mittagessen gab es Freizeit, danach war, ebenfalls gemeinsam, die ›Studienzeit‹ zu absolvieren. In nach Klassen gegliederten ›Studiensälen‹ beugten sich Jungenköpfe mehr oder weniger eifrig über Pulte, während Erzieher zwischen den Reihen auf und ab gingen, die Hände unter dem Überwurf der Soutane verschränkt. Sie verhinderten Unfug, duldeten keinen Schlendrian und leisteten Hilfestellung, alles in allem auf zugewandte und kompetente Weise.

Ordnung und Rhythmus in Schule und Internat waren streng, aber Strenge ist nicht gleich Tyrannei, wenn sie berechenbar bleibt und die Erzieher die pädagogische Größe zum Gleichmaß der Gerechtigkeit aufbringen. Es gab Patres, die streng, aber gerecht waren, es gab solche, die streng und ungerecht waren, und manche waren manchmal streng und manchmal ungerecht. Und dann gab es noch den einen und anderen, der seinen Jähzorn nicht unterdrücken konnte und sich zu Übergriffen hinreißen ließ wie Pater Gabriel, ein kreideschmeißender Lateinlehrer mit geplatzten Äderchen auf den Cholerikerwangen, der uns die Ohren so lang zog, dass einem der Jungen einmal das Ohrläppchen riss. Pater Gabriel war einer dieser

Leute, die zu klein für die Schule sind und vor den Schülern großtun müssen. Sie weiten den Kampf, den sie mit sich selbst führen, auf diejenigen aus, bei deren Erziehung sie versagen.

Mit zehn empfundener Hass bleibt lange frisch, auch wenn er sich später in Verachtung verwandelt, genau wie mit zehn empfundene Bewunderung lange frisch bleibt, obwohl im Lauf des Schülerlebens der idealisierte Lehrer allmählich auf menschliches Maß schrumpft. Die einen wie die anderen Lehrer trägt man lange mit sich herum, während die durchschnittlichen in der Erinnerung zwischen den Extremen verblassen, obwohl man diese Extreme ohne sie nicht hätte empfinden und begreifen können. Was ein Feind ist, lernen viele Kinder zuerst an Lehrern kennen, was ein Freund sein kann auch. Diejenigen, und das sind die meisten, die weder das eine noch das andere verkörpern, verdienen dennoch Achtung. Die Schule braucht diese Lehrer im Normalformat. Ohne sie wären für Schüler im Normalformat die Charismatiker so wenig auszuhalten wie die Tyrannen.

Das Leben in St. M. war im Alltag nicht grausamer als das an ›normalen‹ Schulen. Und wie an normalen Schulen wurden die meisten Grausamkeiten nicht von Lehrern an Schülern verübt, sondern von Schülern an Schülern. Und doch gab es hinter den Klostermauern perverse Rituale. Damit meine ich nicht sexuelle Übergriffe, obwohl auch sie vorkamen. Aber an ihnen waren nicht die allgemeinen Regeln der Institution schuld, sondern individuell die Päderasten unter den Pädagogen. Zu solchen Übergriffen kommt es in der schwülen Atmosphäre geschlossener Erziehungsanstalten leichter als im offenen Schulbetrieb, zugleich tun sich geschlossene Institutionen schwerer damit, die Verantwortlichen auch verantwortlich zu machen. Dem stehen der äußere ›Ruf‹ und die innere Räson entgegen. Dennoch war das *sexuelle* Handanlegen am Knabenkörper keine Perversion, die zum Wesen der Institution Klosterschule gehörte – das *strafende* Handanlegen aber schon.

Unterwerfungsrituale, denen Erzieher und Erzogene gleichermaßen gehorchen müssen, gehörten und gehören zum Kern benediktinischer Selbstauffassung und vergiften auch das, was wertvoll an dieser Art von Internatserziehung ist. Darüber sollten Eltern, die erwägen, ihre Kinder in benediktinische oder jesuitische Internate zu schicken, sich keine Illusionen machen. Diese Institute können das Versprechen der Exklusivität ihrer Erziehung nur halten, indem sie die Erzogenen einschließen in eine Lebensauffassung, in der Gott überall und die Freiheit nirgendwo ist. Das ›Branding‹ mag so modern daherkommen, wie es will, eine Klosterschule wäre keine, wenn sie sich im Innern von klösterlichen Regeln und Ritualen zu lösen vermöchte. Bei diesen Regeln und Ritualen handelt es sich keineswegs um allgemein menschliche Weisheiten, wie Leute glauben mögen, die ein paar Tage der Stille in einer hübsch hergerichteten Mönchszelle verbringen, um der Seele Urlaub von der Hektik des Alltags zu gönnen.

Das Klosterleben ist ein Leben *gegen* die Freiheit des Einzelnen. Wäre es anders, wäre es nichts wert. Der Ernst und die Größe eines solchen Lebens bestehen seit Benedikt von Nursia trotz aller mitlaufenden Anpassung an den Zeitgeist der jeweiligen Kulturepoche in der Unterwerfung des Individuums unter einen Zweck, der außerhalb seiner selbst liegt. Der weltliche Irrglaube, in solchen Schulen würde der Mensch um des Menschen willen erzogen, ist ein Missverständnis und die Hoffnung, aus dem Geist des Gehorsams ließen sich freie Menschen machen, naiv.

»Höre, mein Sohn, auf die Lehren des Meisters, und neige das Ohr deines Herzens. Nimm die Mahnung des gütigen Vaters willig an, und erfülle sie in der Tat. So wirst du durch mühevollen Gehorsam zu dem heimkehren, von dem du dich in trägem Ungehorsam entfernt hast. An dich richtet sich nun mein Wort, wer immer du bist, wenn du dem Eigenwillen entsagst und die starken, glänzenden Waffen des Gehorsams ergreifst, um dem wahren König, Christus, dem Herrn, zu dienen.« So steht es im Vorwort zu Benedikts Regeln.

Die Körperstrafen in St. M. wurden am Abend vollzogen. Ein verurteilter Knabe hatte sich im Schlafanzug im Büro seines Präfekten einzufinden. Stehend empfing er die Ermahnungen und gebückt die Stockschläge auf den Hintern. Die Demütigung war schlimmer als der Schmerz. Aber manche Pädagogen wollten sich mit den Hintern der Jungs nicht zufriedengeben und in ihr Inneres vordringen. Sie verstanden es, die Buben dazu zu treiben, die Strafe zu bejahen, von der sie gedemütigt wurden.

Am 27. Januar 1968 schrieb ich in mein Kindertagebuch: »Heute ging ich zu Pater Germar, um ihm meine Sechs zu zeigen, die ich in der Latein-Ex[temporale] geschrieben hatte. Er sagte: ›Komme heute Abend noch einmal!‹ Am Abend trat ich in seine Stube. Er sagte: ›Siehst du ein, dass du leichtsinnig warst und eine Strafe verdient hast?‹ Ich antwortete: ›Ja.‹ ›Also dann hole ich das Stöckchen.‹ Ich beugte mich, und Pater Germar schlug einmal drauf. Jetzt sagte er: ›Ist unsere Freundschaft jetzt aus?‹ ›Keine Spur‹, antwortete ich. ›Also, dann trotzdem gute Nacht!‹, sagte er. ›Gute Nacht!‹, sagte auch ich und ging. Nachher hatte ich eine Freude, wusste aber nicht warum.« Heute habe ich einen Hass und weiß warum.

Ich bin in St. M. gescheitert. Das Latein war zu viel für mich. Die fünfte Klasse stand ich halbwegs durch, aber am Ende der sechsten wurde ich nur mit Vorbehalt versetzt und schließlich nach einigen Probewochen in der siebten wieder zurückgestuft. Mein Scheitern lag nicht an der Schule. Ich hatte meine Chance, konnte sie jedoch nicht nutzen. Nach der ebenfalls nur mäßig erfolgreichen Wiederholung der sechsten Klasse ging ich ab und wurde auf eine Realschule geschickt. Der Volksschullehrer hatte mit seiner Empfehlung recht behalten.

Trotz meines Scheiterns wurde mir in diesen drei Jahren etwas nahegebracht, was mir als Bif-Kind sonst unbetretbar ferngeblieben wäre: der geistige Raum, in dem all das aufbewahrt wird, was wir Bildung nennen. Die Schule, in der ich es schlecht machte, hat mir, ohne dass ich damals dessen gewahr wurde, dennoch gezeigt, wie ich es an einer anderen würde besser machen können.

Ich besuchte St. M. von 1967 bis 1970. Die Ideen der Achtundsechziger waren den Mönchen fremd und unheimlich. Hinter Klostermauern verschanzt, sahen sie durch das Schwarz-Weiß-Fenster im Fernsehraum dem Geschehen auf der Straße zu. Einige der Patres waren dermaßen verstört, dass sie anfingen, altüberlieferte Geschichten von der Plünderung des Klosters während der Bauernkriege 1525 zu erzählen. Und als schließlich der Mathematiklehrer Pater Roland sein Mönchsgelübde brach und das Kloster verließ, spürten viele, dass der neue Geist durch Klostermauern nicht fernzuhalten war. Manche malten den Teufel an die Wand und sagten Kloster und Internat eine Zeit des Niedergangs voraus. Sie behielten recht. Das Kloster leidet bis heute unter Nachwuchsproblemen, und die Anzahl der Internatszöglinge schrumpfte und schrumpfte, bis St. M. schließlich geschlossen werden musste. Das Gymnasium allerdings, zu meiner Zeit nur von wenigen externen Schülern (und keiner Schülerin) besucht, erfreut sich heute wieder großer Beliebtheit – wie die konfessionellen Gymnasien überall. In den Augen vieler Eltern sind sie die preisgünstigste Möglichkeit, die Kinder am staatlichen Bildungssystem vorbeizulotsen.

Kapitel 5
Die Auferstehung des konfessionellen Gymnasiums und der Boom der Privatschulen

Der Wiederaufstieg konfessioneller und privater Lehranstalten, von Grundschulen bis zu Gymnasien, ist Resultat und Zeichen des Niedergangs des staatlichen Schul- und Erziehungssystems. »Wer Geld hat«, schrieb 2003 der Chef von McKinsey Deutschland, Jürgen Kluge, »kann seine Kinder immer mit etwas Besserem als dem Angebot öffentlicher Schulen versorgen.« Bei den Bestverdienern ist eine regelrechte Flucht aus dem staatlichen Schulwesen zu beobachten, und gut verdienende Mittelschichteltern machen sich Sorgen, ob ihre Kinder es in die Elite schaffen, wenn sie mit der Masse die Schulbank drücken. Der *Zeit*-Autor Henning Sußebach, der gelassen freundlich über die staatliche Grundschule Auskunft gab, die seine Tochter besuchte, bekannte zerknirscht: »Auch ich habe schleimige Mails an Privatschuldirektoren geschrieben und würde die Welt heute wahrscheinlich anders sehen, wenn in den Antworten nicht so hohe Summen gestanden hätten.«

Während hinter der Weigerung, die Kinder in den multikulturellen Stadtteilen einzuschulen, Behütungs- und Vermeidungsreflexe wirksam sind, steht hinter der Tendenz zu Privat- und Internatsschulen die Absicht, sich Vorteile zu erkaufen, um die sich die ›besseren Kreise‹ seit Generationen, seit Einführung der Volksschule für alle, betrogen fühlen. Der Bildungshistoriker Heinz-Elmar Tenorth sagt dazu: »Bildung war für das deutsche Bürgertum stärker als anderswo Privileg und Besitz, die es zu verteidigen galt. Traditionell hatten wir ein Zweiklassensystem. Das Bürgertum schickte die Kinder erst auf private Vorschulen und dann aufs Gymnasium mit dem Ziel einer akademischen Profession. Der Rest der Bevölkerung ging auf die Volksschule und ergriff einen praktischen Beruf.«

Bildung als ›Privileg und Besitz‹ wird heute nicht mehr mit Stand und Status verteidigt, sondern mit Geld und Einfluss. Und keineswegs nur in Deutschland, sondern auch in allen anderen Ländern – ein deutlicher Hinweis darauf, dass die Oberschichten überall auf der Welt wissen, was Bildungsvorsprünge wert sind, und überall auf der Welt wollen, dass sie ihnen erhalten bleiben. In London werden in exklusiven privaten Kindergärten die Schulkarrieren vorbereitet, die schließlich nach Oxford führen. Und über Paris schreibt Martina Zimmermann, freie Korrespondentin der ARD-Rundfunkanstalten: »Eine Folge der Krise des staatlichen Bildungssystems ist der Boom der Privatschulen. In Paris ist ein Drittel aller Schüler ab der sechsten Klasse in einer Privatschule. In ganz Frankreich mussten die katholischen Privatschulen dieses Jahr [2006] 25 000 Anfragen abweisen [...] und so werden die Kids vor allem in gutbürgerlichen Kreisen von klein auf darauf getrimmt, es auf die Eliteschulen zu schaffen.«

In Berlin wiederum setzen viele Eltern alles daran, ihre Kinder nicht wie in der Hauptstadt üblich bis einschließlich der sechsten Klasse in der Grundschule zu lassen, sondern sie nach der vierten auf das Evangelische Gymnasium zum Grauen Kloster oder aufs katholische Canisius-Kolleg zu schmuggeln. Im Kampf um Wettbewerbsvorteile scheut der aufgeklärte und durch und durch weltlich lebende Mittelschichtbürger kein christliches Bekenntnis – oder spielt es herunter, wenn er es mit den Kindern an den ebenfalls sehr begehrten jüdischen Oberschulen probieren will.

Möglichkeiten zum Ausscheren nach der vierten Klasse bieten aber auch staatliche Anstalten, etwa das altsprachliche Goethe-Gymnasium in Berlin. Dieses Gymnasium hat immer wieder mit Schulmissbrauch zu kämpfen. Zu viele Eltern schicken die Kinder nicht ins ›Goethe‹, weil sie so begeistert von den Pflichtfächern Latein und Griechisch sind, sondern weil sie die Kinder nach der vierten Klasse vor der Grundschule in Sicherheit bringen wollen. Dafür würde man sie auch Esperanto lernen lassen. Aber um es den angeblich so begabten Kleinen später beim Abitur nicht zu schwer zu machen, lässt man sie vor der Oberstufe an eine andere Schule wechseln, damit sie das bloß in Kauf genommene Latein und Griechisch rechtzeitig wieder loswerden. In den letzten Jahren mussten am Goethe-Gymnasium wiederholt zwei zehnte Parallelklassen zu einer elften zusammengelegt werden, weil sich die Reihen gelichtet hatten. Die so scheinheilig angeschwärmte ›humanistische Bildung‹ ist nichts weiter als Ballast, den man auf sich nimmt, um aus der Grundschule herauszukommen, und den man wieder abwirft, bevor er beim Abitur zu schaffen macht.

Rund 5 Prozent der Schülerschaft gehen in Berlin auf eines jener konfessionellen oder staatlichen Gymnasien, die nicht wie sonst in Berlin üblich mit der siebten, sondern bereits mit der fünften Klasse beginnen. Dass unter diesen 5 Prozent keine Unterschicht- und nur wenige Bif-Kinder zu finden sind, dürfte nicht überraschen. Die Gymnasien ab der fünften Klasse, zu denen auch Musik- und Sportgymnasien gehören, sind ganz in der Hand des bürgerlichen und akademischen Milieus, in dem um die raren Plätze erbittert gerungen wird. Die Fluchtwege in diese Gymnasien sind eng, und so bleibt die 95-Prozent-Mehrheit der Kinder in Berlin bis zur sechsten Klasse zusammen.

Für die Mittelschichten anderer deutscher Großstädte ist das eine Horrorquote, der reinste Bildungskommunismus. Viele von ihnen denken heute, da sie Kinder einzuschulen haben, genauso wie vor zwanzig Jahren ihre Eltern, deren Reformverweigerung Günther Schnuer seinerzeit belobigt hatte: Sie reagierten auf die »verordnete Gleichmacherei im Bildungswesen dort, so sie (noch) können, völlig gegen die öffentliche Bildungspolitik: Sie versuchen, ihre Kinder auf die Privatschulen, das heißt in der Regel auf die konfessionell gebundenen Gymnasien, zu schicken. Diese erleben einen Zulauf wie nie zuvor.«

Seitdem wurde dieser stetig steigende Zulauf nicht mehr unterbrochen. Das private Schulwesen, auch das nichtkonfessionelle, war und ist der Gewinner der Krise im öffentlichen System – nicht erst seit dem PISA-Schock. Von Anfang der Neunziger bis zum Schuljahr 2005/06 stieg die Zahl der Privatschüler um 52 Prozent auf rund 873 000. Die Tendenz hält nicht nur an, sie verstärkt sich. Schätzungsweise neunzig bis hundert Privatschulen, die meisten von ihnen weltlich, kommen jährlich hinzu. In absehbarer Zeit werden 10 Prozent aller Schüler auf solche Schulen gehen. In Sachsen sind es jetzt schon 11 Prozent, im Bundesdurchschnitt zwischen 6 und 7 Prozent. Zum Vergleich: In Frankreich gehen 21 Prozent und in England 41,1 Prozent der Schüler in Privatschulen.

Wer seine Kinder auf staatsferne Schulen schickt, kann sicher sein, dass auch das Volk ferngehalten wird. Man braucht sich keine Sorgen mehr um unterschichtige Klassenkameraden in der Bank nebenan zu machen, von denen die eigenen Kinder verdorben oder vom Lernen abgehalten werden. Auch vor dem Schlechtdeutsch der Fremdlingskinder, von deren Migrationshintergrund immer so artig gesprochen wird, kann man die eigenen behüten. Dahinter steckt kein Rassismus, sondern ganz normaler Mittelschichtegoismus. Und der wird auch von der türkischen Mittelschicht geteilt. Inzwischen gibt es türkische Privatgymnasien und Internate (wohlgemerkt: türkische, nicht ›islamistische‹), deren vornehmster Zweck darin besteht, die eigenen Kinder fit für den Erfolg in der deutschen Gesellschaft zu machen und sie dabei dem störenden Kontakt sowohl zu den türkischen als auch zu den deutschen Proleten zu entziehen.

Privatschulen versprechen, was die staatlichen oft genug nicht halten können: »Spezielle pädagogische Profile, ein gutes Schulklima und individuelle Betreuung der Schüler sind die Markenzeichen von Schulen in freier Trägerschaft.« Das sichert der Verband Deutscher Privatschulen zu. Im Sound des New Business mit der Bildung hört sich das so an: »Die Eltern werden sich immer für die Schule entscheiden, an der ihre Kinder am besten performen.« Auf diese Weise drücken sich die Schulunternehmer der Berliner Phorms AG aus. »Wir wollen unsere Begeisterung als Spirit in die Schulen bringen, langfristig muss Phorms eine Marke werden.« Das ist zwar Gequatsche im PowerPoint-Stil, aber mit dem dürfte die anzusprechende Klientel, die einkommensgestaffelt zwischen 200 und 900 Euro Schulgeld pro Kind aufbringen muss, vertraut sein. Außerdem ist dummes Gerede in der Öffentlichkeit und kluger Unterricht im Klassenzimmer besser als die umgekehrte Variante in der staatlichen Bildungspolitik: schöne Sonntagsreden, hässlicher Schulalltag.

Bei vielen Mittelschichteltern, die den Weg von der staatlichen in die kirchliche Schule nicht mit ihrem liberalen Gewissen und den Weg von der Staatsschule in eine elitäre Privatschule nicht mit ihrem

Geldbeutel vereinbaren können, sind die rund 200 Waldorfschulen beliebt. 1919 als Lehranstalt für die Kinder der Arbeiter der Zigarettenfabrik Waldorf-Astoria gegründet, ist diese Schulform mit ihren insgesamt rund 75 000 Schülern heute eine Domäne jener ›Fortschrittlichen‹ in der bürgerlich-akademischen Mittelschicht, bei denen vage linke Gefühle mit der Sorge einhergehen, der eigene Nachwuchs sei zu sensibel für die Rauheit des staatlichen Schulalltags. Wenzel Götte, der an der Freien Hochschule Stuttgart Waldorflehrer ausbildet, weist darauf hin, dass viele Kinder zum Ende der Grundschule angemeldet werden, »weil viele Eltern nicht damit einverstanden sind, wie die Kinder in den staatlichen Schulen selektiert werden«.

Die Selektionsvorteile der konfessionellen und sonstigen Privatschulen sind vielfältig. Das fängt schon damit an, dass diese Schulen wählen können, wo staatliche Anstalten mit den Gegebenheiten fertig werden müssen. Sie sind in der glücklichen Lage, sich sowohl die Schüler als auch die Lehrer auszusuchen – und die Gegenden, in denen die ausgesuchten Schüler von ausgesuchten Lehrern unterrichtet werden, ebenfalls. In Problemkiezen wird man keine teuren Internate finden. Konfessionelle Schulen allerdings manchmal schon. In Gelsenkirchen-Bismarck beispielsweise gibt es eine Evangelische Gesamtschule, deren Schüler zu einem Drittel von Migranteneltern abstammen. Das ist beachtlich und ehrenwert, im Vergleich zum Standort der Schule aber immer noch zu wenig. »Wir muten uns so viel an Belastung zu, wie wir tragen können«, erklärte der Direktor dem evangelischen Magazin *chrismon*. Selbst die ›Belastungen‹, die man sich ›zumutet‹, können nichtstaatliche Schulen selbst wählen. Wäre dem nicht so, würden sie ihre unique selling proposition verlieren, um es im Pidgin des Wirtschaftslebens auszudrücken, die Einzigartigkeit der angebotenen Ware, die sie von anderen Anbietern, in diesem Fall den staatlichen Schulen, unterscheidet.

Die Vorteile, die konfessionelle Schulen davon haben, dass der Besuch von staatlichen so nachteilig ist, verschärfen für die Mehrheit der Schüler das Problem, dessen Lösung sie für eine Minderheit anbieten. In schwierigen Gegenden verschaffen konfessionelle Schulen den bildungsnahen Eltern die Möglichkeit, ihre Kinder dem staatlichen System zu entziehen, das seine Belastungszumutung eben nicht frei wählen kann.

Warum sollten bildungsnahe Eltern ihre Kinder einer schlechten staatlichen Schule aussetzen, wenn sie die Chance haben, sie auf einer guten konfessionellen in der Nachbarschaft unterzubringen? Aber der Abgang bildungsnaher Kinder in eine konfessionelle Schule schadet den bildungsfernen in einer staatlichen Schule in der gleichen Gegend.

Andersherum betrachtet bedeutet das: Wären die staatlichen Schulen, wie sie sein sollten, müsste niemand in die konfessionellen und privaten fliehen. Aber Appelle, dem durch die Verbesserung des öffentlichen Schulwesens gegenzusteuern, sind so naheliegend wie hilflos – auch wenn sie von renommierten Bildungsforschern wie Wolfgang Edelstein kommen: Der »Staat kann seinen Schulen Anreize setzen, so gut zu werden, dass auch die Oberschichten sie für ihre Kinder wählen. Und dafür müssen die öffentlichen Schulen ›privater‹ werden, offener für die Interessen der Bürger. Das ist in durchschnittlichen Kommunen möglich, in Brennpunktgebieten der Großstädte viel schwieriger, vielleicht aber noch wichtiger, um Kinder und Eltern für Bildung zu motivieren. Nur so werden Kinder der ›underclass‹ zukunftsfeste Kompetenzen erwerben zur Teilhabe an der Gesellschaft. Die Flucht in Privatschulen kann man nicht ganz aufhalten.«

›Nicht ganz aufhalten‹ ist mit sehr viel Understatement formuliert. Die verzerrte Konkurrenz zwischen konfessionellen beziehungsweise privaten Schulen auf der einen und staatlichen auf der anderen Seite wird sich intensivieren, um nicht zu sagen: radikalisieren.

Mitunter gehen Bildungsbürger sogar in den Untergrund, um ihre Kinder vor der pädagogischen Minderbemittlung der Obrigkeit in Sicherheit zu bringen. Ein spektakuläres Beispiel dafür ist eine erst vor wenigen Monaten aufgeflogene illegale Schule in Bremen. Sie wurde nie angemeldet und blühte jahrelang im privaten Untergrund. Mit Meldetricks wurden die Kinder dem staatlichen System entzogen und in diese Schule auf eigene Rechnung (im Schnitt 200 Euro pro Monat) geschickt. Natürlich waren die Lehrmethoden ›fortschrittlich‹, und was bei einer islamistischen Untergrundschule eine Keimzelle des Terrorismus gewesen wäre, machten die Bürgereltern nach dem Auffliegen der Schule als ›zivilen Ungehorsam‹ geltend. Verkehrte Welt: Angehörige des linksliberalen Establishments kündigen auf eigene Faust die nach der Revolution von 1918 mühsam erkämpfte allgemeine Schulpflicht und kommen sich dabei auch noch fortschrittlich vor.

Im Vergleich dazu ist Sängerin Nena zu loben. Die von ihr nicht zuletzt für die eigenen vier Kinder gegründete Neue Schule Hamburg wurde angemeldet und wird ganz offiziell betrieben. Auch hier geht es fortschrittlich und freundlich zu: keine Klassen, kein Stundenplan, keine Konkurrenz.

Fortschrittlich, freundlich und sehr hübsch ist auch die frühere Sternwarte in Hamburg-Bergedorf, in der das Ehepaar Irina und Jörg Pilawa zusammen mit einem Dutzend anderer Eltern eine Grundschule im Montessori-Stil eröffnet hat.

Zu den Selektionsvorteilen privater Schulen gehören Lehrmethoden, die viele Eltern nicht hinnehmen würden, wären sie damit an staatlichen Schulen konfrontiert. Ein Beispiel dafür ist jahrgangsübergreifender Unterricht. Was, staatlich ausgeübt, den Vorwurf der Gleichmacherei hervorruft, wird im privaten Rahmen als besondere Form der Förderung akzeptiert. Es zeigt sich, dass Egalität auch für konkurrenzbesessene Mittelschichtler ein Wert sein kann, und zwar ein ziemlich exklusiver, wenn er sich auf Besserverdienende, Bessergebildete und Bessergestellte beschränkt. Die Moral folgt dem Interesse. Und so kommt es vor, dass in der Schule eine Binnenethik geschätzt wird, auf die man ›draußen‹ im ›wirklichen Leben‹ keine Rücksicht nimmt. Die Bevorteilten legen untereinander viel Wert auf die Fairness, die sie den Benachteiligten verweigern.

Das gilt auch dort, wo die Zöglinge darauf vorbereitet werden, einmal die großen Räder zu drehen. Es gibt in der deutschen Provinz internationale Privatschulen, in denen die globale Funktionselite von morgen herangezogen wird. Dort treffen Kinder aus den Oberschichten aufeinander und knüpfen Kontakte fürs Leben. Das zahlt sich später aus. Darauf kommt es an, nicht auf die philosophische oder pädagogische Ausrichtung der Anstalt. Im Business-Speech der Phorms AG gesagt: »Eltern werden immer anspruchsvoller hinsichtlich Bildung und Erziehung, vor allem im internationalen Zusammenhang. In einer komplexen Welt wird Bildung zur wichtigsten Ressource und zum Wettbewerbsvorteil.« Ein Jesuitenpater würde das anders ausdrücken, aber das Gleiche meinen. Schließlich hat der Orden jahrhundertealte Erfahrung ›im internationalen Zusammenhang‹.

Obwohl es in den höheren Schichten gottgegeben und genbedingt von höher Begabten nur so wimmelt, kommen auch in den besten Familien schlechte Schulleistungen vor. Deshalb gibt es für Problemkinder und solche, die von ambitionierten Eltern dafür gehalten werden, spezielle Privatschulen mit und ohne Internat. Während es ganz normal ist, wenn der Sohn eines Bifs als ›typischer Realschüler‹ qualifiziert wird, löst eine solche Einschätzung des eigenen Kindes beim Universitätsprofessor oder Vorstandssprecher erst eine private Bildungskrise und dann Interventionspläne zu ihrer Behebung aus. Mit Geld kann man alles kaufen, auch die besondere Förderung unbegabter Kinder. Richtig daran ist die besondere Förderung solcher Kinder, falsch daran, dass sie nicht allen zur Verfügung steht.

Exklusivität muss teuer sein, sonst wäre sie nicht exklusiv. Geld ist ein Selektionsmittel. Das Internat Salem zum Beispiel kostet 28 000 Euro im Jahr. Allerdings werden nach Auskunft des Unternehmens an 35 Prozent der Schülerinnen und Schüler Stipendien in verschiedener Höhe vergeben. Die Privatschulprivilegien werden aber keineswegs allein von den Privilegierten finanziert, sondern auch vom Staat, aus dessen Schulen sie sich herauskaufen. Die staatlichen Zuschüsse an private Institute bemessen sich danach, was der Staat rechnerisch an Kosten einspart, wenn ein Kind seinen Unterricht nicht in Anspruch nimmt. Das läuft im Bundesdurchschnitt auf Zuschüsse von bis zu 80 Prozent der Ausgaben hinaus, in Nordrhein-Westfalen sind es sogar 94 Prozent.

Die Eltern wiederum können 30 Prozent des Schulgeldes als Sonderausgaben steuermindernd geltend machen. Das sind im Fall von Salem bei vollem Schulgeld 9300 Euro, was je nach Steuersatz zu einer Entlastung des Salemkunden und dementsprechend zu Mindereinnahmen des Staates von bis zu 4000 Euro jährlich führt.

Die direkte Bezuschussung und die indirekte Mitfinanzierung der Privatschulen durch den Staat werden außerdem ergänzt durch die

Verteilung von Fördermitteln. Die katholische Grundschule Bernhardinum in Fürstenwalde, um ein ganz beliebiges Beispiel anzuführen, erhielt im Dezember 2006 aus dem Bundesprogramm zum Ausbau der Ganztagsschulen Bauzuschüsse in Höhe von 610 000 Euro. An dieser Schule werden 360 Kinder unterrichtet. Unabhängig davon, dass der Ausbau von Ganztagsschulen nicht nur sinnvoll, sondern dringend notwendig ist, und unabhängig von der Qualität des Unterrichts an dieser katholischen Schule, lässt sich hier wie bei anderen Projekten die Frage stellen, warum konfessionelle beziehungsweise private Erziehung von der Allgemeinheit mitfinanziert wird, während der Staat seine eigenen Schulen verkommen lässt.

Neben dem staatlich unterstützten Privatschulgeschäft hat sich in den letzten Jahren mit dem ›Produkt Nachhilfe‹ ein neues Marktsegment geöffnet, dessen Umsatzvolumen von Bildungsökonomen auf zwei Milliarden Euro jährlich geschätzt wird, mit rasch steigender Tendenz. Kleinere, nicht repräsentative regionale Studien lassen vermuten, dass etwa 25 Prozent der Gymnasiasten regelmäßig Nachhilfe in Anspruch nehmen. Bei den Real- und Hauptschülern sind es erwartungsgemäß viel weniger.

Überhaupt dringt die Hilfe eher selten zu denen vor, die sie am nötigsten hätten. Bif-Kinder, die es ins Gymnasium schaffen, müssen ihren Eltern beweisen, dass sie alleine durchkommen. Wenn sich abzeichnet, dass sie nur mit Nachhilfe bestehen können, werden sie meist wieder von der Schule genommen. Das liegt nicht nur am Geld, das Nachhilfe nun einmal kostet, selbst wenn sie preiswert von Mitschülern erteilt wird, sondern auch an der typischen Bif-Vorstellung, wer ›begabt‹ sei, komme ohne Hilfe aus, und wer nicht ohne Hilfe auskomme, sei eben nicht begabt.

Akademikereltern würden niemals solche Schlüsse ziehen, sondern alle Hebel in Bewegung setzen, um ihren Töchtern und Söhnen auf die Sprünge zu helfen, entweder durch angeheuerte Nachhilfelehrer oder durch eigenen Einsatz. In gehobenen Ehen kommt es öfter vor, dass Mamas Hauptberuf das anspruchsvolle Fordern und Fördern der Kinder ist, vom gemeinsamen Erarbeiten der Deutschaufsätze bis zum anspornenden Mitlernen in Geschichte, zuzüglich Klarinettenkurs und Reitunterricht als sozialer Distinktionskompetenz.

Mit herrlicher Wut schrieb Susanne Mayer über die Luxusmütter: »Solche Art der Privatisierung kostet keineswegs nur privates Geld. [...] Muttis Ausbildung, womöglich ein ganzes Studium, 200 000 investierte Euro, öffentliches Geld übrigens, Steuermittel – kommen ganz und völlig dem eigenen Kind zugute, auch dies eine Privatisierung öffentlichen Bildungsvermögens. Die gehobene Nachhilfemutti lässt man sich hierzulande zusätzlich bis zu 800 Euro im Monat kosten – an nachgelassener Steuerlast, über das Ehegattensplitting-Privileg, zweieinhalbfacher Hartz-IV-Satz also jeden Monat für jene Frauen, die der Staat so behutsam wie sonst nie zur Aufnahme einer Tätigkeit ermutigt, zum Schuldienst am eigenen Kind.«

Von der Privatschule mit Internat bis zum Privatunterricht zu Hause werden wie überall im Bildungswesen ausdauernde Kämpfe geführt um »die Absicherung von Privilegien unserer Bildungsschichten, die Verteidigung einer versteckten Privatisierung von Bildung«, wie Mayer schreibt. »Weil arrivierte Eltern so satt Gelegenheit bekommen, mit Kompetenz und Geld den eigenen Nachwuchs nach vorn zu bringen. Es geht um die Sicherung von Wettbewerbsvorteilen.«

Auch ich hätte im Benediktinerinternat Nachhilfe gebrauchen können, obwohl ich bestimmt nicht begeistert gewesen wäre, hätte jemand sie mir angeboten. Wer ist als Elf- oder Zwölfjähriger schon auf zusätzliche Lektionen scharf, während andere draußen Fußball spielen? Aber vielleicht wäre es mit ihrer Hilfe gelungen, mir die demütigende Ehrenrunde in der Sechsten zu ersparen. So endete mein Aufbruch von 1967 mit einer Niederlage. 1970 verließ ich das humanistische Gymnasium als Sitzenbleiber und trat zur Siebten in eine Kaufmännische Realschule ein.

Zwischenstück über die Achtundsechziger

Der Marsch durch die Institutionen ist steinig. Das bekam Anfang des Jahres 2001 der damalige Bundesaußenminister Joschka Fischer zu spüren, als die Zeitungen eine Fotografie druckten, die ihn beim außerparlamentarischen Steinewerfen zeigte. Die alten Gegner der Achtundsechziger taten so, als könnten sie nicht fassen, dass es einer tatsächlich von der Straße durch verschiedene Parlamente bis ins Bundeskabinett geschafft hatte. Die neuen Gegner der Grünen witterten die Chance zur Beschädigung des Ministers und schossen mit Spatzen – mehr waren ihre Vorwürfe nicht – auf die Kanone, als die Fischer in seiner stabilen Beliebtheit bei schwankender Beleibtheit galt.

Es gelang damals nicht, den Minister aus seinem Glashaus zu vertreiben. Aber in der hysterischen Überhitzung des medialen Palavers wurde noch einmal alles aufgeboten, was seit dem Kollaps des ummauerten Sozialismus an Achtundsechziger-Bashing gängig war.

Heute glauben diejenigen, die sich für die historischen Sieger halten, vollends das Recht des Stärkeren auf ihrer Seite. Ein fesch aufgeputzter Konservatismus schiebt den Achtundsechzigern die Schuld an allen möglichen Übeln in die Schuhe, die uns heute zu schaffen machen. Vor allem wird ihnen vorgeworfen, am Zerfall der Werte schuld zu sein, die früher, als angeblich alles besser war, die Gesellschaft zusammengehalten hätten. Der Ausdruck ›Achtundsechziger‹ wird jedem als Schimpfwort ins Gesicht gespuckt, der unter Liberalität nicht nur die Freiheit zur Bereicherung versteht, sondern auch die Freiheit zu einem guten Leben – und zwar für alle. Die eigene Überlegenheit wird mit einer neuen Schamlosigkeit ausgekostet, hinter deren Flott-Tun sich doch nur die alte Bräsigkeit der Saturierten verbirgt. In stets sprungbereiter Abwehr wird jeder Appell an den Gerechtigkeitssinn im Handumdrehen als ›Gleichmacherei‹ verschrien, jeder Versuch, auch nur probeweise die Perspektive der unteren Schichten einzunehmen, als Retrodenken belacht. In dieser schlechten Gesellschaft, die sich für die bessere hält, wirken ehrwürdige Liberale vom Format eines Ralf Dahrendorf, der schon vor 1968 die Bildung zum Bürgerrecht erklärte, fast wie kommunistische Radikale.

Eine nähere Auseinandersetzung mit der interessegeleiteten Denunziationsakrobatik an den Achtundsechzigern lohnt hier nicht, weder ideologisch noch sachlich – ich will sie rechts liegen lassen. Die Achtundsechzigerbewegung selbst kann jedoch nicht übergangen werden. Zu nachhaltig waren die Verstörungen, die sie ausgelöst hat, auch in dem, was unter Bildung begriffen wurde, zu wichtig die Impulse, die noch von ihren Fehlern und Irrtümern ausgingen. Einige dieser Fehler, Irrtümer und Selbstmissverständnisse haben sich bis heute gehalten, beispielsweise die merkwürdige Vorstellung, die Studentenschaft sei immer etwas fortschrittlicher und moralischer als der Rest der Gesellschaft.

In der historischen Wirklichkeit war es gerade andersherum. Während des Kaiserreichs, in der Weimarer Republik und unter den Nazis gehörte die Mehrheit der Studentenschaft zu den Rückwärtsgewandten, zu den Feinden der Demokratie, zu den Anhängern einer Diktatur von rechts. Noch Anfang der Sechziger zeigten Umfragen unter Studenten, wie verbreitet eine skeptische bis ablehnende Haltung zur Demokratie immer noch war. Und selbst in den Jahren 1967/68 dürfte die Mehrheit der Studierenden eher nicht dem linksromantischen Aufbruch zuzurechnen, sondern wie eh und je und auch heute den eigenen Standes- und Karriereinteressen verpflichtet gewesen sein.

Aber seit 1968 verteidigen Studierende ihre Privilegien mit Vorliebe im Gestus der Erniedrigten und Beleidigten, die sie gerade nicht sind. Außerdem verwechseln sie die eigenen Vorteile mit denen des Ganzen und hängen dem Aberglauben an, was gut für sie ist, sei automatisch gut für die Gesellschaft. Deshalb führen studierende junge Leute treuherzig die Zukunft des Allgemeinen an, wenn es besonders um ihre eigene geht.

Aus der systematischen Verwechslung studentischer Interessen mit denen der ›Gesellschaft‹ bezog die Achtundsechzigerbewegung einen Teil ihrer moralischen Energie. Man wollte sich selbst aus den Fesseln der bürgerlichen Kleinfamilie befreien und die Welt vom Joch des Imperialismus – alles in einem Abwasch (der in der WG-Küche meistens liegen blieb). Man gab sich Mühe mit der freien Liebe, und schon war die halbe Menschheit zu glücklicher Libertinage erlöst – und die andere, etwas verbindlicher liebende Hälfte als Establishment gebrandmarkt. Man übte in Seminarräumen und Vorlesungssälen autonome Kommunikationsformen, und die bürgerlichen Charaktermasken purzelten nur so von den Gesichtern.

Überall wurde das Private politisiert, obwohl sich darunter kaum jemand etwas Genaues vorstellen konnte, und flugs verbreitete sich im Umkehrschluss das Gerücht, das Politische ließe sich leben wie eine Privatsache. Die Revolte *in* der Gesellschaft gegen sie war durch und durch ödipal, ein Aufstand gegen die Väter, deren ›geistiges Erbe‹ man nicht antreten wollte – das materielle aber schon. Von der Arbeiterklasse, über die man dauernd redete, verstand man nichts, was einem aber wegen der vielen Bücher, die man über sie gelesen hatte, nicht auffiel. Dass man seinerseits von ihr nicht verstanden wurde, dämmerte einem schon eher, dem ›Proletariat‹ schien die *Bild*-Zeitung in der Hand lieber zu sein als die rote Fahne auf dem Dach.

Außerdem stand das Reden von den Arbeitern und der Arbeiterklasse in eklatantem Missverhältnis zur tatsächlichen Relevanz, die diese Leute, die man nur vom Sehen kannte, für das hatten, worum es der Bewegung und den Bewegten ging, sei es die ›Befreiung des bürgerlichen Subjekts‹ oder die ›klassenlose Gesellschaft‹, die manche Wirrköpfe später im Regime Pol Pots verwirklicht sahen.

Was immer man glaubte, immer glaubte man sich persönlich und als Bewegung den Erfordernissen des ›geschichtlichen Prozesses‹ bestens gewachsen. Nur den ›kleinen Leuten‹ trauten die Söhne von Rechtsanwälten und Professoren, die Töchter von Steuerberaterinnen und Ärztinnen die Vertretung der eigenen Interessen ohne Anleitung nicht zu. Und wer eignete sich besser zur Erziehung der Massen in den Fabriken als feurige junge Menschen aus der Mittelschicht, die gerade gegen ihre Erziehung in den Universitäten rebellierten. »Die radikale Intelligenz«, verkündete Bernd Rabehl im August 1968 in einem Interview mit Hans Magnus Enzensberger im *Kursbuch*, »muss die Universität auflösen, die Universität muss in die Gesellschaft übergehen; das heißt sie muss an den direkten Problemen dieser Berliner Gesellschaft arbeiten, die Arbeiter zur Übernahme der Produktion erziehen.«

Als es mit der pädagogisch angeleiteten Produktionsübernahme dann doch nicht klappte, zog man sich enttäuscht und ein wenig gekränkt auf die Selbsterfahrung zurück oder verbunkerte sich in abstrusen Lehren, die zwar immer noch ›Theorie‹ hießen, aber nicht einmal mehr Versatzstücke davon waren. Auf die Erlösungsversuche an einer Arbeiterschaft, die den studierenden Kindern ihrer Chefs nicht über den Weg traute, folgte in den Siebzigern bei einer kleinen studentischen Minderheit, die trotz allem vom welthistorischen Sieg des Sozialismus überzeugt blieb, die Pathologie des K-Gruppen-Sektierertums – und bei einer noch kleineren der mörderische und selbstmörderische Abstieg in den Untergrund.

In den Achtzigern schließlich ging der »Abschied vom Proletariat« (André Gorz) in die Begrüßung der grünen Partei über, die wie alle anderen Parteien vor ihr erst behauptete, anders als alle anderen zu sein, und dann langsam wie alle anderen wurde, weil man von den bunten Wiesen der Demonstrationskultur in die Parlamente und von den Parlamenten in die Regierungen wollte. Als das gelungen war, warben die grünen ›Alt-Achtundsechziger‹ Hand in Hand mit einer Agenda-SPD, im Vergleich zu der die einst als ›Reformisten‹ verachteten Sozis der Sechziger und Siebziger die reinsten Umstürzler gewesen waren, um eine ›Neue Mitte‹, die mit dem alten Proletariat und der ewigen Unterschicht nichts mehr zu tun hatte. Man verlor die Leute, auf deren unwillige Schultern man einst seine revolutionären Hoffnungen gestützt hatte, so weit aus den Augen, dass man anfing zu bestreiten, dass es so etwas wie eine Arbeiterschicht in der ›postmodernen Erlebnisgesellschaft‹ überhaupt noch gab. Die roten Besserwisser von einst waren zu grünen Besserverdienern geworden und zusammen mit ihrer Partei in die gesellschaftliche Mitte zurückgekehrt. Die Steine waren geschmissen und die Glashäuser, in denen man saß, gut gepanzert.

Die Studenten, sagte Rudi Dutschke in einer Rede auf dem Internationalen Vietnamkongress in Westberlin im Februar 1968, »sind eine geistig und ausbildungsmäßig privilegierte Fraktion des Volkes, aktuell bedeutet dieses Privileg im Grunde aber nur Frustration. [...] Hinzu kommt, dass diese antiautoritären Studenten noch keine materiell gesicherten Positionen der Gesellschaft übernommen haben, sie von Machtinteressen und Machtpositionen noch relativ weit entfernt sind.« Nachdem die Studenten dann doch ›materiell gesicherte Positionen‹ der Gesellschaft übernommen hatten und Macht*positionen* nahegekommen waren, blieben ihnen auch die Macht*interessen* nicht länger fern, die sie einst bei sich selbst verleugnet und bei ihren Eltern verachtet hatten.

Wie sich die Versöhnung mit den eigenen Klassenprivilegien anfühlt, beschrieb im Juni 1994 die damals fünfzigjährige Professorin Sybille Tönnies in der Zeitschrift *Kursbuch*, in der einst Rabehl von den Volkserziehungsaufgaben der ›radikalen Intelligenz‹ schwadroniert hatte. »Im letzten Winter«, so beginnt ihre Idylle, »war es mir gelungen, in einem gutbürgerlichen Haushalt zu Gast zu sein. Man hatte mir zu Ehren ein Feuer im Kamin angemacht; ich saß ganz glücklich auf dem mit englischem Blumenstoff bezogenen Sofa; auf dem Couchtisch war ein leichtes Abendbrot – Omelette mit Pilzen – angerichtet, und ich genoss die unaufdringliche Aufmerksamkeit, die mir zuteilwurde. Mit stiller Freude beobachtete ich die geübte Hand der Hausfrau, ihre sichere Führung der Konversation, die die jahrhundertealte Routine in Sachen Gastlichkeit verriet, die sie aus ihrer feudalen Herkunft mitbrachte. Der Hausherr saß behaglich in seinem Lehnstuhl. Das schöne Steingutgeschirr, an manchen Stellen ganz leicht angeschlagen, die Messingleuchter, das alte Silber mit dem Wappen – ich fühlte mich, unter dem Einfluss des halbtrockenen Sherrys, der gereicht worden war, leicht schwebend, geheilt und versöhnt, geheilt von den selbst zugefügten Verletzungen, versöhnt mit der Kaste, aus der ich stammte und aus der ich mich, im Namen des Guten, des Gerechten und des Klassenkampfes, fünfundzwanzig Jahre zuvor hatte ausstoßen lassen.«

Nach dieser mit reizend abgespreiztem kleinen Finger geschriebenen Szene der Professorin Tönnies ist verständlich, dass sich seinerzeit das Proletariat von der Studentin Sybille lieber nicht zum ›Klassenkampf‹ erziehen lassen wollte. Den Grund dafür spricht sie selbst aus: »Nicht zum Grundbestand des Links-Seins gehört offenbar die

Treue zu den Massen, zum arbeitenden bzw. arbeitslosen Volk.« Ersetzt man das Wort ›Treue‹, das politisch verdorben ist, weil es ›tausend Jahre‹ auf SS-Koppeln stand, durch ›Solidarität‹, spricht der Satz genau die Wahrheit aus, die der Grund des Misstrauens ist, den die Arbeiter- und Unterschichten gegen die ungerufenen jugendlichen Retter aus den Mittelschichten hatten: Vorsicht, auf diese Leute ist kein Verlass, die stoßen sich nur die Hörner ab, bevor sie in Wirtschaft, Staat und Gesellschaft die für sie vorgesehenen Plätze einnehmen und die Vorgesetzten und Chefs unserer Kinder werden, so wie ihre Eltern die Vorgesetzten und Chefs von uns sind.

Trotz der kindischen Verwechslung bürgerlicher Selbstbefreiungsversuche mit der proletarischen Weltrevolution verdienen die Achtundsechziger die verspätete Achtung derer, denen sie seinerzeit nicht helfen konnten. Im illusionären Idealismus vieler Studentinnen und Studenten leuchtete damals etwas von den Emanzipationsversprechen nach, die das Bürgertum den Unterschichten immer wieder gegeben und immer wieder gebrochen hatte. Der Selbsthass mancher Bürgerkinder mag, vom ›bürgerlichen Klassenstandpunkt‹ aus gesehen, eine Narretei gewesen sein, er wurde aber aus einem schlechten Gewissen gespeist, für das es historisch gute Gründe gab. Und die in den Kindern der Gebildeten sich auslebende Selbstverachtung der bürgerlichen Kultur hatte zu ebendieser Kultur immerhin noch einen Kenntnisbezug, der heute abhandenzukommen droht oder wohl eher schon abhandengekommen ist – aber nicht aktiv durch Abwehr und Distanzierung, sondern passiv durch Gleichgültigkeit und Desinteresse. Mir kommt es mitunter schon verrückt vor, wenn ausgerechnet ich als Bif-Kind auf Podien und Partys die Werte des bürgerlichen Kanons verteidige, während Bildungskinder diesen Kanon nonchalant für obsolet erklären und mit ihm gleich die Unterschiede zwischen U- und E-Kultur oder zwischen links und rechts. Verglichen mit diesem großen Brei, aus dem heute viele Kulturbetriebsleute ihre Sentenzen löffeln, kann einem der Dogmatismus der Achtundsechziger noch nachträglich ans Herz wachsen.

Auch wenn die revolutionäre Selbstlosigkeit der Achtundsechzigerstudentenschaft den bildungsfernen Schichten nie ganz vertrauenswürdig war, meistens sogar, und zwar zu Recht, einfach auf die

Nerven ging, wurden mit ihr libertäre Lebenshaltungen geprobt und Emanzipationserfahrungen gesammelt. Diese waren und sind nicht verallgemeinerungsfähig, verdienen es aber gerade deshalb, möglicherweise heute mehr als damals, gegen die ausdauernde Desavouierung durch jene verteidigt zu werden, die sich rühmen, irritationslos stets auf der sicheren Seite der eigenen Herkunft und der mit ihr verbundenen Interessen geblieben zu sein. Nur die Grausamen und die Dummen lassen sich beim Verfolgen ihrer Interessen nicht irritieren. Wer Ende der Sechzigerjahre studiert hat und sich heute damit brüstet, sämtlichen Idealen der Achtundsechziger seit jeher feindselig gegenübergestanden zu haben, gehört in der Regel entweder zu den Rücksichtslosen oder zu den Ignoranten. Ich habe nie jemanden aus dieser Generation kennengelernt, der eine Ausnahme macht.

Nach welchen Maßstäben gelebt und nach welchen erzogen werden soll, sind ethische Fragen, in denen es ums Ganze geht. Hier ist der Mut zur Rigorosität der Lauheit vorzuziehen, die sich um nichts schert, was nicht unmittelbar den eigenen Bedürfniskreis berührt. Dass alle sich einig sind, steht bei Problemen, die wie Bildung mit generationenübergreifenden Interessen zu tun haben, nicht zu erwarten. Deshalb müssen erzieherische Prinzipien und Interessengegensätze profiliert werden, bevor man sich an ihre Überwindung im Kompromiss macht.

Heute jedoch wird in Bildungsfragen oft so getan, als hätten sich die Gegensätze erledigt und alle in einer gesamtgesellschaftlichen ›Win-Win-Situation‹ im Großen und Ganzen die gleichen Bedürfnisse. In den Sechzigern waren die Konfliktlinien, die heute verwischt, aber nicht verschwunden sind, viel deutlicher gezogen. 1967 erklärte der damalige Präsident der Kultusministerkonferenz, der schleswig-holsteinische Christdemokrat von Heydebreck, dass es »in der Bundesrepublik keine selbstverständlich akzeptierten gemeinsamen Grundüberzeugungen über Prinzipien und Ziele der Erziehung des jungen Menschen« gibt.

Ludwig von Friedeburg wies 1989 in seinem Buch über die Bildungsreform darauf hin, wo bei Heydebrecks Ausführungen der Hase im Pfeffer lag: »Stimmten auch alle wichtigen Gruppen und Parteien darin überein, das Bildungswesen zu modernisieren und seine Leistungsfähigkeit zu heben, blieb doch weithin unklar, in welchem Ausmaß Chancengleichheit zu diesem Zweck notwendig wäre und darüber hinaus allgemein vom Grundgesetz gefordert würde, ganz abgesehen von der inneren Schul- und Hochschulreform, den Autoritätsverhältnissen und dem Inhalt des Unterrichts.«

Die Gegenposition wird von Friedeburg folgendermaßen zusammengefasst: »Anders die engagierten Pädagogen, für die Modernität und Chancengleichheit ohne eingreifende Schulreform unerreichbar erschienen. Begabungen angemessen zu entfalten wurde von ihnen nicht nur als ein quantitatives Problem aufgefasst [...] Die inhaltlichen Fragen des Bildens und Erziehens hatten das pädagogische Denken zu bestimmen. Die Erkenntnis von Bildungsdistanz unterprivilegierter Gruppen müsste über deren ›Rückständigkeit‹ hinausführen. Es galt die klassenspezifische Organisation des Schulwesens im Inneren aufzuklären und zu verändern.«

Es ging also nicht nur darum, den äußeren Zugang zum Bildungssystem gerechter zu gestalten, sondern auch dessen innere Verfassung. Viele in den Sechzigern ausgebildete und mit ›Achtundsechzigerideen‹ sympathisierende Lehrer lernten in den Siebzigern die Beharrungskraft der schulischen Institutionen kennen. Der bildungsreformerische Aufbruch blieb in den ersten großen ökonomischen Krisen stecken; Berufsverbote für Lehrer, die links von der SPD partei- oder verbandspolitisch aktiv waren, vergifteten das Klima; und als die so bunt begonnenen Siebziger bleiern zu Ende gingen, blieben viele Lehrer, die mit Enthusiasmus in die pädagogischen Institutionen marschiert waren, in Frustrationsgefühlen stecken und verbrauchten mehr Energie für die eigene Motivierung als für die ihrer Schüler.

Kapitel 6
asdf jklö

Die Tasten für diese acht Buchstaben sind die Grundstellung für alle, die gekonnt mit zehn Fingern auf einer deutschen Tastatur schreiben. Ich lernte und übte das Zehnfingersystem zwischen 1970 und 1974 auf einer dieser schwerfälligen Maschinen, die Mädchen- als Markennamen trugen. Meine hieß Gabriele und hat 300 Mark gekostet, von denen 150 mein Großvater aufbrachte. Mit Schaudern denke ich noch heute an den Unterricht, in dem uns erst die Fingerfertigkeit beigebracht wurde, für die ich heute so dankbar bin, und dann das korrekte Abfassen von kaufmännischen Standardbriefen, für die es von »Unser Zeichen/Ihr Zeichen« bis zum »Hochachtungsvoll« genau einzuhaltende Regeln gab. Wir waren nur Realschüler. Unsere Aufgabe im Büro würde nicht darin bestehen, selbstständig Briefe zu schreiben, sondern nach Diktat die Briefe unserer Vorgesetzten. Dabei kam es nicht direkt auf blinden Gehorsam an, aber auf blinde Effizienz, auf die Ausbildung einer funktionellen Tüchtigkeit, angesiedelt irgendwo in der Mitte zwischen einfacher Handlangerei und organisierender Kompetenz.

Der Anfang aller Sekretariatskunst war die ›Grundstellung‹. Natürlich mussten die Fingerkuppen ohne hinzusehen in Position gebracht werden. Die kleinen Tasthelferchen, winzige Erhebungen auf f und j, die heute auf den ›Keyboards‹ selbstverständlich sind, wären damals undenkbar gewesen. Die uns vermittelte Berufsauffassung hatte noch so viel vom alten Handwerksstolz, dass eine solche Hilfestellung als unprofessionell verachtet worden wäre. Nicht nur das Aufsetzen der Fingerkuppen, auch das Schreiben hatte ›blind‹ zu geschehen: kein Blick auf die Tastatur, kein Blick aufs Blatt. Um das zu trainieren, wurden unbeschriftete Kappen über die Tasten gestülpt.

Bei Diktaten war der Lehrerin ins Gesicht zu sehen, bei Abschriften der Blick auf die Vorlage neben der Maschine zu richten. Wer bei Tests nach zehn Minuten Diktat und zehn Minuten Abschrift einen Fehler hatte, bekam eine Zwei, bei zwei Fehlern gab es eine Drei, bei drei eine Vier und bei vier Fehlern eine Fünf. Einsen kamen so gut wie gar nicht vor, Sechsen sehr häufig.

Neben Schreibmaschineschreiben wurde uns Stenografie und sogar Eilschrift beigebracht. Doch wichtiger waren Fächer wie Wirtschaftsrechnen oder Buchführung, in denen Kontenführung und Bilanzerstellung erlernt wurden, sie galten, anders als Deutsch, Geschichte und Erdkunde, als besonders praktisch. Der Mensch soll fürs Leben lernen, heißt es, seit Menschen in die Schule gehen. Ihm soll etwas beigebracht werden, was er ›später‹ brauchen kann. Das ist wie jeder Gemeinplatz irgendwie richtig und irgendwie falsch. Beim Schreibmaschineschreiben hat er sich bewahrheitet, es nutzt mir heute noch. Die treuherzige Behauptung mancher Schriftstellerinnen oder Journalisten, sie würden mit einem selbst zurechtgestoppelten Vier-, Fünf-, Sechsfingersystem so schnell schreiben wie jemand mit zehn, ist immer recht amüsant – und im Übrigen ein banales Beispiel dafür, dass Schriftsteller genau wie alle anderen Leute sich gern Illusionen machen.

Das Stenografieren wiederum wurde in der Schule zwar aus praktischen Gründen gelernt, und zwar recht mühsam, erwies sich im Leben aber als unpraktisch. Heute ruft der Chef nicht mehr das Fräulein zum Diktat, sondern schaltet computerisierte Aufnahmegeräte ein oder tippt seine Mail zwischendurch selbst mit zwei bis vier Fingern in die Tastatur. Nur im Parlament wird nach alter Norm und Sitte noch stenografiert. ›Steno‹ ist ein schönes Beispiel dafür, wie die beliebte Forderung, die Schüler sollten fürs Leben lernen, ins Abseits führen kann. Die Schulen, auch Haupt- und Realschulen, sind für das Training spezifisch berufspraktischer Fertigkeiten zu weit weg vom Arbeitsleben – und sollen es sein. Die beruflichen Anforderungen und manchmal ganze Berufsbilder ändern sich so rasch, dass Schule (die Berufsschule ausgenommen) darauf nicht antizipierend reagieren kann und bei der Einübung bestimmter Techniken die Schüler der Gefahr aussetzt, Kraft und Ausdauer für etwas einzusetzen, das in der Schule noch als brauchbar gilt, sich aber beim Eintritt ins Berufsleben als überholt und unbrauchbar erweist. Der Stenografieunterricht jedenfalls stellte sich vor lauter schulischer Praxisnähe hinterher im Job als praxisfern heraus.

Solche Entwertungsprozesse sind unvermeidlich mit dem verbunden, was ›technischer Fortschritt‹ genannt wird, und die Schule sollte darauf nicht adaptierend, sondern reflektierend reagieren. Das ›Problem Steno‹ lässt sich auf das ›Problem Computer‹ übertragen. In der Schule darf die Zeit von Lehrkräften und Schülerinnen und Schülern nicht damit verschwendet werden, neue Anwendungen einzuüben, die beim Verlassen der Schule schon wieder veraltet sind. Stattdessen wäre zu lehren, wie man das Denken lernt, auch in Haupt- und Realschulen mit ihren angeblich ›eher praktisch begabten‹ jungen Leuten. Auf das Beispiel bezogen hieße das: allgemeiner Medienunterricht statt angewandte Computerschulung. Das Programmieren einer Website mit allerneuesten ›Downloads‹ wäre dadurch gar nicht ausgeschlossen. Nur ist es ein Unterschied, ob das Programmieren selbst zum pädagogischen Ziel geadelt wird oder ob es beim ›abstrakten‹ Verstehen technischer Prozesse, um das es eigentlich zu gehen hätte, ›konkret‹ mitgelernt wird.

Im Übrigen hat die Angelegenheit auch eine finanzielle Seite, wie der Bildungsökonom Ludger Wößmann erklärt: »Hinterfragen muss man die Millionen, die in die Computerausstattung der Schulen geflossen sind. [...] In der Tat zeigen Schüler, die intensiv Computer nutzen, oft bessere Leistungen als ihre Mitschüler. Die stammen aber häufig aus bildungsfördernden Familien und gehen auf privilegierte Schulen. Wenn man den sozialen Hintergrund mit betrachtet, bringen Computer – zumindest so, wie sie jetzt genutzt werden – nichts für die Schülerleistung.«

Sprachen wiederum, Muttersprachen wie Fremdsprachen, erfordern zuallererst soziale Kompetenz, entsprechend müssten das Sprechen und Verstehen, das Lesen und Schreiben im Vordergrund stehen. Gerade hier, wo es wirklich aufs ›Praktische‹ ankommt, wird zu viel herumtheoretisiert und herumästhetisiert. Das gilt auch für den Deutschunterricht. Die Zwangsbekanntmachung mit dem sogenannten literarischen Kanon der ›deutschen Nationalliteratur‹ führt außerhalb von Abiturleistungskursen nur zu Abschreckungseffekten gegen das Schöne. Mancher traditionelle Lehrerphilologe mag sich aufs Vermitteln des ›literarischen Erbes‹ versteifen, weil er sich mehr als Gelehrter denn als Pädagoge fühlt. Als Schriftsteller, dem dieses Erbe existenziell wichtig ist, bin ich dennoch der Meinung, dass heute, da die Literatur auch in den ›bürgerlichen Ständen‹ nicht mehr das ›Leitmedium der Sozialisation‹ ist, der Literaturunterricht weniger im Dienst an der Sache zu bestehen hätte, wie es der Philologe bevorzugt, sondern darin, Interesse zu wecken. Lesen ist geil! Mehr ist als ›Lernziel‹ jenseits der Literaturleistungskurse vermutlich nicht drin, so sehr dem Schrifti darüber das Tintenherz blutet.

Ich habe meinen Deutschlehrer an der Realschule als ›gut‹ in Erinnerung, weiß aber beim besten Willen nicht mehr, was ich bei ihm gelernt habe. Das lässt vermuten, dass er seine Sache ganz ordentlich gemacht hat. Von seinem Deutschunterricht im Gedächtnis geblieben ist mir nur die erste Begegnung mit *Michael Kohlhaas* von Heinrich von Kleist. Die Geschichte um diesen Rächer, der in seiner Konsequenz noch über die eigene Leiche geht (»Du kannst mich auf das Schafott bringen, ich aber kann dir wehtun, und ich will's!«), hat mich fasziniert. Ich habe den Text 1984 als Germanistikstudent wieder gelesen, dann noch einmal 1997 und zum letzten, aber sicher nicht allerletzten Mal im Frühling 2006, als ich an meinem Roman *Die Vergeltung* schrieb.

Als Fremdsprache war Englisch Pflicht, wie es sich gehört, und Französisch konnte als freiwilliger Nachmittagsunterricht hinzugewählt werden. Ich nahm das in Anspruch, was mir später das Rückwechseln ins Gymnasium erleichterte. Außerdem machte mich der Französischlehrer, die Grenzen seines Fachs und seiner didaktischen Aufgabe überschreitend, mit den Dramen von Shakespeare bekannt, indem er mir Goldmannausgaben von *Hamlet* und *Romeo und Julia* aus seiner Privatbibliothek in die Hand drückte, außerdem von Nietzsche *Also sprach Zarathustra*, das mich sehr verwirrte: »Wo ich Lebendiges fand, da fand ich Willen zur Macht; und noch im Willen des Dienenden fand ich den Willen, Herr zu sein. Dass dem Stärkeren diene das Schwächere, dazu überredet es sein Wille, der über noch Schwächeres Herr sein will: dieser Lust allein mag es nicht entraten.«

Ich war nicht sicher, ob ich das richtig verstanden hatte, es kam mir aber recht zutreffend vor – und zugleich ein wenig deprimierend für einen, der zum mittleren Bürodienst bestimmt schien, etwa zu einer Inspektorenlaufbahn bei der deutschen Staatspost mit Lebensziel Unkündbarkeit oder zu einer Lehre als Industriekaufmann in einem Privatunternehmen.

Ich war ein unterdurchschnittlicher Gymnasiast gewesen und hatte es zum überdurchschnittlichen Realschüler gebracht. Die Nachhilfe, die ich im Gymnasium nötig gehabt hätte, erteilte ich in der Realschule nun anderen. Mein Honorar betrug drei Mark die Stunde, vor Ostern oder Weihnachten stockten die Eltern meiner Schüler manchmal etwas auf. Während ich dies schreibe, liegt neben meinem Notebook eine schwärzlich verfärbte 5-Mark-Gedenkmünze »25 Jahre Grundgesetz« von 1974, meinem letzten Realschuljahr. Ich habe vergessen, warum ich dieses Honorar nie ausgegeben habe. Vielleicht aus Verfassungstreue, besonders zu Artikel 3, Absatz 3?

Der Erfolg in der Realschule war ein Aufstieg, aber einer auf kurzer Leiter. Auf einer kurzen Leiter oben zu stehen ist frustrierender als auf einer langen in der Mitte. Es fehlt die Perspektive, solange es nicht gelingt, auf die lange hinüberzuwechseln.

Am 23. März 1974 schrieb ich in mein Tagebuch: »Gestern war ich mit meinen Eltern auf einem Informationsabend mit dem Thema weiterführende Schulen. Herr A. [der Direktor meiner bayerischen Realschule] erklärte im Laufe des Abends, dass in diesem Jahr nur fünf bis acht Schüler der Realschule nach Hanau in die HoLa [Hohe Landesschule, ein hessisches Gymnasium] kommen werden. Diese Schüler müssen von ihm empfohlen werden. Hoffentlich bin ich einer von ihnen. Es hängt sehr viel für mich davon ab. Falls ich nicht in die HoLa kommen würde, bliebe mir zwar immer noch der Weg zur Fachoberschule, aber ich betrachte diesen Weg nur als Notlösung.«

3. April 1974: »Ich möchte unbedingt in die HoLa in Hanau kommen, aber wie sich die Dinge in den letzten Monaten entwickelt haben, wird das möglicherweise nicht klappen (es dürfen dort keine bayerischen Schüler mehr angenommen werden).«

27. April 1974: »Obwohl ich gerne nach Hanau in die HoLa gehen würde, werde ich mich sicherheitshalber auch noch an der

Fachoberschule in Aschaffenburg anmelden. Die Chancen, nach Hanau zu kommen, sind äußerst gering. Nur acht Schüler der Realschule werden voraussichtlich die Möglichkeit haben, die Hohe Landesschule zu besuchen. Ich kann nur hoffen, dass ich zu diesen ›Auserwählten‹ gehören werde.«

Kapitel 7
Die Realschule: rascher Aufbau, schnelle Entwertung

Als ich 1970 in die Realschule wechselte, hatte diese Schulform ein Jahrzehnt beispiellosen Ausbaus hinter sich. Im Hamburger Abkommen von 1964 war die Mittelschule ihrem neuen Rang entsprechend und parallel zur Aufwertung der Volks- zur Grund- und Hauptschule zur Realschule nobilitiert worden. Der nordrhein-westfälische Kultusminister Paul Mikat sprach damals auf einem CDU-Bundesparteitag davon, die Realschule »aus ihrer Zwischenstellung zwischen Volksschule und Gymnasium zu befreien und sie zu einer eigenständigen Bildungsinstitution auszubauen. [... Sie kann] für eine Fülle von Berufen, die heute noch das Abitur verlangen, die gemäße schulische Voraussetzung sein. Sie wird die Gruppe der in unserer Gesellschaft so wichtigen Führungskräfte stellen, für die eine akademische Vorbildung nicht erforderlich ist. Dies ist aber nur möglich, wenn wir über mehr Realschulen verfügen und ihnen zugleich das Ansehen sichern, das sie heute weitgehend schon verdienen: Vermittler einer abgeschlossenen gehobenen Bildung zu sein.« Das war gemessen an den Vorstellungen der Fünfzigerjahre eine deutlich höhere Bewertung. »Die Mittelschule«, hatte 1952 der Deutsche Verband Technisch-Wissenschaftlicher Vereine in einer Denkschrift erklärt, »muss von der höheren Schule in Lehrplan und Unterrichtsgestaltung stärker nach der ihr eigenen, praktisch-anschaulichen Seite differenziert werden, um dem Veranlagungstyp eines großen Teils der Jugendlichen und den Bedürfnissen der Wirtschaft zu entsprechen.«

Die Aufwertung der Mittelschule zur Realschule entsprach in gewisser Weise dieser Forderung, die eigentlich bewahrend gemeint gewesen war, mit den Mitteln der Veränderung. Wenn sich im Prozess fortschreitender Modernisierung der Arbeitswelt die Anforderungen der Wirtschaft wandeln, hat eine Schule, die ihre Schüler in die Lage versetzen will, eben diesen Anforderungen nachzukommen, sich ebenfalls fortschreitend zu modernisieren. Um es an meinem Beispiel zu verdeutlichen: Steno, das ich mit gutem Erfolg lernte, ist inzwischen eine tote Schrift und hat seine Bedeutung in der beruflich orientierten Realschule verloren. Latein hingegen, das ich mit mangelndem Erfolg lernte, ist schon lange eine tote Sprache, hat aber seine Bedeutung im humanistischen Gymnasium behalten. Der Anpassungsdruck der Realschule ist ein ganz anderer als der des Gymnasiums.

Der Ausbau der Mittelschule zur Realschule als ›eigenständige Bildungsinstitution‹, wie es Paul Mikat formuliert hatte, war beeindruckend. Zwischen 1960 und 1970 verdoppelte sich die Zahl der Realschulen von 1125 auf 2116, der Anteil der Realschüler an den siebten Jahrgängen stieg im Bundesdurchschnitt von 12,1 Prozent auf 20,2 Prozent. Dieses Fünftel rekrutierte sich zu einem beachtlichen Teil aus aufstiegswilligen Arbeiterfamilien. Bildungshistoriker sprechen gern von der ›Brückenfunktion‹, die von der Realschule damals wahrgenommen wurde. Sarkastisch könnte man sagen, sie war die Eselsbrücke, über die Pinocchio gehen musste, um auf der anderen Seite ein halbwegs gebildeter und ganz ausgebildeter Mensch zu werden.

›Vertikale Mobilität‹ vollzieht sich nur in seltenen Fällen sprunghaft. Meist steigen die Menschen in Generationenfolge von Stufe zu Stufe auf. Der Arbeiter mit Volks- beziehungsweise Hauptschulabschluss schickt seine Kinder auf die Realschule, damit sie ihr Geld als Angestellte verdienen und ihre Kinder aufs Gymnasium schicken können. Für den einfachen Bürger konnte die Realschule tatsächlich zur Brücke in eine Karriere werden, eine überschaubare zwar, doch immerhin eine Karriere.

Der Staat wiederum schuf für sich und seine Unternehmen, zu denen damals Kolosse wie die in drei Sparten gegliederte Deutsche Bundespost (Telefonie, Postdienst, Bankwesen) mit einem eigenen Ministerium gehörten, in Gestalt der Realschulen einen Nachwuchspool, aus dem die Angehörigen des sogenannten ›mittleren Dienstes‹ rekrutiert wurden. Der Aufbau des Realschulwesens und der Aufbau des Wohlfahrtsstaates mit den vielen dazu notwendigen (und auch so manchen dazu nicht notwendigen) Verwaltungen griffen ineinander wie Zahnräder. Drückt man die oben angeführten Prozentangaben in absoluten Schülerzahlen aus, werden die Ausmaße deutlich, die nicht nur mit der Vergrößerung des relativen Anteils der Realschüler an der Gesamtschülerschaft zu tun haben, sondern auch mit dem allgemeinen Bevölkerungswachstum jener Jahre: 1960 gab es 430 000 Mittelschüler, 1970 dann 863 500 Realschüler.

Die Bedarfsentwicklung in der Privatwirtschaft war neben derjenigen des Sozialstaates der zweite Motivationsgrund für die wachsende Beliebtheit der Realschule bei jenen, die ihre Berufsausbildung sonst an die Hauptschule angeschlossen hätten. Eine Lehre als Büro- oder (noch einen Statustick höher) Industriekaufmann war für aufstrebende Bif-Kinder mit guten Realschulzeugnissen seit jeher ein Klassiker.

Die Kinder der Bifs galten als die wichtigsten Adressaten der Realschulpolitik und waren die Hauptnutznießer des Realschulbooms. Sie bekamen ihre mittlere Chance, und gleichzeitig wurde dafür gesorgt, dass sie den Kindern der traditionellen Bildungseliten auf den Gymnasien nicht zu sehr auf die Füße traten. Wissenschaftlich mit Kai Cortina ausgedrückt, gilt für die gesamte Entwicklung der Realschule von den frühen Sechzigern bis in die Neunziger: »Von der Bildungsexpansion des mittleren Schulwesens haben demnach insbesondere Kinder schwächerer Sozialschichen profitiert. Dagegen blieben die sozialen Ungleichheiten des Gymnasialbesuchs weitgehend stabil.«

In der ersten Aufbauphase während der Sechziger wurde die Realschule als ›eigenständige Bildungsinstitution‹, wie Paul Mikat seinerzeit sagte, neben das Gymnasium gestellt. Ein Wechsel von der kurzen auf die lange Leiter war nicht gewünscht oder nur im üblichen Ausnahmefall eines ›hochbegabten Arbeiterkindes‹.

Dieser starre Separatismus, dem auch die Lehrpläne entsprachen, wurde in den Siebzigern von Bildungstheoretikern infrage gestellt und von sozialliberalen Bildungspolitikern angetastet, wenn auch nicht durchgängig aufgebrochen. Gleichzeitig nahm die Anzahl der Realschüler weiter zu, 1980 waren es dann 1 351 000. Im Schuljahr 2005/06 jedoch waren es immer noch etwa genauso viele, trotz der deutschen Vereinigung – und wegen der demografischen Entwicklung.

Die Vorrangstellung der mittleren Reife im Vergleich zum Hauptschulabschluss wuchs, sank aber im Vergleich zum Abitur. So wie die Realschüler die Hauptschüler aus begehrten Berufen wie Industriekaufmann oder -frau verdrängten, werden sie nun selbst von studierunlustigen Abiturienten verdrängt. Das liegt nicht (jedenfalls nicht nur) daran, dass das Leistungsniveau in den Realschulen abgesunken ist, was gar nicht (jedenfalls nicht immer) der Fall ist. Es gibt sehr gute und sehr schlechte Realschulen und mittelmäßige natürlich auch. In den Regionen können die Arbeitgeber die schulische Qualitätsentwicklung und die Aussagekraft der Abschlüsse aus der Nähe abschätzen, entsprechend unterschiedlich sind die Berufsaussichten der Absolventen je nach Stadt, Region und Bundesland. Doch hat unabhängig vom Ansehen einzelner Realschulen das Renommee der Institution insgesamt dramatisch abgenommen. Die lange grundsätzlich wertgeschätzten Abschlüsse werden heute grundsätzlich beargwöhnt, weil sie aus der Ferne, etwa aus einem anderen Bundesland, nicht mehr zuverlässig beurteilt werden können.

Das Qualitätsniveau schwankt zwischen dem der Hauptschule und dem der gymnasialen Unterstufe. Eine berechenbare Korrelation zwischen dem Notenbild des Zeugnisses und der Leistungsfähigkeit des Schülers kann nicht mehr als selbstverständlich vorausgesetzt werden. Das gilt auch fürs Abitur, hat dort aber nicht die berufsabschneidenden Folgen wie in der Realschule. Im Zweifel gegen den Angeklagten, und der ist in diesem Fall der Realschüler, dem ein Abiturient beim Wettbewerb um die besseren Ausbildungsplätze heute in der Regel vorgezogen wird.

Das war nicht immer so. In der guten Zeit der Realschule galten vielmehr Gymnasiasten als suspekt, die aufs Studieren verzichten und lieber eine Lehre machen wollten. Sie waren dem Verdacht ausgesetzt, und keineswegs immer zu Unrecht, für das Studium nicht gut genug zu sein und sich für eine Lehre insgeheim zu gut zu fühlen. Da war es vernünftig, ordentliche Realschüler vorzuziehen, die keine frustrierten Ambitionen mit sich trugen. Von diesem mittleren Privileg einer passgenauen und als solche auch weithin akzeptierten Vorbereitung des Realschülers auf das Berufsleben ist nicht viel übrig geblieben. Die Schulform ist, von einigen regionalen Ausnahmen wie etwa in Bayern abgesehen, heruntergewirtschaftet. Insofern braucht es nicht zu wundern, dass Bremen 2004 die Real- mit der Hauptschule zur Sekundarschule zusammengelegt hat. Brandenburg formierte aus Realschulen und Gesamtschulen ohne gymnasiale Oberstufe die Oberschulen, und in Sachsen wird wieder mit Mittelschulen, hervorgegangen aus Haupt- und Realschulen, experimentiert. In diese Reihe gehören auch die schon erwähnten Vorhaben der Bundesländer Hamburg und Schleswig-Holstein. Die Realschule hat ihre große Zeit hinter sich.

Zwischenstück über Dialekt

In meinem letzten Realschuljahr verkündete ich meiner verblüfften Familie, von nun an nur noch Hochdeutsch sprechen zu wollen. Diese Ankündigung erfolgte in mundartlich eingefärbter Schriftsprache und klang nicht nur meinen belustigten Eltern, sondern auch mir selbst peinlich in den Ohren.

Als im hessisch-bayerischen Grenzgebiet aufgewachsenes Kleineleutekind war meine Muttersprache ein von ›richtigem‹ Deutsch erheblich entfernter Spessartdialekt mit rollendem bayerischen rrr und der hessischen Neigung, alle ges und chs mit viel Spucke in sch-Laute zu verwandeln. »Ach neige, du Schmerzensreiche, dein Antlitz meiner Not«, betet Gretchen im *Faust* zur Muttergottes, und da Goethe Frankfurter war und ein listiger Fuchs dazu, ist dieser ins Gebet geschmuggelte Mundartscherz ein korrekter Binnenreim aus ›neische‹ und ›Schmerzensreische‹.

Die Ausprägungen des Dialekts in den einzelnen Spessartdörfern waren in meiner Jugendzeit so verschieden, dass von Kirchturm zu Kirchturm die Landessprachen wechselten. Diese Sprachen werden heute ohne hochdeutsche Abmilderung nur noch von sehr alten Menschen gesprochen und sind – Gott sei Dank – zum Aussterben verurteilt. Das liegt zum einen an den vielen Zuzüglern, die seit den Sechzigern und Siebzigern die neu erschlossenen Baugebiete um die alten Dorfkerne besiedelt haben, zum anderen aber an der Allgegenwart des Fernsehens, die hier ausnahmsweise einmal segensreich gewesen ist. Das Medium trug mit den Jahren dazu bei, dass die Dialekte aus dem Alltag verdrängt wurden, und führte zu einer Vermischung mit dem Hochdeutschen selbst bei jenen, die als Kinder vollständig in den Heimatsprachen sozialisiert worden waren. Vom Fernsehen jahrzehntelang nacherzogen, sind heute auch die siebzig- und achtzigjährigen Ureinwohner dieser Dörfer zu vollständigen deutschen Sätzen in der Lage, die zwar immer noch eine mundartliche Einfärbung haben – Gott sei Dank –, aber im syntaktischen Aufbau eben nicht mehr dialektal sind.

Der Unterschied zwischen einem mundartlich gefärbten Hochdeutsch und echtem Dialekt ist wichtig. Die Warnung vor dem Dialekt – das sagt einer, der sich seinen mit viel Mühe, die für Besseres hätte verwendet werden können, abgewöhnen musste – bezieht sich nicht auf den häufig charmanten Klangtribut an die regionale Herkunft, sondern auf die reduzierte Syntax und Grammatik der Dialekte und ihrer daraus resultierenden Unfähigkeit, komplizierte Sachverhalte einfach auszudrücken. Dialekte sind nur im Einfachen einfach; bei allem, was den unmittelbaren Lebenskreis der Sprechenden überschreitet, werden sie schrecklich kompliziert, verhaspeln und verirren sich. Nur eine komplexe Sprache kann komplizierte Zusammenhänge überschaubar darstellen. Wo die Hochsprache durch ihre eigene Strukturiertheit Ordnung schafft, beginnt der Dialekt zu stammeln, mit den Händen zu fuchteln und ins Körperliche zu fliehen. Das kann in Alltagssituationen empfindsam, sinnlich, erotisch und überhaupt sehr kommunikativ sein. Wenn es jedoch um's Denken geht, drückt auf diese Weise der Körper nur die Sprachlosigkeit des Geistes aus.

Dialekte sind Dingsprachen aus einer vormodernen bäuerlich-handwerklichen Welt. Wie die Dinge dieser Welt sind auch die Worte dafür facettenreich und nuanciert, aber zugleich an feststehende Ordnungen gebunden und auf Abläufe bezogen, die in stets gleichbleibender Weise wiederkehren. Diese Ordnungen denkend infrage zu stellen fällt im Dialekt so schwer wie ein Tanz in Eisenschuhen.

Der Schriftsteller Gesualdo Bufalino hat das in seinen *Geschichten aus dem alten Sizilien* so beschrieben: »Im Dialekt treffen sich die Gegensätze. Je bäuerlicher und schwerfälliger er erscheint, umso musikalischer, beredter und fantasievoller ist er: Und diese Art des Ausdrucks ist der hohen Sprache fremd. So füllt sich auch die kleinste Begebenheit im Leben der Beziehungen mit Leben, als sei sie von einem wundersamen Kraut genährt, erlangt kraftvolle Fleischlichkeit …« Aber jedes Mal, fügt Bufolino hinzu, »wenn umgekehrt ein Sprung nach oben verlangt wird, von der Empirie zum Begriff, vom Physischen zum Metaphysischen, wenn man sich aus den Strudeln und dem

Sand des Bewusstseins befreien muss – dann geschieht es, dass die heimischen Wendungen umsonst ineinandergreifen und in den Staub fallen …«

Die Liebe Bufalinos zum Dialekt ist ein wenig nostalgisch und sehr sympathisch, aber es ist die Liebe von einem, der in dem, was er liebt, nicht gefangen ist. Er hat die Freiheit der Wahl, in ›kraftvoller Fleischlichkeit‹ zu sprechen oder ›nach oben zu springen‹. Auf diese Wahlmöglichkeit kommt es an. Jemandem, dessen Gehirn muttersprachlich ausschließlich dialektal geformt wird, wird diese Wahlfreiheit eben nicht in die Wiege gelegt. Sie muss später in einem mühsamen Prozess der Selbsterziehung nachgeholt werden, der ausnahmslos auch ein Prozess der Selbstentfremdung ist. Wer dialektal das Sprechen lernt, lernt auch das Denken dialektal. Möglicherweise hat das auf das Denken in Bildern und Zahlen keinen Einfluss, aber das sprachlich strukturierte Denken bleibt in einer ausschließlich dialektalen Ur-Sozialisation unterkomplex, konkretistisch und unfähig zu dingfernen Überlegungen.

Man kann es auch so sagen: Dialekt macht dumm. Wer in den ersten drei Lebensjahren *ausschließlich* dialektal kommuniziert, ist bei allen intellektuellen Lernschritten der folgenden Jahre benachteiligt. »Beim Erlernen der Erstsprache«, schreibt der Hirnforscher Wolf Singer, »werden neuronale Verarbeitungsroutinen ausgebildet, die sich später nicht mehr ändern lassen und auf denen alle anderen Lernprozesse aufbauen.« Das hochdeutsche Sprechen, das Lesen und das Schreiben müssen dann als etwas Fremdes nachträglich angeeignet werden. Das geschieht meist erst in der Schule, und die Energie, die dafür aufgewandt werden muss, steht hochsprachlich sozialisierten Kindern von vornherein für andere Aufgaben zur Verfügung. Das schulische Umstellen auf die Hochsprache fordert von ausschließlich dialektal sozialisierten Kindern fast so viel Kraft wie das Erlernen einer Fremdsprache.

Trotzdem schwärmen Hochdeutsch sprechende Leute manchmal vom Dialekt. Aber es gibt ja auch Leute, die treuherzig von der anheimelnd knisternden guten alten Schallplatte schwärmen, ihre Musik aber trotzdem von CDs hören. Unter Schriftstellern ist die Liebe zum Dialekt ohnehin verbreitet, wie auch die sogenannte Liebe zum Leben besonders bei denen verbreitet ist, die vor ihm in die Literatur fliehen. Typisch romantische Schönfärberei: Hier der Dialekt, bodenständig, voller Lebensatem, sinnlich, vital – dort die gravitätische Schriftsprache, mechanisch zusammengesetzt aus lauter kalten, toten Buchstaben. Der Dialekt »ist doch eigentlich das Element, in welchem die Seele ihren Atem schöpft«, schrieb Goethe in seiner Autobiografie *Dichtung und Wahrheit*.

Nicht nur die alten Meister sympathisierten mit dem Dialekt. Bei dem wunderbaren amerikanischen Autor Kurt Vonnegut beispielsweise geht das so: »Viele Amerikaner wachsen in einer Sprachumgebung auf, die nicht englisch ist, oder in einem Dialekt, den viele Amerikaner gar nicht verstehen. All diese Spielarten der Sprache sind schön, genauso wie alle Spielarten von Schmetterlingen. Egal was Ihre erste Sprache war – halten Sie sie Ihr Leben lang hoch. Wenn sie kein Standardenglisch war und durchschimmert, sobald Sie Standardenglisch schreiben, ist das meist ebenso reizvoll wie ein hübsches Mädchen mit einem grünen und einem blauen Auge.«

Die ästhetisierende, genau genommen verkitschende Perspektive ist überdeutlich: Schmetterlinge und hübsche Mädchen mit verschiedenfarbigen Augen. Außerdem scheint Vonnegut in typisch schriftstellerischer Betriebsblindheit davon auszugehen, dass die ›Standardsprache‹ das Selbstverständliche ist und das Dialektale bloß ›durchschimmert‹, was wirklich ganz hübsch sein kann. Im wirklichen Leben ist es jedoch umgekehrt: Wer von einer Dialekt sprechenden Mutter das Sprechen gelernt hat, muss sich von der Muttersprache lösen, um hochsprachliches Schreiben überhaupt erlernen zu können, durch das dann was auch immer ›schimmern‹ kann.

Ironischerweise stellt sich jedes Mal, wenn Schriftsteller in der Hochsprache lobend über dialektales Sprechen schreiben, unter ihrer Hand heraus, dass Dialekt und Hochsprache alles andere als gleichberechtigt sind. In *Dichtung und Wahrheit* zum Beispiel gibt Goethe diese Auskunft über seine sprachliche Erziehung: »Ich war nämlich in dem oberdeutschen Dialekt geboren und erzogen, und obgleich mein Vater sich stets einer gewissen Reinheit der Sprache befliss und uns Kinder auf das, was man wirklich Mängel jenes Idioms nennen kann, von Jugend an aufmerksam gemacht und zu einem besseren Sprechen vorbereitet hatte, so blieben mir doch gar manche tiefer liegende Eigenheiten, die ich, weil sie mir ihrer Naivität wegen gefielen, mit Behagen hervorhob ...«

Goethe war also nicht wie ein Bif in den Käfig des Dialekts gesperrt, sondern adaptierte diese ›seelenatmende‹ Sprechweise kokett und zitierend. Das Naive bewusst und ›mit Behagen‹ hervorheben kann nur einer, der selbst alles andere als naiv ist, wie schon der spitzbübisch dialektal ins Leidensgebet des armen Gretchen geschmuggelte Binnenreim zeigte.

Interessant am Goethe-Zitat ist aber noch etwas anderes. Goethe bezeichnet sich als im Dialekt geboren, dann aber vom Vater zu einem besseren, also hochdeutschen Sprechen vorbereitet. Der Dialekt ist die Muttersprache, das Bodenständige, Anheimelnde, Seelenvolle und all das andere, was Männer seit jeher der weiblichen Sphäre zu*schreiben.* Das Denken und das Schreiben jedoch finden in der Vatersprache statt. Es handelt sich um zwei völlig verschiedene Welten: Hier Geborgenheit, warme Empfindung, sinnliches Glück – dort Offenheit, kühle Erkenntnis, Macht der Vernunft. Die eine Welt ist die der Mütter, des einfachen Volkes, des Gehorchens und des Dialekts – die andere die der Väter, der Volkserzieher, des Befehlens und der Schrift.

Die schon erwähnte, in den Fünfzigern weit verbreitete Schrift des einflussreichen Pädagogen Eduard Spranger über den *Eigengeist der Volksschule* mahnt ausdrücklich, mit dem angeblich ›gemütsdurchwalteten‹ Dialekt bei der Umerziehung ins Hochdeutsche pflegend umzugehen: »Eine wesentliche Leistung der Volksschule besteht in der Hinüberführung vom Dialekt zur normierten Hochsprache [...] Dass dabei die warme Intimität der Mundart [...] nicht verloren geht, dafür muss ausdrücklich Sorge getragen werden.«

Auch Theodor W. Adorno beschäftigte sich mit dieser Frage, und zwar in Bezug auf dialektal sozialisierte zukünftige Lehrer. In einem vor Frankfurter Studenten gehaltenen Vortrag stöhnte er: »Überhaupt der Dialekt. Von Bildung wäre wohl zu erwarten, dass sie das Ungeschliffene der regionalen Sprache zu milderen Sitten gewöhnt. Davon kann keine Rede sein. Der Konflikt zwischen dem Hochdeutschen und dem Dialekt endet mit einem Remis, an dem niemand seine Freude hat, nicht einmal der zukünftige Lehrer selbst, dessen Missvergnügen aus jedem Wort ertönt. Die Nähe des Dialekts zum Redenden, das Moment, dass er, wo dieser Dialekt noch bäuerlich ist, wenigstens in seiner Sprache selber rede, so, wie es populär heißt, ›wie ihm der Schnabel gewachsen ist‹, ging verloren; die objektive Hochsprache aber ist nicht erreicht, sondern bleibt entstellt von den Narben des Dialekts; es klingt so, wie jene Jünglinge in Kleinstädten aussehen, die man, damit sie beim Sonntagsandrang aushelfen, in Kellnerfräcke steckt, die ihnen nicht sitzen.«

Wie herrlich anmaßend dieser Adorno in seiner großbürgerlichen Überlegenheit sein konnte. Der Vortrag wurde im November 1961 im Hessischen Rundfunk gesendet und hat wohl zu pikierten Reaktionen geführt. Jedenfalls versieht Adorno die schlecht sitzenden Kellnerfräcke in der Druckfassung mit einer Anmerkung: »Zuschriften veranlassen mich zu einer Verdeutlichung. Ich meine nicht, Bildung bestehe darin, dass jeder Anklang des Dialekts in einer erbarmungslosen Hochsprache ausgemerzt würde. Die einfachste Erfahrung etwa der Wiener Tönung belehrt darüber, wie sehr sprachliche Humanität gerade in solchen Anklängen sich verwirklicht. Aber der Unterschied zwischen einem Deutsch, das den Dialekt seiner Rohheit entäußert, indem es seine Spur versöhnlich in sich aufnimmt, von einem Idiom, in dem beide Sprachschichten hoffnungslos unverträglich bleiben und in dem pedantische Korrektheit Lügen gestraft wird von Resten formlosen Dialekts – dieser Unterschied ist einer ums Ganze.«

In meinem Fall war der ›formlose Dialekt‹ restlos die Sprache der Familie und ein von der ›warmen Intimität der Mundart‹ gefärbtes Hochdeutsch die Sprache der Schule. Meine Ankündigung, künftig nur noch Hochdeutsch sprechen zu wollen, amüsierte die Eltern und Geschwister – aber nicht lange. Mit dem Trotz des Siebzehnjährigen setzte ich meine Drohung in die Tat um und ließ mir nicht anmerken, wie unangenehm mir selber das Hochdeutschsprechen in der Familie und im Dorf war. Es dauerte nur wenige Tage, und es kam zum offenen Konflikt. Meine Eltern erkannten die vermeintliche Marotte als das, was sie in Wirklichkeit war: Rebellion und Abkehr.

Dementsprechend fiel die Reaktion meines Vaters aus: Schriftdeutsch gehöre in die Schule, dort solle ich nach Höherem streben, deshalb werde ich ja hingeschickt; aber zu Hause solle ich nicht so tun, als sei ich etwas Besseres. Ich solle aufhören, den Leuten mit überkandideltem Getue auf die Nerven zu gehen, und wieder so reden, wie mir – Adornos Paraphrase ist exakt – der Schnabel gewachsen sei. Und der war mir im Dialekt gewachsen. Nach einer Anstandsfrist, um das Gesicht zu wahren, brach ich die Sprachrevolte, die mir schwer genug gefallen war, halb verzagt und halb erleichtert ab. Hochdeutsch wurde erst im Studium, nachdem ich von zu Hause fortgezogen war, zu meiner Alltagssprache.

Es kommt mir nicht darauf an, meinen Eltern verspätete Vorwürfe zu machen, noch dazu vor Publikum. Dafür gibt es keinen Anlass, denn ohne ihren Langmut und ihre Unterstützung hätte ich meinen Bildungsweg nicht gehen können. Die Anekdote sollte erläutern, dass Dialekte Identitätsstachel sind. Es tut weh, wenn man sie aus dem Fleisch zieht, vor allem wenn das nicht wie bei Goethe *mit* einem ›bildungsnahen‹ Vater, sondern nur *gegen* einen ›bildungsfernen‹ geschehen kann.

Ausschließlich dialektale Sozialisation gibt es nur in bildungsfernen Familien. Dort ist der Dialekt immer zugleich Soziolekt. Darin besteht der Unterschied zu Bildungsfamilien, in denen ebenfalls, aber eben nicht *nur* Dialekt gesprochen wird: Den Bifs hört man neben der regionalen auch die soziale Herkunft an.

Aus dem Käfig des Dialekts auszubrechen gelingt meistens nur, wenn das Dorf, die Familie und die soziale Schicht, in die man hineingeboren wurde, verlassen werden, obwohl man die innere Erde der Herkunft ein Leben lang mit sich trägt. Im Grunde genommen handelt es sich um ein Migrantenproblem, nur findet die Migration nicht zwischen Ländern, sondern zwischen Schichten und zwischen Bildungsniveaus statt. In einem sprachwissenschaftlichen Handbuch aus den Siebzigern heißt es dazu: »Sprecher, die höheren sozialen Schichten angehören, verfügen auch über die Repertoires von Sprechern relativ niedriger Schichten. Besonders aufschlussreich sind die Fälle, in denen aufwärtsmobile Sprecher durch die Orientierung ihres verbalen Verhaltens an den höherstehenden Gruppen sowohl die Fähigkeit verloren haben, den Soziolekt ihrer Gruppe zu sprechen, als auch andererseits über den Soziolekt der höherstehenden Gruppe noch nicht frei verfügen. Diese Sprecher produzieren gelegentlich hyperkorrekte Formen und meiden andererseits alle soziolektalen Formen, die ihre Herkunft verraten könnten.«

Diese soziolektale Sprechfalle entspricht der dialektalen, die Adorno in seiner Vortragsanmerkung erläuterte. Dialekte und bildungsferne Soziolekte sind in ihrer Beschränktheit artverwandt. In der Sprache des Handbuchs: »So bleiben in der Unterschicht bestimmte Satzmuster und ein bestimmtes Vokabular an einen relativ engen Bereich von Erfahrung gebunden und schränken damit sowohl die Möglichkeiten der sprachlichen Gliederung von Erfahrungen als auch die Möglichkeiten der Erfahrungserweiterung ein.«

Ende der Fünfziger, Anfang der Sechziger charakterisierte der englische Sprachforscher Basil Bernstein die verschiedenen Sprachkompetenzen der Unterschicht und der Mittelschicht mit den Begriffen des ›restringierten‹ und ›elaborierten Codes‹. Der ›restricted code‹ hält die Sprecher in der Angst vor dem Sprechen gefangen. »Es fällt den Sprechenden schwer«, schreibt Bernstein, »die subjektive Intention sprachlich genau darzulegen und explizit zu machen. In einer Situation, die das erfordert, steigen die Angstgefühle erheblich an. Das wiederum hemmt die weitere Verbalisation.«

Ende der Sechziger waren Bernsteins Befunde in Deutschland von dem Soziologen Ulrich Oevermann aufgenommen und theoretisch weiterentwickelt worden. In den Siebzigern schließlich, als die Sozialisationstheorien Hochkonjunktur hatten, gingen diese Termini im akademischen Milieu als ›on dits‹ von Mund zu Mund. Von besonders sensiblen Leuten aus der Mittelschicht wurde Bernsteins Theorie allerdings vorgeworfen, sie werte die Sprache der Unterschicht ab (was stimmt), obwohl diese Sprache zwar anders, aber nicht schlechter sei als die der Mittelschicht (was nicht stimmt, wenn ich das als besonders sensibler Mensch aus der Unterschicht anmerken darf). Die mittelschichtige Verteidigung der Unterschichtsprache war gut gemeint, aber schlecht informiert. Sie lebte von den gleichen romantischen Illusionen wie sie Schriftsteller, die in der Hochsprache schreiben, dem Dialekt entgegenbringen.

Etwas anderes war der gar nicht hoch genug zu schätzende erzieherische Wunsch, dialektal beziehungsweise im ›restringierten Code‹

sozialisierte Kinder in der Schule auf eine nicht konfrontative Weise an das Hochdeutsche heran- und in es hineinzuführen. Ludwig von Friedeburg merkte dazu 1989 in seinem Rückblick auf die Bildungsreform an, es ging für solche Kinder nicht »nur um Nachhilfeunterricht, in dem Normen und Regeln des Hochdeutschen wie bei einer fremden Sprache vermittelt würden. Angemessene Förderung verlangte, an die in die Schule mitgebrachten Sprachen anzuknüpfen und den Aufbau der Sprachfähigkeit in den Mittelpunkt des Deutschunterrichts zu rücken. Damit war nicht gemeint, Rechtschreibung, Grammatik und Literatur zu vernachlässigen, wohl aber ihren Stellenwert im Deutschunterricht neu zu bestimmen.«

Ich besuchte Anfang der Achtziger an der Goethe-Universität in Frankfurt als Nebenfachstudent Seminare von Professor Oevermann über soziale Schichtung. Bei dieser Gelegenheit hörte ich zum ersten Mal vom restringierten und vom elaborierten Code. Die Sprache meiner Eltern hatte auf einmal einen wissenschaftlichen Namen und die Sprache, die ich durch meine beiden Gymnasialphasen kennengelernt hatte, auch. Es war eine seltsame und manchmal quälende Erfahrung, in einem Seminar zu sitzen und zu hören, was gebildete Leute, zu denen ich selbst gehören wollte, über die Sprache dachten, die ich im Elternhaus gesprochen hatte und die meine Eltern und Geschwister immer noch sprachen. Als Spion, der aus der Bildungsferne kam, belauschte ich, wie Mittelschichtkinder lernten, wissenschaftlich über das Reden von meinesgleichen zu reden. Manchen war das Mitleid anzumerken, und das rote Gefühl stieg in mir auf. Bei anderen dominierte die Herablassung, und das weiße Gefühl machte sich breit. Im Dialektmilieu der Familie hatte ich versucht, mich abzugrenzen, indem ich nur noch Hochdeutsch sprechen wollte; im hochsprachlichen Milieu der Universität grenzte ich mich ab, indem ich vorübergehend den Dialekt wieder stärker betonte, den ich mir in den Gymnasialjahren zwischen Realschulabschluss und Studienbeginn wenigstens im Unterricht nahezu abgewöhnt hatte.

Kapitel 8
Abitur im ›Deutschen Herbst‹

Im Sommer 1974 machte ich mir um zwei Dinge Sorgen: Wie würde ich bei den Prüfungen zur mittleren Reife abschneiden und wie die deutsche Fußballmannschaft bei der Weltmeisterschaft.

Am 3. Juli 1974 notierte ich: »Gestern hatten wir Deutsch- und heute Buchführungsprüfung. Bis jetzt bin ich mit dem Prüfungsverlauf zufrieden und hoffe, dass es auch morgen (Mathematik) und übermorgen (Englisch) gut gehen wird. Die deutsche Nationalelf muss heute Nachmittag um 16 Uhr gegen Polen spielen und zumindest ein Unentschieden erreichen, um ins Endspiel zu kommen. Natürlich glaube und hoffe ich, dass wir gegen Polen gewinnen und so ins Endspiel nach München einziehen. Aber warten wir lieber erst einmal ab!«

5. Juli 1974: »Nachdem auch die Englischprüfung absolviert wurde, kann ich mich nun voll auf den Eintritt in die Hohe Landesschule konzentrieren. Ich hoffe, dass die Prüfungen erfolgreich bestanden worden sind. Allerdings bin ich mir nicht ganz so sicher.«

7. Juli 1974: »Die Weltmeisterschaft in Deutschland ist zu Ende. Das Finale: Holland – Bundesrepublik Deutschland gewinnt die Bundesrepublik mit 2:1 durch einen Elfmeter von Breitner und ein Tor von Müller. Damit ist Deutschland Weltmeister.«

14. August 1974: »Bin jetzt bereits den dritten Tag in der HoLa. Ich habe schon bemerkt, dass das Leistungsniveau und die Forderungen im Vergleich zur Realschule außerordentlich hoch sind. Auch die Kameraden sind wesentlich gebildeter und aufgeschlossener als die in der Realschule.«

16. Oktober 1974: »Eigentlich müsste ich einmal meinen Schulalltag beschreiben. Aber ich bin zu bequem, und außerdem ist es für mich später viel wichtiger zu wissen, wie ich heute denke und fühle.

Was interessiert mich denn später einmal ›Heute war's langweilig in der Schule‹?«

Nun, da aus dem ›Später‹ ein ›Heute‹ geworden ist, würde mich eine Schilderung meines damaligen Schulalltags viel mehr interessieren als mein damaliges ›Denken und Fühlen‹. Aber wenigstens kann ich mich an die meisten Lehrer und ihren Unterricht noch gut erinnern.

Was ist Aufklärung? Das gelbe Reclamheft mit der Beantwortung dieser Frage, die wir im Deutschunterricht diskutierten, besitze ich noch immer. Es liegt jetzt aufgeschlagen neben dem Notebook, obwohl das nicht nötig wäre, denn wir nahmen den Text so gründlich durch, dass ich den Anfang auswendig kann: »Aufklärung ist der Ausgang des Menschen aus seiner selbst verschuldeten Unmündigkeit. Unmündigkeit ist das Unvermögen, sich seines Verstandes ohne Leitung eines anderen zu bedienen. Selbst verschuldet ist diese Unmündigkeit, wenn die Ursache derselben nicht am Mangel des Verstandes, sondern der Erschließung und des Mutes liegt, sich seiner ohne Leitung eines andern zu bedienen.«

Kants Text aus dem Jahr 1784 wird in der gymnasialen Oberstufe zum Glück auch heute noch gelesen und interpretiert. Mir wurde ganz nostalgisch zumute, als ich mit einer Zwölftklässlerin Kants Unterscheidung zwischen ›öffentlichem‹ und ›privatem Gebrauch der Vernunft‹ debattierte (um die ich mich in meinem Buch ganz absichtlich *nicht* kümmere).

Unser Deutschlehrer, als Achtundsechziger mit der Losung vertraut, das Private sei politisch und das Politische privat, wies uns nachdrücklich auf die Gefahren hin, die das Ausschalten der persönlichen Vernunft in Amt und Funktion mit sich bringt, auf das Kants Separierung der Gebrauchsräume des ›Selbstdenkens‹ hinausläuft. Andererseits ist aber auch Kants Warnung vor dem Missbrauch des Amtes für die Verbreitung von Privatmeinungen nicht von der Hand zu weisen. An den Auseinandersetzungen um die Bildungspolitik ließen sich die Probleme des ›aufgeklärten‹ Vernunftgebrauchs auf ureigenem Feld veranschaulichen.

Mein Deutschlehrer an der Hohen Landesschule in Hanau gehörte zu jenen pädagogischen Persönlichkeiten, deren nachhaltiger

Einfluss nicht auf Genie oder Charisma beruht, sondern auf Interesse an der Sache, Engagement in ihrer Vermittlung und der Überzeugung, dass die Fähigkeit, sich des eigenen Verstandes ›*ohne* Leitung eines anderen‹ zu bedienen, mit Anleitung eines anderen erlernbar ist. Diese Auffassung lässt sich wohl am treffendsten als skeptischer Optimismus bezeichnen. Viele der durch 1968 politisch und intellektuell sozialisierten Lehrer waren von dieser Art Optimismus erfüllt und kämpften gegen das Gefühl der Bedrückung an, das in der zweiten Hälfte der Siebziger aufzog. In Verbindung mit dem Stammheim-Prozess wurden menschenrechtlich fragwürdige Gesetze verabschiedet und die Berufsverbote nahmen zu. Die staatlichen Anstalten fühlten sich von Lehrern und Postboten, die mit der im September 1968 gegründeten DKP sympathisierten, so bedroht wie die Politiker von den Desperados der Bewegung 2. Juni und der Roten Armee Fraktion.

Die Siebziger waren quietschmodern und bleiern zugleich. Die Innenstädte wurden von knallbunter Zerstörung heimgesucht, die Mode von der Stange schrieb ausgestellte Hosenbeine und gelbe Krawatten zu grünen Hemden mit Dackelohrkragen vor. Diese kreischend fröhliche Konsumkultur wurde in Schulreferaten als ›Konsum*terror*‹ kritisiert, was nahezulegen schien, dass dem mit Brandanschlägen auf Kaufhäuser zu begegnen sei, wie sie Ende der Sechziger auf Flugblättern propagiert worden waren und auch stattgefunden hatten. In intellektuell völlig durchgeknallten Diskussionen wurden ›Vietnam‹, der Imperialismus und die vom Konsum ›korrumpierten Massen‹, gewürzt mit juveniler Verzweiflung und pseudorevolutionärem Trotz, zu einem abstrusen Geschwätz verrührt, das ›Theorie‹ hieß, sich aber nicht einmal selbst verstand.

Ich erinnere mich, wie die schon studierenden Mitglieder einer trotzkistischen Splittergruppe, deren Versammlungen – falls man sechs, sieben Leute eine ›Versammlung‹ nennen kann – ich eine Weile besuchte, von mir das Verteilen eines Flugblattes verlangten, auf dem die RAF als »Bestandteil der Arbeiterbewegung« bezeichnet wurde. Ich gab mich für diese Dummheit nicht her und wurde prompt über das Kaderprinzip belehrt: Da ich kein Mitglied der ›revolutionären Organisation‹ sei, hätte ich zwar das Recht, die Verteilung dieses

Flugblattes abzulehnen, aber nachdem ich eingetreten wäre, müsse ich der Vorstandslinie folgen, auch gegen meine persönliche Meinung.

Vielleicht hielten es die Sandkastensozialisten mit Kants Trennung zwischen ›öffentlichem‹ und ›privatem Gebrauch der Vernunft‹. Aber vermutlich waren sie bloß ganz normal dogmatisch: Der Chef, die Partei, die Kirche bestimmen, wo's langgeht. Ich war mit dieser Denkform durch meine Zeit als kleiner ›Benediktiner‹ bestens vertraut und zeigte meinen trotzkistischen Beinahegenossen lachend den Vogel.

Unter den jungen Männern, Mädchen gab es in der Gruppe nicht, die den Linksterrorismus zwar als ›Kinderkrankheit‹ auf dem Weg zur Revolution ablehnten, ihn aber doch der ›Arbeiterbewegung‹ zurechnen zu müssen glaubten, befand sich kein einziger Proletariersohn. Ich war ein Unikat unter ihnen und fühlte mich in ihrem Kreis wie ein seltener Schmetterling. Das machte zuweilen Spaß, aber ich spürte, dass sich die Bürgerkinder mit ihrem Sozialistischtun bloß die Hörner abstießen, bis es Zeit werden würde, ein bürgerliches Leben zu beginnen.

Die Flugblätter des Streiks, den ich als Schulsprecher damals mit zu verantworten hatte, haben die ›Genossen‹ trotzdem vervielfältigt, obwohl die Parolen nicht auf der Linie ihrer ›Partei‹ lagen, sondern auf der ›reformistischen‹ der Landesschülervertretung. Die ›revolutionäre‹ Unterstützung bei der Herstellung ›reformistischer‹ Flugblätter war menschlich nett und politisch solidarisch, also vollkommen in Ordnung.

Übrigens können Leute, die nicht arbeiten, auch nicht streiken, sondern allenfalls Schulstunden und Vorlesungen boykottieren. Aber solche soziologischen Begriffsfeinheiten spielen im Elan des politischen ›Kampfes‹, den Studierende seit 1968 bei jedem Interessenkonflikt zu führen meinen, keine Rolle.

Der Direktor der HoLa, mit dem ich als Schulsprecher während des ›Streiks‹ zu verhandeln hatte, brachte genug Humor auf, um über die Tatsache zu schmunzeln, dass er sich seinen Gegner selbst ins Haus geholt hatte. Zwischen ihm und dem Direktor der Realschule gab es eine Übereinkunft, die besonders begabten Realschülern –

damit waren solche mit besonders guten Zeugnissen gemeint – den kleinen Bildungsgrenzverkehr von Bayern nach Hessen ermöglichte. *Persönlich* bin ich den beiden Direktoren (der bayerische ein CSU- und der hessische ein CDU-Mitglied) noch heute dankbar, dass sie mich in den Kreis der Erwählten aufnahmen; *politisch* jedoch ist eine Selektion, die auf dem Wohlwollen einzelner Honoratioren für einzelne Arbeiterkinder beruht, kategorisch abzulehnen.

Ich wollte damals unbedingt auf die HoLa, ein traditionelles Gymnasium, und keinesfalls auf eine dieser hessischen Gesamtschulen, denen auch bei Eltern, die von Bildung keine Ahnung hatten, der schlechtestmögliche Ruf anhing. Diese Schulform wurde von Eltern, die von Bildung doch eine Ahnung hatten, dermaßen niedergemacht, dass es für aufstiegswillige Bifs eine Frage der Ehre war, wenn man schon ›auf die Schule ging‹, auch auf eine gute zu gehen. Viele ›Holaner‹ (Lehrer wie Schüler) hielten sich für etwas Besseres. Mir ging es nicht anders. Die Tatsache, dass immer wieder Wechsel von der HoLa auf die Gesamtschule vorkamen, aber fast keine von der Gesamtschule auf die HoLa, bestärkte dieses Elite-Gefühlchen.

Allerdings machte ich auf skurrile Weise die Erfahrung, dass Status etwas Relatives ist. Einerseits konnte ich stolz sein, mein Abitur auf dem besten Gymnasium der Stadt zu machen, andererseits musste ich mich damit abfinden, dass diese Stadt in Hessen lag, dessen schulisches Niveau als weit unter dem bayerischen liegend galt. So büßte ich meinen Holanerhochmut mit der Herablassung, auf die ich bei bayerischen Abiturienten stieß.

Im Juni 1977 absolvierte ich die letzten Prüfungen. Mein Abi-Schnitt lag bei 1,7 – nur in Kunst hatte ich eine Fünf. Sie zählte nicht zum ZVS-relevanten Schnitt und war der Tatsache geschuldet, dass ich als Schulsprecher die SV-Sitzungen möglichst so zu legen pflegte, dass sie auf die – unwichtige – Kunststunde fielen (obwohl Kunst mich interessierte) und nicht etwa auf den – wichtigen – Matheunterricht (obwohl Mathe mich nicht interessierte). Auch das gehörte zur Taktik im Schulkampf. In der mündlichen Prüfung, die ich in Kunst wegen der vielen ausgefallenen Stunden zu absolvieren hatte, versagte ich vollständig, und mein Deutschlehrer, der ihr als Zuschauer beigewohnt hatte, wusch mir im Anschluss den Kopf. Marxisten, meinte er, müssten sich auch in der Kunst auskennen.

Damit hatte er vollkommen recht, abgesehen davon, dass ich sowieso der Meinung war, mich – Marxist oder nicht – mit möglichst viel auskennen zu sollen. Unter dem 18. Juni 1977 steht in meinem Tagebuch: »Ich habe mir überlegt, ob ich nicht eine ganze Menge lernen sollte über Biologie, Psychologie, Physiologie, Medizin, Mathematik, Kunstgeschichte, Literatur, Soziologie, Geschichte, Ökonomie, Politologie, Philosophie.« Ziemlich viel verlangt, ein klarer Fall von Selbstüberforderung. Ich tröstete mich mit André Gide: »Unerträglich war mir die Notwendigkeit, sich zu entscheiden; eine Wahl treffen bedeutete mir nicht so sehr auslesen, als: verwerfen, was ich nicht auserlesen hatte. [...] Dies war seither der Irrtum meines Lebens: dass ich kein Studium lange fortsetzte, weil ich nicht den Entschluss fassen konnte, auf viele andere zu verzichten. [...] Auf den Markt der Freuden zu gehen mit allzu geringen Mitteln ausgestattet! Darüber verfügen, seine Wahl treffen, das hieß in Ewigkeit allem Übrigen entsagen.«

Kapitel 9
Das Gymnasium: Privileg auf Bewährung

Der Einmarsch der Achtundsechzigerstudenten als Lehrer in die Schulen der Siebziger hat vielen Leuten aus den gehobenen Bildungsschichten einen Schreck versetzt, von dem sie sich mit viel Ausdauer bis heute nicht erholen wollen. Karl Heinz Bohrer beispielsweise, der zwanzig Jahre nach 68 in einem Sammelband jammerte, dass es in der Politik »hierzulande keinen hohen Stil mehr gibt«, klagte Anfang 2001 noch immer erbittert über die Lage in den Siebzigern: »Es ging vor allem um Ideologie und Pädagogik, das Weitertreiben der gesellschaftlichen Veränderung von der bürgerlichen zu einer amorph nachbürgerlichen Gesellschaft. Im engen Bündnis mit den linken Lehrerverbänden, mit den egalitär bornierten sozialdemokratischen Wissenschafts- und Kultusministerien betrieben die von 68 geprägten Gymnasiallehrer im Deutsch- und Geschichtsunterricht genauso wie die einschlägigen Professoren der Geisteswissenschaften eine gezielte Zerstörung des künstlerischen Kanons und der Tradition.«

Die Schulverschwörung aus kulturfeindlichen Achtundsechzigerlehrern, linksradikalen GEW-Funktionären und sozialdemokratischen Bildungsbürokraten fand hauptsächlich in den Köpfen der Konservativen statt und eher selten in den Klassenzimmern. Nicht jeder durch 68 sozialisierte Deutschlehrer wählte als Unterrichtsstoff das Schrifttum aus dem Werkkreis Literatur der Arbeitswelt, nicht jeder engagierte GEWler steckte unter einer Leninmütze, nicht jeder egalitär orientierte Sozialdemokrat war ein Betonkopf. Ich weiß nicht, ob mein inzwischen wohl pensionierter Deutschlehrer Bohrers Unsinn gelesen hat. Aber dieser Pädagoge, der mit seinen Schülern Kant und Schiller diskutierte und mich herunterputzte, weil ich beim Abitur in der Kunstprüfung versagte, war bestimmt nicht darauf gefasst, dass ihm eines Tages die ›gezielte Zerstörung des künstlerischen Kanons und der Tradition‹ vorgeworfen werden würde.

Bei diesem Lehrer haben meine Mitschüler und ich neben Kants Schrift über die Aufklärung auch *Die Leiden des jungen Werthers* von Goethe kennengelernt, das zu seiner Zeit, 1774, die dominierende literarische Tradition stürmisch bedrängte – und erneuerte, indem es selbst zum Bestandteil des Kanons wurde. Dieser Briefroman wird noch heute in den Literaturkursen der Gymnasien gelesen, und meinen privaten ›Recherchen‹ zufolge weckt der Held nach wie vor die Sympathie der Schülerschaft, auch wenn er als ›uncool‹ gilt.

Wir räsonierten gehorsam über aufgeklärten Vernunftgebrauch, bedauerten Werthers Griff zur Pistole, deklamierten Schillers *Maria Stuart* und diskutierten, ob Schiller in diesem Drama seine Theorie des Pathetischen und Erhabenen auf die Bühne stellte; wir setzten uns mit Brechts fixer Idee des Verfremdungseffekts auseinander und analysierten seine *Heilige Johanna der Schlachthöfe* unter marxistischen Gesichtspunkten, obwohl wir die Schriften von Marx kaum kannten – da ging es uns genauso wie Brecht. Und wir liebten Büchner, der so schrecklich wenig älter gewesen war als wir selbst, als ihm der Tod die Feder aus der Hand nahm. *Lenz, Dantons Tod, Der Hessische Landbote*: »Friede den Hütten! Krieg den Palästen!« Es gab Narren, die das nachts mit roter Farbe an die Schulmauer pinselten, ergänzt durch ein schwarzes Emblem mit gekreuzten Kalaschnikows und den drei Buchstaben R, A und F, die damals so unzertrennlich von B, R und D zu sein schienen.

Aber auch die Kapriolen in *Leonce und Lena* genossen wir. In dieser melancholischen Komödie kalauert der respektlose Valerio mit seinem Freund und Herrn, dem Prinz Leonce, bei Wein und Braten herum:

»*Valerio*: Wertester Adonis, sind Sie in Angst um Ihre Schenkel? Seien Sie unbesorgt, ich bin weder Besenbinder noch ein Schulmeister; ich brauche keine Gerten zu Ruten.
Leonce: Du bleibst nichts schuldig.
Valerio: Ich wollte, es ginge meinem Herrn ebenso.
Leonce: Meinst du, damit du zu deinen Prügeln kämst? Bist du so besorgt um deine Erziehung.
Valerio: O Himmel, man kömmt leichter zu seiner Erzeugung als zu seiner Erziehung.«

Ich war in der dreizehnten Klasse und zwanzig, als ich das im Frühjahr 1977 las. Büchner hatte nur ein Jahr mehr, als er im Februar 1834 schrieb: »Der Hass ist so gut erlaubt als die Liebe, und ich hege ihn in vollstem Maße gegen die, welche verachten. Es ist deren eine große Zahl, die im Besitze einer lächerlichen Äußerlichkeit, die man Bildung, oder eines toten Krams, den man Gelehrsamkeit heißt, die große Masse ihrer Brüder ihrem verachtenden Egoismus opfern.« Inzwischen bin ich fünfzig, ungefähr doppelt so alt, wie Büchner überhaupt werden durfte, und bewundere ihn immer noch, seine Kraft, seinen aggressiven Idealismus und seine Verzweiflung.

Der Bildungskanon, dem in den Augen von Karl Heinz Bohrer die Achtundsechziger in den Siebzigern so zusetzten, wurde nicht durch kritisches und pseudokritisches ›Hinterfragen‹ in die Krise getrieben, so stumpfsinnig rituell es mitunter auch betrieben worden sein mag, sondern durch die soziale und ökonomische Entwertung der Funktion, die dieser Kanon einst für die Bildungsschichten hatte. Wenn stattdessen Technik und Wissenschaft selbst zu einer Ideologie neuen Typs werden, um es in Anlehnung an den Titel eines 1968 erschienenen Buchs von Jürgen Habermas zu sagen, werden Kunst und Kultur auch offiziell zu dem Zierrat degradiert, der sie in Wahrheit auch früher schon waren. Jedenfalls in der das familiäre Emporkommen bestimmenden Wirtschafts- und Arbeitswelt außerhalb der für das Schöne zuständigen weiblichen Sphäre mit ihren Salons, Pianos und hübsch gebundenen Romanen. Wenn Literatur und Kunst ihre Funktion als Leitmedien der bürgerlichen Sozialisation verlieren, kommt ihnen auch der Charme der Exklusivität abhanden. Sie versagen als symbolische Distinktionsgrenze.

Die im Leben abgestorbenen Sprachen Latein und Altgriechisch wurden in der Schule am Leben erhalten, weil das Bürgertum ihre Türhüterfunktion instinktiv zu schätzen wusste. Will man politisches, auch bildungspolitisches Handeln verstehen, muss man zwischen der *Funktion* und der *Motivation* dieses Handelns unterscheiden. Mag die Motivation zur philologischen Pflege der antiken Sprachen auch im aufrichtigsten Humanismus verwurzelt gewesen sein, die soziale Funktion dieser Pflege bestand in etwas ganz anderem, wie Reinhard Brandt hervorgehoben hat: »Man sollte nicht verkennen, dass sich das gehobene Bürgertum im Lehren zweier Sprachen ohne unmittelbaren Nutzen eine Demarkationslinie schuf, die zu privilegierten Positionen in der Gesellschaft berechtigte und so die Mühen der Gymnasien auf überraschende Weise zur klugen Investition werden ließ.«

Seit die Literatur ihren Status als Leitmedium bürgerlicher Selbstverständigung verloren hat und die ›weichen‹ (interpretierenden) geisteswissenschaftlichen Disziplinen der Konkurrenz durch die ›harten‹ (experimentierenden) naturwissenschaftlichen kaum noch gewachsen sind, werden im Schichtensystem der Chancenverteilung die Demarkationslinien nicht mehr durch die antiken Sprachen gezogen. Ihre endgültige Entmachtung als Türhüter am Eingang zur akademischen Bildung erfuhren sie 1976, als in der gymnasialen Oberstufe das Kurssystem eingeführt wurde. Nun wurde die Abwahl von Latein und Griechisch den Schülern nicht nur unter bestimmten Bedingungen ermöglicht, sondern unter allen Bedingungen geradezu nahegelegt. Dass aber auch nach dieser Reform der relative Anteil der Bif- und Unterschichtkinder an den Hochschulabsolventen nicht wesentlich stieg, zeigt, dass Latein und Altgriechisch ihre Selektionsfunktion vorher schon verloren hatten. Wenn also die Bildungsreformen der sozialliberalen Ära etwas mit der ›Zerstörung des Kanons‹ zu tun hatten, dann nur insofern, als sie in der Schule auf einen kulturellen ›Verfall‹ reagierten, der im Leben längst stattgefunden hatte.

Der Abiturjahrgang 1977, zu dem ich gehörte, war an meinem Gymnasium, wenn ich mich richtig erinnere, der letzte, der die Hochschulreife nach dem alten Klassensystem erwarb. Es wäre unaufrichtig zu sagen, ich hätte das bedauert. Und ich bin noch heute der Meinung, dass sowohl das Klassen- als auch das Kurssystem ihre Vorteile haben, die aber nun einmal nicht beide zugleich zu haben sind. Es kommt, wie so oft in bildungspolitischen Fragen, weniger darauf an, wie sie *im Prinzip*, als darauf, wie sie didaktisch beantwortet werden.

Zehn Jahre nach der Einführung des Kurssystems nörgelte Günther Schnuer: »Wer heute am Gymnasium die Oberstufe erreicht hat, wendet einen großen Teil seiner pädagogischen Energie für eine Strategie des geringsten Widerstandes und gleichzeitigen Erreichens seines optimalen Notendurchschnittes im Abitur auf.« Dass daran weitere zwanzig Jahre später immer noch etwas dran ist, erfährt jeder, der sich mit gewieften jungen Leuten unterhält, die Wert auf ein gutes Reifezeugnis legen. Auch wer nicht zu den Überfliegern gehört, sieht eben zu, wie sich durchkommen lässt. Der zitierte Befund ist in seiner Verabsolutierung dennoch unwahr. Er entstammt jener ideologisch prinzipiellen Denkweise, die seit jeher die Bildungsdebatten in Deutschland vergiftet hat. Beobachtungen wie die von Schnuer, an denen *bloß* etwas dran ist, mögen halb richtig, halb falsch sein, sie sind wegen ihrer Ungenauigkeit ganz unbrauchbar.

Die taktisch Schlauen jedenfalls müssen nicht automatisch geistig desinteressiert oder bequem sein. Ganz abgesehen davon, dass auch das Abwägen von Arbeitsaufwand und Erfolgsertrag gelernt sein will, und warum sollte das nicht am Lernen selbst geübt und mit Notenpunkten überprüft werden dürfen, solange es dabei transparent und gerecht zugeht?

In der Regel werden die Schülerinnen und Schüler ihre Kurse weder allein nach taktischem Interesse noch allein nach sachlichem Wohlgefallen zusammenstellen, sondern einem Potpourri aus Gründen und Motiven folgen, die im Einzelnen gar nicht auseinanderzuhalten sind. Der Weg des geringsten Widerstands, auf dem Schnuer die höhere Schülerschaft dem intellektuellen Verderben entgegenwandeln sieht, wird von jungen Erwachsenen, die aus der wunderbaren Kinderkrankheit des Idealismus noch nicht ganz herausgewachsen sind, meistens gerade nicht gegangen. Auf diesen Weg werden sie erst an der Universität geführt, wenn sie im Grundstudium das gewählte Fach näher kennen- und viel zu selten lieben lernen.

Ein Jahr vor der Einführung der Kurssystems erklärte der Deutsche Bildungsrat, das Gymnasium habe sich »von einer Standesschule für das Bürgertum zu einer Aufstiegsschule auch für bisher bildungsferne Schichten« gewandelt. Eine bürgerliche Standesschule war das Gymnasium in den Siebzigern tatsächlich nicht mehr. War es deshalb aber zu einer Aufstiegsschule für die Bifs geworden? Obwohl auch in den Siebzigern nicht alle den Zweckoptimismus des Bildungsrates teilten, kam die Bejahung der Frage damals der Realität vielleicht doch eine Idee näher als heute, da von Aufstiegsschulen für die Kinder der Bifs oder gar für die von Migranten-Bifs oder für Unterschichtkinder keine Rede sein kann, auch wenn der Irrtum, von einzelnen Ausnahmebegabten auf die geregelte Chancengleichheit für alle zu schließen, so verbreitet ist wie eh und je.

Von solchen Illusionen unbeeindruckt, beschreiben Bildungshistoriker und Pädagogen das Gymnasium in unserer Dekade erneut als eine Institution, die – gleichzeitig privilegiert und privilegierend – wiederum auf das Privileg des Studiums vorbereitet. Der Bildungshistoriker Heinz-Elmar Tenorth wurde diesbezüglich bereits im Kapitel über das konfessionelle Gymnasium zitiert und sei hier durch eine Bemerkung des Pädagogikprofessors Jürgen Oelkers ergänzt: »Das Gymnasium hat für das deutsche Bürgertum stets eine enorme Bedeutung gehabt. Denn es verteilt das entscheidende Privileg: das Abitur und die Studienberechtigung. Damit unterscheiden wir uns von vielen Ländern, in denen die Universitäten durch Prüfungen den Zugang ermöglichen. Zwar ist die Zahl der Gymnasiasten ständig gestiegen, verändert hat sich das Gymnasium jedoch niemals.«

Diese Feststellung ist unpräzise. Auch eine Institution wie das Gymnasium musste sich wandeln, um ihren Schülern gleichbleibende Vorteile bieten zu können. Was die numerische Seite der Sache angeht, so lag dem Statistischen Bundesamt zufolge die Zahl der Schülerinnen und Schüler an Gymnasien im Schuljahr 2005/06 bei 2,43 Millionen. Allerdings unterscheidet sich die Abiturientenquote in den einzelnen Bundesländern erheblich. 2005 erreichten in Bayern 22,2 Prozent der Schülerinnen und Schüler der entsprechenden Altersjahrgänge die allgemeine und 12,1 Prozent die Fachhochschulreife, zusammengerechnet also ein gutes Drittel. In Nordrhein-Westfalen dagegen erwarben allein 32 Prozent die allgemeine Hochschulreife, und zusammen mit den 21,4 Prozent, die zur Fachhochschulreife gelangten, erhielt mehr als die Hälfte der Schülerschaft in den Vergleichsjahrgängen eine Berechtigung zum Studium.

Die absolute Zahl der Abiturienten hat sich in den letzten Dekaden zwar kontinuierlich erhöht, ist jedoch stets hinter den westeuropäischen Durchschnittsgrößen zurückgeblieben. Auch das Gefälle zwischen den Bundesländern hat sich als frappierend stabil erwiesen. Das bayerische Gymnasium gilt noch immer als besonders anspruchsvoll, was wohl nicht nur an seiner tatsächlichen Qualität liegt, sondern auch an dem Image, das ihm eine besonders sture Verteidigung seiner Sonderstellung bei denjenigen verschafft, die von dieser Sonderstellung profitieren. Den Bildungsprivilegierten wird das durch eine christlich-bayerische Spezialpartei erleichtert, deren Wertekonservatismus auf beeindruckend erfolgreiche Weise mit technischer Fortschrittsgläubigkeit verbunden ist. Zu all dem kommt noch die föderale Binnenhoheit in der Kultur- und Bildungspolitik, die dem deutschen Schul- und Universitätssystem insgesamt zu schaffen macht und dringend reformiert werden müsste, in Bayern aber durch das ›Mir-san-mir‹-Prinzip besonders hochgehalten wird.

Das zähe Festhalten an der institutionellen Alleinstellung des Gymnasiums ist aber keine bayerische Spezialität. Es findet, seit es die Bundes*republik* gibt, in allen Bundes*ländern* statt. Schon Georg Picht hatte geklagt: »Gegen den organisierten und mit allen Methoden des modernen Lobbyismus arbeitenden Widerstand der Lehrervertreter kann man die höhere Schule nicht reformieren. Es bleibt deshalb kein anderer Weg, als das zu tun, was der Philologenverband seit jeher fordert, nämlich die höhere Schule ›unangetastet‹ beiseitezulassen und die Probleme unseres Bildungswesens unter Umgehung der höheren Schule zu lösen. So behalten sowohl die Philologen als auch die Eltern, die eine solche Schule wünschen, jenes Gymnasium, das ihnen gefällt.«

Genau so ist es all die Jahre und Jahrzehnte gelaufen, auch in der Zeit des Bildungsbürgerkriegs um die Gesamtschule. Die neuesten Politikversuche mit der Verschmelzung von Haupt- und Realschulen, während die Gymnasien in einer Art pädagogischem Paralleluniversum ›unangetastet‹ fortgeführt werden, stehen akkurat in dieser Tradition, gegen die auch Fachleute machtlos sind, die es besser wissen müssten – und es auch wirklich besser wissen: Hermann Lange, ehemals PISA-Beauftragter der Kultusministerkonferenz, schreckt trotz »vieler guter Gründe« für eine gemeinsame Sekundarstufe eins doch vor ihr zurück. Zweierlei spreche »gegen eine abrupte Strukturveränderung. Erstens ist das Gymnasium ein erfolgreiches Modell, das im Bewusstsein vieler Eltern und Lehrkräfte noch immer fest verankert ist. 30 bis 40 Prozent der Schüler eines Jahrgangs besuchen es inzwischen; es ist quasi die Gesamtschule des Mittelstands. Eine relativ gut funktionierende Schulform zu zerschlagen wäre riskant und ohne einen Bewusstseinswandel nur schwer erfolgreich zu realisieren.«

Abgesehen davon, dass eine Veränderung, um die seit Jahrzehnten gerungen wird, kaum als ›abrupt‹ zu bezeichnen ist, bringt Lange die bildungspolitische Interessenlage auf den Punkt. Die Mittelschicht hat mit dem Gymnasium eine Art Gesamtschule für sich und will von einer Gesamtschule für alle nichts wissen, weil sie von ihr, und zwar zu Recht, Wettbewerbsnachteile befürchtet. Man kann von den Leuten nicht erwarten, dass sie das, was gut für sie ist, gegen etwas austauschen wollen, was besser für die Mehrheit, aber schlechter für sie selbst wäre.

Übrigens kommt es mir nicht darauf an, noch einmal für die Gesamtschule zu streiten. Diese Lanzen sind gebrochen. Es gibt gute und schlechte Gesamtschulen, wie es bessere und schlechtere Gymnasien gibt. Der verwahrloste Zustand, in dem sich manche dieser Schulen befinden, ist kein Argument gegen diese Schul*form*. Das Unheil, das in und mit diesen Schulen angerichtet wurde, hat einerseits mit sozialtechnologischer Selbstüberforderung zu tun, andererseits mit dem dezidierten Willen, für das Scheitern der Gesamtschule zu sorgen, um einen Beweis für ihre Funktionsuntüchtigkeit zu beschaffen. Parteipolitisch ist das eine den Sozialdemokraten, das andere der Union zuzuordnen. Ohne die christdemokratische Destruktionspolitik wäre es den Gesamtschulen und den Gesamtschülern sicher besser ergangen.

Aber nicht alles, was scheiterte, ist nur wegen dieser Destruktionspolitik gescheitert. Auch ohne sie hätte die staatsplanerische ›Implementierung‹ dieser Schulform keine Begeisterung hervorgerufen. Gerade dort, wo neue Gebäude errichtet wurden, kam oft genug eine Mischung aus Fabrik- und Behördenambiente heraus, mit einer Überrationalisierung und -reglementierung der sozialen Abläufe und einer bedrückenden Vernachlässigung dessen, was einfach bloß Freude macht. Doch ohne das Spielerische können junge Menschen vielleicht pauken, aber nicht lernen.

Die Gesamtschule ist die noch immer schwärende Wunde der sozialdemokratischen Bildungspolitik, wie ein Artikel von Gabriele

Behler, von 1995 bis 2002 SPD-Kultusministerin in Nordrhein-Westfalen, mit seiner enervierten Tonlage zeigt: »Die Veränderung der Schulstruktur wird von wichtigen Protagonisten der SPD immer noch verstanden als der Kampf gegen Privilegien des Bürgertums. Als deren Symbol wird das Gymnasium bekämpft. [...] Die offensichtlichen Probleme der Gesamtschulen, die trotz guter Bedingungen unbefriedigende Ergebnisse sowohl in der Leistungshöhe wie bei der Chancengleichheit haben, werden immer wieder geleugnet.«

Das Gymnasium ist nicht bloß Symbol bürgerlicher Bildungsprivilegien, noch dazu ein ganz unschuldiges, wie die Sozialdemokratin nahelegen möchte, sondern sowohl ein historisches Resultat dieser Privilegien als auch die gegenwärtige Institution zu ihrer Bewahrung. Das zu bestreiten wäre genauso tatsachenblind wie das Leugnen der ›unbefriedigenden Ergebnisse‹ der Gesamtschulen, mit denen diese Tatsachen einst behoben werden sollten.

Eine andere Bemerkung in diesem Artikel ist noch aufschlussreicher: »Die SPD-Führung ließ innerparteiliche Zirkel gewähren, wurde doch die Bildungspolitik als letztlich unbedeutendes Ventil für das sozialistische Gären in der SPD betrachtet.« Bildungspolitik ist nach dem Abebben der Reformen in den Siebzigern durch die Achtziger und Neunziger hindurch bis zum Medienhype des PISA-Schocks in allen Parteien als nachrangiges ›Politikfeld‹ betrachtet worden; ihr Missbrauch als Ventil in sozialdemokratischen Liniendiskussionen und Ränkespielen überrascht also nicht. Inzwischen gibt es aber in den Parteien zum Glück auch wieder Leute, die Bildung als ›Zukunftsthema‹ begreifen.

Dennoch werden die in der Vergangenheit auf allen Seiten eingeübten ideologisch bedingten Reflexe so schnell wohl nicht loszuwerden sein, weder in der Partei- noch in der Verbandspolitik und auch nicht bei Eltern und Lehrern. Die Gesamtschule ist dafür das drastischste Beispiel. Schon allein der Begriff hat abschreckende Wirkung und wird dort, wo aus demografischen Gründen Schulen zusammengelegt werden müssen, sorgfältig vermieden. Die Gesamtschulen, die, der Not und dem Schülermangel gehorchend, in ländlichen Regionen und Kleinstädten de facto eingeführt werden, dürfen auf keinen Fall so heißen. Verschämt bezeichnet man sie als ›Gemeinschaftsschulen‹.

Der Begriff ›Gesamtschule‹ sei nun einmal verbrannt, sagen die Bildungsforscher, auch jene, die manche gute Idee hinter dem schlechtgemachten Namen weiterverfolgen möchten.

Weil ein Revival der Gesamtschule nicht zu erwarten und in der alten Form auch nicht zu wünschen ist, wird das traditionelle Gymnasium die Hauptinstitution zum Erwerb der Hochschulreife bleiben, auch wenn ihm die Exklusivität als der einzig mögliche Weg zum Studium zum Glück entzogen worden ist. Sein Monopol auf dieses Privileg wurde durch die Bildungsreformen gebrochen, und auch seine anderen Privilegien hat es nur noch auf Bewährung. Vor allem muss der Übergang von der Realschule zur Oberstufe des Gymnasiums erleichtert werden, wie es etwa Baden-Württemberg vormacht.

Wo ein Wille ist, ist freilich nicht immer ein Weg. Wie soll die Absichtserklärung, das gegliederte Schulsystem durchlässiger zu machen, zur pädagogischen Alltagspraxis werden, wenn die Realschulen in ihrer tatsächlichen Qualität nicht mithalten oder auch ›bloß‹ in ihrem Renommee beschädigt werden? Wenn Gymnasien Statusängste bekommen, wenn sie Realschüler aufnehmen sollen, die im Ansehen zu besseren Hauptschülern herabgesunken sind? Auch das Abitur nach zwölf Jahren, so sinnvoll die Verkürzung sein mag, wird den Wechsel von der Realschule zum Gymnasium erschweren, weil dort die Unterrichtsstoffe komprimiert werden müssen. Dies wiederum führt dazu, dass ihre Vermittlung zum Teil bis in die neunten und zehnten Klassen vorgezogen wird.

»Es gibt kaum noch Sackgassen im deutschen Bildungssystem«, schrieb Jürgen Baumert vom Berliner Max-Planck-Institut für Bildungsforschung im November 2006: »Mehr als die Hälfte der Hauptschüler, die ohne Abschluss die Schule verlassen, haben ihn zwei Jahre später nachgeholt. 30 Prozent der Hauptschüler mit Abschluss wiederum verfügen drei Jahre später über einen Realschulabschluss.«

Aber was ist mit dem Vordringen von Realschülern ins Gymnasium? Es findet viel zu selten statt. Die Aussicht auf ein Studium bleibt vielen, die ihm ohne Weiteres gewachsen wären, versperrt.

Zwischenstück über ›Stallgeruch‹

Leute aus Bif-Familien, denen es gelingt, in ›bessere Kreise‹ vorzudringen, machen oft die Erfahrung, dort auf eine gewisse Reserve zu stoßen, wenn sie mit der Ungeduld des Emporkömmlings so behandelt werden wollen, als wären sie schon immer da gewesen, wo sie gerade erst angelangt sind. Statt als Gleiche unter Gleichen aufgenommen zu werden, gelten sie bei den längst Arrivierten als ›ambitioniert‹ und werden entweder beargwöhnt oder begönnert. Es geht ihnen wie Frauen, die in Männerdomänen eindringen: Sie müssen besser sein und sich schlechter behandeln lassen als die mit angestammten Rechten.

Wer als Ausnahme denen, die die Regel repräsentieren, die Vorzugsrechte abspricht, seien es solche des Geschlechts oder der Herkunft, wird rasch mit dem herablassenden Verdacht konfrontiert, er habe ›Ressentiments‹. Das ist seit jeher die billigste Methode, die Kritik an Privilegien als ›Sozialneid‹ von Leuten zu desavouieren, die diese Privilegien auch gern hätten. Leider lassen sich viele durch diesen Vorwurf ins Bockshorn jagen. Als ob die angemessene Reaktion auf vorenthaltene Beteiligung das schlechte Gewissen der Ausgeschlossenen wäre, nicht das der Ausschließenden. Um zu sehen, dass Ressentiments, auch wenn sie unfein sind, nicht nur destruktive Energien freisetzen, sondern auch beflügeln können, braucht man den ›Sozialneid‹ bloß durch ›Bildungsneid‹ zu ersetzen. Von diesem Ressentiment könnte es gar nicht genug geben – und wenn ihm ein Schuss jakobinischer Trotzigkeit beigemischt wäre, die weiß, dass man manchmal nicht geben kann, ohne zu nehmen, umso besser. Aber das sind Spiele im Kopf. Die Unterschichten sind mental zu derangiert, um so etwas wie Bildungsneid überhaupt entwickeln zu können; und die durchschnittlichen Bifs bleiben da, wo sie ihren Kindern Bildungsziele stecken, auf die pekuniären Aussichten beschränkt, die mit dem Erreichen dieser Ziele gar nicht mehr automatisch verbunden sind.

Wie so vieles im Handeln der Menschen mit- und gegeneinander funktioniert auch Exklusivität tautologisch und sieht sich schon durch die nackte Faktizität, dass es ist, wie es ist, gerechtfertigt. Die Tatsache, dass »die herrschende Klasse« herrscht, schrieb beispielsweise Gaetano Mosca gegen Ende des 19. Jahrhunderts, als der Aufstieg der Arbeiterbewegung der herrschenden Klasse des Bürgertums zu schaffen machte, »beweist schon, dass sie aus den Elementen besteht, die zu dieser Zeit in diesem Lande am besten zum Herrschen geeignet sind; was nicht heißt«, fügt er hinzu, »dass es sich dabei immer um die intellektuell und vor allem moralisch ›besten‹ Elemente handelt.« Moral gilt in der machiavellistischen Tradition, in die Mosca sich stellt, weder als politische Handlungs- noch als politikwissenschaftliche Erkenntniskategorie. Entsprechend verdienen in seinem Denken diejenigen, die herrschen, ihre Herrschaft allein durch die Tatsache, *dass* sie herrschen. Er bekräftigt das tautologische Funktionieren von Herrschaft in der gesellschaftlichen Praxis durch eine tautologische Argumentation in der Theorie.

Seine Beschreibung ist gleichwohl lehrreich. In seiner Perspektive von oben ließe sich mit Blick nach unten sagen: Der Emporkömmling müsste das, was er durch sein Hochkommen erreichen will, schon mitbringen, um für die Arrivierten mehr zu sein als eben ein Emporkömmling. Das gilt auch für die Bildungsaufsteiger, die alle Werkzeuge ihres Aufstiegs während dieses Aufstiegs Stufe für Stufe mühsam erwerben und den Arrivierten entgegenstreben, die auf sie hinunterblicken.

Der selbstbewussten Tautologie der Insider – wir gehören dazu, weil wir dazugehören – entspricht bei denen, die erst welche werden wollen, jenes Paradox der Minderwertigkeit, das Groucho Marx so vortrefflich karikiert hat: Ich würde mich schämen, Mitglied eines Clubs zu sein, der mich aufnimmt.

Am besten tut der Neuling so, als wäre er keiner. Aber das gelingt auch dort, wo es nicht bloß um eine brave Karriere, sondern um einen bravourösen Aufstieg geht, nur selten. Der Schriftsteller Honoré (de) Balzac, als kleiner Emporkömmling fasziniert vom Ehrgeiz, den er als großer Künstler so faszinierend zu beschreiben wusste, sagt in seinem Roman *Vetter Pons*: »Freilich gehören diejenigen, die hochkommen, besonders solche, die es verstehen, ihre schlechte Herkunft vergessen zu lassen, zu den großartigen Ausnahmen.« Balzac ist – manchmal – sehr genau. An dieser Stelle seiner *Menschlichen Komödie* sagt er nicht, dass einige es schaffen, ihre schlechte Herkunft zu *verbergen* (das gelingt fast nie), sondern nur, sie könnten sie *vergessen* machen. Und selbst das sind ›großartige Ausnahmen‹. »Nur Elitenaturen«, schreibt er, »fühlen sich nicht bedrückt, wenn sie sich Höhergestellten gegenübersehen.«

Was der Romancier Balzac, der kleinbürgerliche Parvenü mit dem aristokratischen ›de‹ von eigenen Gnaden, aus der Blickrichtung von unten nach oben formulierte, beschrieb der marxistische Historiker Eric Hobsbawm, der dem gut situierten Wiener Bürgertum entstammt, aus der Blickrichtung von oben nach unten: »So wie ein Pferd spürt, wenn sein Reiter Angst hat, so spüren Menschen die Erwartung ihres Gegenübers, als minderwertig behandelt zu werden. Herrschende Klassen und Eroberer haben diese Erwartung der Überlegenheit seit jeher ausgenutzt.«

Manieren lassen sich antrainieren, der Geschmack lässt sich verfeinern und die Sprache bilden. Aber es ist unmöglich, seinen Kopf abzuschrauben, sein Herz herauszureißen und die Seele umzutauschen. Der ›Erwartung der Überlegenheit‹, mit der Angehörige niederer Klassen vor die von höheren treten, entspricht die gefühlte Unterlegenheit, der während der frühkindlichen Sozialisation der Boden bereitet wird und die sich in der Schule verfestigt, um im Berufsleben den Duckreflex hervorzubringen, mit dem seit jeher die Mindermächtigen diejenigen zu beschwichtigen suchen, die – angeblich oder wirklich – große Räder drehen.

Wie Sprache die Menschen auf dem sozialen Platz festhält, an dem sie geboren wurden, habe ich im »Zwischenstück über Dialekt« schon thematisiert und dabei an das Konzept der Sprachcodes von Basil Bernstein erinnert. Jetzt geht es um die sich selbst verstärkenden Prozesse, in deren Ablauf das unzerreißbare innere Netz der Zugehörigkeit geknüpft wird, ein Netz, das zugleich Sicherheit gibt und gefangen hält. Bernstein: »Die Erfahrung des Kindes wird transformiert durch die Lernvorgänge, die durch seine eigenen, offensichtlich spontanen Sprechakte bewirkt werden. Die Sozialstruktur wird im

Wesentlichen durch die Konsequenzen des Sprachaktes zur Grundlage kindlicher Erfahrungen. Unter diesem Aspekt wird jedes Mal, wenn es spricht oder zuhört, im Kind die Sozialstruktur, der es angehört, verstärkt und seine soziale Identität in zunehmendem Maße bestimmt.«

Leserinnen und Leser, die sich gern auf dem ›neuesten Stand der Forschung‹ verwöhnen lassen, halten das vielleicht für Schnee von gestern oder, wenn sie jünger sind, einfach cool für ›out‹. Aber ein Diskurs, der außer Mode ist, muss deshalb nicht unrecht haben. Das zeigt der Vergleich mit einer Passage aus einem Diskurs, der gerade ›in‹ ist, dem der Hirnforschung: »Gedächtnis ist ein dynamischer Prozess – wir speichern Informationen zustandsabhängig, und wir rufen Informationen zustandsabhängig ab. [...] Die Zustandsabhängigkeit des Gedächtnisses bedeutet aber auch, dass sich unser Gedächtnis altersabhängig verändert [...] insofern, als wir mit zunehmendem Alter Gedächtnisinhalte immer wieder neu verknüpfen und damit neu integrieren, und außerdem jeder Abruf eine Neueinspeicherung (›Re-Enkodierung‹) zur Folge hat – die wiederum in der jeweils herrschenden Stimmung vorgenommen wird.«

Die Wandelbarkeit des Gedächtnisses, von der in diesem Zitat die Rede ist, widerspricht nur bei oberflächlicher Lektüre dem von Bernstein beschriebenen Prozess der Verfestigung sozialer Identität. Wenn Informationen zustandsabhängig aufgerufen und gespeichert werden, und wenn die Stimmungen, in denen die Re-Enkodierung negativer Gedächtnisinhalte stattfindet, von der ängstlichen Erwartung fremder Überlegenheit durchzogen sind, wird die wiederkehrende Erfahrung sozialer Minderwertigkeit schließlich als persönliche Unfähigkeit wahrgenommen. Die gesellschaftliche Benachteiligung nimmt die Form individuellen Versagens an, und der in die Ecke seiner Frustration getriebene Mensch reagiert mit Überanpassung oder mit Ressentiment. Beides provoziert erneut die Verachtung, der er entkommen wollte.

Aber selbst das Wohlwollen ist für den mit Herablassung vergiftet, der es nötig hat. Souverän ist immer nur der Gönner, nie der Begönnerte. Ein wegen seiner Herkunft, seiner Rasse, seines Geschlechts, seiner sexuellen Neigung, seiner körperlichen und geistigen Beschaffenheit oder auch wegen seiner Unbildung stigmatisierter Mensch muss wie ein Balzac'scher Parvenü im Hinterkopf behalten, dass er sein Handicap vergessen machen, aber nicht verbergen kann. Sobald er Akzeptanz nicht entgegennimmt wie ein Geschenk, sondern in Anspruch nimmt wie ein Recht, ist er undankbar oder hat Ressentiments. »Dass das stigmatisierte Individuum dabei ertappt werden kann«, schrieb der Soziologe Erving Goffman, »die taktvolle Akzeptierung seiner zu ernst zu nehmen, weist darauf hin, dass diese Akzeptierung bedingt ist. [...] Von den Stigmatisierten wird taktvoll verlangt, wie Gentlemen zu sein und ihr Glück nicht zu erzwingen; sie sollten die Grenzen der ihnen gezeigten Akzeptierung nicht auf die Probe stellen und sie auch nicht zur Basis immer weiterer Forderungen machen.«

Wer den kleinen Finger bekommt, will gleich die ganze Hand, heißt es, wenn jemand mehr verlangt als Almosen, seien es solche pekuniärer, sozialer oder moralischer Art. Und wenn sich die Benachteiligten gar organisieren, fürchten die Bevorteilten um ihre Privilegien, von denen sie privat gern etwas abgeben, falls es ihnen passt, die aber politisch tabu sind. Die Zukurzgekommenen dürfen eine persönliche Philosophie haben, das gilt als weise, aber keine kollektiven Forderungen, die gelten als ›ideologisch‹. Dass Habenichtse *gemeinsam* auf die Idee kommen, sich nicht länger geben zu lassen, sondern zu nehmen, was ihnen fehlt, muss von den Besitzenden unbedingt verhindert werden.

Übertragen auf das Bildungsproblem geht es im ›Gefühlshaushalt‹ der Bildungsnahen immer noch zu wie in den sentimentalen Romanen von Charles Dickens: Mit *einem* Oliver Twist hat man Mitleid, ganz gerührt vom eigenen weichen Herz. Tausende von Twists jedoch jagen Angst ein. Es geht die Legende, Charles Dickens sei ein realistischer Schriftsteller gewesen. Aber er ging in Gamaschen durch den Dreck und wusste, dass seine bürgerliche Leserschaft das Elend anderer nur so lange beweinte, wie das eigene Wohlleben nicht angetastet wurde. Die Diener bei Dickens dürfen sich darüber beklagen, ungerecht behandelt zu werden, aber nicht darüber, Diener zu *sein.* Wie dieser Unterschied wahrgenommen wird, hängt vom Stall ab, aus dem man kommt. Jemand, dessen Mutter eine Putzfrau *hatte*, denkt darüber anders als jemand, dessen Mutter eine Putzfrau *war*. Der eine kann das ganz gelassen sehen, der andere nicht ohne rotes und weißes Gefühl.

Tradierte Überlegenheit tritt trennend zwischen die aus ›guter Familie‹ und die von ›niederer Herkunft‹. Mit materiellem Besitz kann auch der Parvenü prunken und mit Bildung der intellektuelle Karrierist, aber über den Luxus der Gelassenheit verfügen erst die Nachkommen, die Besitz nicht selbst erwerben müssen und in Bildung ›natürlich‹ hineinwachsen. Über diese gewissermaßen mental ererbte Gelassenheit berichtet der amerikanische Schriftsteller Tobias Wolff in seinem autobiografischen Roman *Alte Schule*: »Klasse war eine Tatsache. Nicht die Kleidung, die ein Junge trug, sondern wie er sie trug. Wie er seine Sommer verbrachte. Die Sportarten, die er beherrschte. Dass er kühl reagierte, wenn jemand Geld erwähnte oder seinen Ehrgeiz allzu ungeschminkt zur Schau stellte. Bestimmten Jungen konnte man eine tiefe Gelassenheit anmerken, eine angeborene freundliche Gewissheit, dass sie sich ihren Platz in der Welt nicht würden erkämpfen müssen, weil er schon für sie reserviert war.«

Die Wendung von der ›angeborenen Gewissheit‹ ist bei Wolff nicht genetisch gemeint, sondern bezieht sich auf etwas Erworbenes, aber auf etwas Erworbenes von einer Kopf, Herz und Seele durchdringenden Selbstverständlichkeit. Hier ist die Frage, was zuerst da war, das Individuelle oder das Soziale, sinnlos wie die Rabulistik von Henne und Ei. Nicht nur das auf die Welt gepurzelte Persönchen wächst in seine Kultur hinein, wie man zu sagen pflegt, sondern die Kultur wächst noch vor dem ersten Tag, nämlich schon im Mutterleib, auch in das Persönchen hinein und macht es zu einer individuellen Verkörperung familienspezifischer, schichtspezifischer, kulturspezifischer Werte, Gewohnheiten, Urteile und Vorurteile. Von diesem mentalen Milieu, in dem der Mensch denkt, fühlt und handelt, und zwar auch dann noch, wenn er sich ›kritisch‹ gegen es wendet und sich aus ihm herausarbeiten will, rührt die soziale Aura her, die den Leuten anhaftet, das, was die sozialwissenschaftliche Fachsprache ›Habitus‹ und die Alltagssprache ›Stallgeruch‹ nennt.

Um es mit dem französischen Soziologen Pierre Bourdieu zu sagen: »Daher besitzen von allen Unterscheidungen diejenigen das größte Prestige, die am deutlichsten die Stellung in der Sozialstruktur symbolisieren, wie etwa Kleidung, Sprache oder Akzent und vor allem die ›Manieren‹, Geschmack und Bildung. Denn sie geben sich den Anschein, als handele es sich um Wesenseigenschaften einer Person, ein aus dem Haben nicht ableitbares Sein, eine Natur, die paradoxerweise zu Bildung, eine Bildung, die zu Natur, zu einer Begabung und einer Gabe geworden seien.«

Der deutsche Elitenforscher Michael Hartmann drückt das etwas bodenständiger so aus: »Man muss die für Spitzenpositionen wesentlichen Persönlichkeitsmerkmale besitzen, ohne dass der Prozess ihres Erwerbs erkennbar wird.« In einer Fußnote veranschaulicht er das Gemeinte durch ein Zitat von Max Horkheimer, der dem Großbürgertum entstammte: »Die Freiheit, Selbstverständlichkeit, ›Natürlichkeit‹, die einen Menschen in gehobenem Kreis sympathisch machen, sind eine Wirkung des Selbstbewusstseins; gewöhnlich hat sie nur der, welcher immer schon dabei war und gewiss sein kann, dabei zu bleiben.«

Die Verkehrung von etwas Sozialem in etwas Natürliches ist eine uralte Strategie der Rechtfertigung von Privilegien und trotz ihrer großen Einfachheit nach wie vor frappierend erfolgreich: Menschengemachtes wurde lange als Gottgegebenes hingestellt; als dann der alte Knabe in den Ruhestand ging, emanzipierte sich Mutter Natur und übernahm seinen Job; heute sind es bei den ganz Aufgeklärten ›die Gene‹, auf denen die Wesenseigenschaften einer Person angeblich ruhen, als würde etwas so Komplexes wie Charakter oder Begabung ausgemendelt wie blondes Haar und blaue Augen. Im »Zwischenstück über Selektion« wurde dazu bereits das Nötige gesagt.

Am Stallgeruch merkt man, wo jemand herkommt. Er lässt sich weder abschrubben noch wegparfümieren. Das Lächerliche, das dem Parvenü aus der Perspektive des Arrivierten anhaftet, kommt von dem Aufwand, der betrieben wird, um sich und die anderen über eine Herkunft hinwegzutäuschen, die durch eben diesen Aufwand immer wieder verraten wird. Deshalb lässt sich die Gelassenheit, die Tobias Wolff wie allen Außenseitern so schmerzlich abging, nicht simulieren. Man hat sie oder man hat sie nicht. Und wenn man sich anstrengt, so zu tun, als hätte man sie, ist das, selbst im Fall man könnte die anderen überzeugen, vor einem selbst nur ein Beweis mehr dafür, dass sie fehlt. Der reich gewordene Parvenü und der erfolgreiche Karrierist werden vor sich selbst den Verdacht der Hochstapelei niemals völlig los, und dieser Stachel treibt dazu an, noch mehr Reichtümer anzuhäufen und weitere Erfolge zu erringen.

Ganz anders ist es bei denjenigen, die ihren Reichtum ›von Hause‹ aus mitbringen und ihre Erfolge als selbstverständlich entgegennehmen. Mit großer Reichweite ausgestattet und familiär gesichert genug, um Risiken nicht scheuen zu müssen, strahlen sie auch bei durchschnittlicher Begabung eine persönliche Souveränität aus, in die sich gewöhnlichere Leute mit ihren Leistungen erst hineinarbeiten müssen. Dieser »gewappnete Anspruch«, wie Bourdieu es nennt, »zu dem die Vertrautheit mit der Kultur in Verbindung mit einer hohen sozialen Herkunft verhilft [...] funktioniert wie eine Art soziales Gespür, das ermöglicht, sich in schwierigen Situationen zurechtzufinden, in denen die normalen Orientierungsmittel fehlen«.

Soziales Gespür, Habitus und Stallgeruch machen sich auch in den Bildungsinstitutionen geltend. Von der akademischen Elite werden nicht die Dilettanten belächelt, die einer Wissenschaft gelassen als Hobby nachgehen, sondern die Autodidakten mit ihrem komischen Streben nach Besserwissen. Auch all den suspekten Leuten vom zweiten und dritten Bildungsweg begegnen die ›normalen‹ Akademiker, die ihren Weg geradlinig gehen, im günstigen Fall wohlwollend herablassend, im ungünstigen herablassend ohne Wohlwollen. Die Abkömmlinge bildungsferner Familien, die auf direktem Weg von den Gymnasien an die Hochschulen kommen und sich dort bewähren, werden in der Regel dafür belobigt, dass sie *trotz* ihrer Herkunft zu dieser Leistung in der Lage sind.

Aber wehe, wenn sie sich schwertun oder mehr Zeit brauchen. Dann ist man schnell mit dem Urteil zur Hand, diese Leute seien in der Uni fehl am Platz. Thomas Becker hat unter Bezug auf Bourdieu treffend beschrieben, wie die beim Start Benachteiligten während des Rennens für ihre Benachteiligung noch einmal bestraft werden: »Der Habitus bildungsferner Schichten braucht in der Regel eine längere Zeit zur Adaption des Bildungssystems, weil ihm das durch die Familie schon bereitgestellte kulturelle Wissen und die Kenntnis von effektiven Strategien weniger zur Verfügung stehen. [...] In der Konkurrenzsituation bedeutet dies für Studenten aus einem bildungsfernen Milieu nicht nur ein Mehr an Arbeit und Zeit, um gegenüber Studenten aus bildungsnahen Schichten zu bestehen. Häufigere strategische Fehlentscheidungen aus mangelnder Kenntnis des Systems führen von Beginn an auf Umwege, die dann die Konkurrenzsituation verschlimmern und an der Motivation zehren.«

Entsprechend vorsichtig gehen die Begabungsreserven, die Abendgymnasiasten, die Leute mit Berufsausbildung und nachgeholtem Abitur, eben die Bif-Kinder aller Art, mit den Töchtern und Söhnen aus Akademikerfamilien um. Nur unter seinesgleichen fühlt man sich entspannt. Mit einem Instinkt, der zwar nicht fehlerlos, aber doch sehr zuverlässig ist, riechen sich die mit ähnlicher Herkunft unter allen anderen heraus. Man muss kein Soziologe sein, um die Frage »Wer verkehrt mit wem?« zu beantworten. Wenn man aber doch einer ist und die Frage wörtlich nimmt, kommt man zu diesen Ergebnissen:

»Der Akademiker heiratet die Akademikerin und der Ungelernte die Hilfsarbeiterin. Die sozialen Kreise schließen sich auf diese Weise sehr stark, und die soziale Distanz steigt.«

»Wir haben festgestellt, dass vor allem Frauen mit hoher Bildung Partner mit gleichwertigen oder höheren Bildungsabschlüssen suchen. Es kommt ganz selten vor, dass gebildete Frauen ›nach unten‹ heiraten.«

Professorinnen heiraten selten einen ihrer Studenten, Studentinnen gerne einen Professor. Dass nur selten nach unten *geheiratet* wird, schließt Sex nach unten nicht aus. Ich hoffe, die gebildete Leserin verzeiht mir, wenn ich die beiden Zitate des Bamberger Familienforschers Hans-Peter Blossfeld durch die Bemerkung eines Professors für Verhaltensphysiologie ergänze, die sich auf Primatenmännchen bezieht: »Rangniedere Tiere akzeptieren keineswegs freiwillig die Rangfolge, sondern entwickeln alternative Strategien, um das Beste aus der Situation für ihre Lebens- und Fortpflanzungschancen zu machen, z. B. indem sie Kopulationen ›erstehlen‹, während das Alpha-Männchen sich mit ernsthaften Konkurrenten abmüht.« Dergleichen kommt auch im akademischen Liebesleben vor.

»Je höher die Bildungsstufe ist«, sagt Blossfeld, »desto homogener werden die Kontaktkreise.« Aber die ›Bildungsstufe‹ allein verschafft noch keinen Zutritt zu ›Kontaktkreisen‹, besonders wenn es sich um höhere handelt. Die soziale Hermetik der Oberschicht schließt alle aus, die von unten kommen. »Elite bedeutet [...] gerade nicht, dass alle die gleiche Chance haben«, schreibt Michael Hartmann. »Elite bedeutet vielmehr die dauerhafte Absonderung einer kleinen Gruppe vom Rest, von der Masse – eine Absonderung, die nicht ausschließlich, ja nicht einmal überwiegend auf Leistung zurückzuführen ist, sondern in hohem Maße auf Herkunft und die Einbindung in Macht- und Herrschaftsstrukturen.« Besonders exklusiv ist der Club der ›Wirtschaftsführer‹. »Die Entscheidung über die Besetzung von Spitzenpositionen erfolgt dementsprechend anhand einiger weniger Persönlichkeitsmerkmale, die von den Angehörigen der deutschen Wirtschaftselite als wesentlich für die Beurteilung einer Person und als sicheres Indiz für eine ›gleiche Wellenlänge‹ oder die ›richtige Chemie‹ angesehen werden. Es handelt sich dabei im Kern um vier Merkmale: die Vertrautheit mit den in den Vorstandsetagen gültigen Dress- und Verhaltenscodes, eine breite bildungsbürgerlich ausgerichtete Allgemeinbildung, eine ausgeprägte unternehmerische Einstellung (inkl. der dafür als notwendig erachteten optimistischen Lebenseinstellung) und als wichtigstes Element persönliche Souveränität und Selbstsicherheit.«

Die Exklusivität und die Modalitäten ihrer Durchsetzung sind aus der Perspektive der Dazugehörenden völlig verständlich. Warum sollten Leute, denen ein Platz reserviert ist, wie Tobias Wolff es ausdrückt, und die mit der Gelassenheit des von vornherein feststehenden Siegers ihren Interessen nachgehen können, mit denen paktieren, die im ›rat race‹ ihren Platz noch suchen, finden und erobern müssen?

Zwischen dem Niemand, der erst einmal jemand werden muss, und dem, der schon immer jemand ist, liegt die Kluft der Geschichte. Ich bin Menschen, die Geschichte haben, zum ersten Mal an der Universität begegnet. Es gab Kommilitonen, deren Vorfahren schon Gelehrte waren, als die meinen kaum lesen und schreiben konnten. Andere hatten als Großväter namhafte Offiziere, die man im Lexikon nachschlagen konnte, während einer meiner Großväter im Ersten

Weltkrieg der namenlose Bursche eines Offiziers gewesen war. Und in germanistischen Seminaren über »Theorie und Praxis der proletarischen Autobiografie«, die in den frühen Achtzigern noch angeboten wurden, traf ich auf Leute aus Anwalts-, Arzt- und Unternehmerfamilien, denen meine Herkunft so fremd war wie mir die ihre. Ich fand es erregend, auf Menschen mit ›großen Namen‹ zu treffen und mit Abkömmlingen von Leuten zu sprechen, die ›Geschichte gemacht‹ hatten, obwohl ich wusste, dass es in der Geschichte mehr auf überindividuelle Prozesse ankommt als auf einzelne Personen, die in sie verwickelt sind.

Dem Bann, der von einer Familiengeschichte ausgeht, die mit der Historie durch handelnde Personen verwoben ist, kann sich niemand entziehen. Noch die Markterfolge der publizierten Beschäftigung von Leuten meiner Generation mit ihren Wehrmachts- und SS-Großvätern speisen sich daraus. Diese Großväter sind alle ›etwas gewesen‹ und hatten während der Hitlerei ›etwas zu sagen‹. Niemand würde ein Buch über einen Opa bei der Wehrmacht kaufen, der bloß einfacher Soldat gewesen ist.

»Eine Geschichte haben nur Familien, die mit der Geschichte zu tun haben.« Das steht im *Journal intime* von Nicolaus Sombart, dessen Vater Werner Sombart im doppelten Wortsinn ›mit der Geschichte zu tun hatte‹: Er schrieb Geistesgeschichte, indem er über Wirtschaftsgeschichte schrieb, etwa in dem monumentalen Werk *Der moderne Kapitalismus*, das heute zwar nicht mehr gelesen, aber immer noch gerühmt wird. In einem anderen seiner Bücher beschäftigte er sich mit dem Luxus als einer der Antriebskräfte des Kapitalismus. Über die Prachtentfaltung des Parvenüs heißt es gelehrt gelassen: »Es ist eine Erscheinung, die in unserem Kulturkreise immer wiederkehrt, dass Leute aus dem Volke, die schnell zu Reichtum kommen, diesen Reichtum vorwiegend zu Luxuszwecken verwenden. Und die Zusammenhänge, die dieser Erscheinung zugrunde liegen, lassen sich unschwer feststellen: Es ist auf der einen Seite die Unfähigkeit des natürlichen und rohen Menschen, dem Leben andere Freuden als materielle abzugewinnen […]; es ist auf der anderen Seite der brennende Wunsch, sich neben der durch Vornehmheit abgeschiedenen Gesellschaft eine geachtete Stellung zu erobern, was den reich gewordenen Krämer oder Lakaien zur Luxusentfaltung antreibt.«

Werner Sombart *war* nicht nur ein Vater, ›der mit Geschichte zu tun hatte‹, sondern *hatte* auch einen solchen: den Reichstagsabgeordneten und Rittergutsbesitzer Anton Ludwig Sombart. Dessen Enkel Nicolaus Sombart schrieb also nicht nur ein intellektuelles Aperçu in sein *Journal*, sondern eine in der Familiengeschichte ruhende historische Einsicht.

Ich hatte Anfang der Neunziger das Vergnügen, von Herrn Sombart (Nicolaus natürlich) hin und wieder in die Salonrunde gebeten zu werden, die er in regelmäßigen Abständen um sich versammelte. Bei der ersten dieser Begegnungen streckte ich ihm zur Begrüßung die Hand entgegen – und erhielt zwei Finger. In meiner proletarischen Unschuld glaubte ich zuerst, der Gastgeber sei versehrt, aber dann begriff ich, dass es sich weder um ein Gebrechen noch um eine Provokation handelte, sondern um die altmodische Geste jenes instinktiven Vorbehaltes, den Ranghöhere den Rangniederen beim Entgegenkommen signalisieren und von dem sich das Sprichwort ableitet: Kaum gibt man den Leuten den kleinen Finger, wollen sie gleich die ganze Hand.

Kapitel 10
Examen in der Tasche

Was Kinder werden wollen, kommt von dem, was die Eltern schon sind. Dass die Töchter und Söhne von Ärzten und Apothekerinnen überdurchschnittlich häufig Medizin oder Pharmazie studieren und die von Richtern und Anwältinnen überdurchschnittlich häufig Jura, ist bestimmt nicht darauf zurückzuführen, dass den einen der hippokratische Eid genetisch einprogrammiert ist und den andern eine Vorliebe für Justitia. Wahrscheinlich kommen sogar Maschinenbauer nicht zur Welt, um Maschinenbauer zu werden – zumal die Abbrecherquote bei ihnen besonders hoch ist, 40 Prozent, während sie für alle Studierenden berechnet bei 25 Prozent liegt. Eine Untersuchung des Soziologen Markus Schölling beschreibt die Maschinenbaustudenten als ›typische Aufsteiger‹, deren ›Fachhabitus‹ mit dem sozialen Habitus ihrer Herkunftsfamilie übereinstimme.

Seit jeher bevorzugen die Söhne der Bifs technische Studiengänge, während die Töchter sich der Sozialpädagogik oder anderen Fächern nah am Menschen widmen. Auch das Lehramt als Berufsperspektive war und ist sehr beliebt bei denen, die in ihrer Familiengeschichte die erste Generation repräsentieren, die den Weg an die Universität geschafft hat. Die Zutraulichkeit zum Staat ist immer noch groß, obwohl er die Versprechen, die von ihm erwartet werden, nur noch ungern gibt und oft nicht mehr halten kann.

Ich selbst wich nach dem Abitur allen Erkundigungen, wie ich mir meine ›Zukunft vorstelle‹, durch das Aufzählen sehr vieler Möglichkeiten aus und gab mich dem romantischen Zustand der Unentschiedenheit hin, nicht ohne ›philosophisch‹ damit zu hadern, dass Wählen unausweichlich auch Verwerfen bedeutet, ganz so wie ich es bei André Gide so hübsch formuliert fand. In meinem Soziologiestudium stieß ich dann auf einen anderen Franzosen, der die Sache erheblich nüchterner betrachtete. In seinem Werk *Über die Teilung der sozialen Arbeit* schreibt Émile Durkheim, einer der Klassiker aus der Gründerzeit der Soziologie: »Das Schicksal des Menschen ist, eine spezielle Funktion im sozialen Organismus zu erfüllen, und folglich muss er von vornherein lernen, seine Organrolle zu erfüllen; denn dazu braucht man eine Erziehung, genauso wie man ihn lehren muss, seine Rolle als Mensch zu spielen, wie man sagt. Damit wollen wir im Übrigen nicht sagen, dass das Kind vorzeitig für diesen oder jenen Beruf erzogen werden muss, sondern man muss es lehren, begrenzte Aufgaben und bestimmte Horizonte gernezuhaben.«

Ich verabscheute wie viele junge Menschen und wie alle Romantiker die Vorstellung ›begrenzter Aufgaben und bestimmter Horizonte‹. Doch im Unterschied zu den meisten, die zum Glück für die Gesellschaft und für sich selbst rechtzeitig einsehen, dass Lebenskunst kein Ausbildungsberuf ist, entschied ich mich dafür, mich weder zu entscheiden noch ›eine spezielle Funktion im sozialen Organismus zu erfüllen‹, mithin dafür, nichts zu werden – in der Hoffnung, etwas würde schon dabei herauskommen.

Unmittelbar vor dem Abitur hatte ich zwischen Medizin, Jura und Volkswirtschaft geschwankt. Aber nach achtzehn Monaten des Zögerns, so lange dauerte mein Zivildienst in einem Frankfurter Männerwohnheim, beschloss ich, dem zu folgen, was ich für meine literarische Berufung hielt, und rückte damit heraus, was ich studieren wollte. Die Enttäuschung stand meinen Eltern ins Gesicht geschrieben. Germanistik! Und Soziologie!! Und Politikwissenschaft!!! Sie gaben sich einen Ruck und fragten:

»Dann willst du also Lehrer werden?«

»Nein, ich studiere nicht aufs Staatsexamen, sondern nehme den Magisterstudiengang.«

»Aber was kann man denn mit – Germanistik werden?«

»Keine Ahnung. Vielleicht Professor für Germanistik.«

Meine Eltern gaben sich noch einen Ruck:

»Willst du nicht doch lieber das Staatsexamen ablegen? Dann könntest du, wenn sich deine Germanistik als brotlose Kunst erweist, wenigstens Lehrer werden.«

Aber gerade das wollte ich mit der Wahl des Magisterabschlusses verhindern: ›wenigstens Lehrer‹ zu werden. Viel zu viele Leute sind ›wenigstens Lehrer‹ geworden. Das hat diesem großen Beruf sehr geschadet und vielleicht auch den Leuten, die ihn nur in zweiter, dritter Wahl ergriffen.

Als ich mit dem Studium anfing, war ich 22, als ich damit fertig war, sieben Jahre älter. Ich durfte in diesen für Märchen typischen sieben Jahren ein wunderbares Studium genießen, erst an der Frankfurter Goethe-Universität, dann an der Freien Universität in Westberlin. Meinen Eltern war ich für ihre Unterstützung dankbar, genau wie ich ›Vater Staat‹ für die seine dankbar war, die ich in Gestalt des halben Bafög-Satzes zehn Semester lang in Anspruch nahm. Nach dem Examen brauchte ich ein paar Jahre, um den rückzahlbaren Teil wieder abzustottern, aber das war völlig in Ordnung. Wer nimmt, solange er nötig hat, kann auch zurückgeben, sobald er dazu fähig ist.

Die von mir gewählten Fächer waren so unverschult, dass ich, von ein paar Pflichtscheinen abgesehen, machen konnte, was ich wollte. Ich las Marx in germanistischen, Sartre in soziologischen und Freud in politologischen Seminaren. Was sie dort fachwissenschaftlich jeweils zu suchen hatten, ist mir zum Teil heute noch ein Rätsel, aber geschadet hat mir das disziplinäre Durcheinander nicht, für dessen Rechtfertigung ich die überstrapazierte ›Interdisziplinarität‹ gar nicht bemühen will.

Zusätzlich zum Besuch der Vorlesungen und Seminare in meinem Hauptfach und den beiden Nebenfächern trieb ich mich an Fachbereichen herum, an denen ich nicht eingeschrieben war: Bei den Philosophen besuchte ich die Weihestunden, die Professor Michael Theunissen in aller Herrgottsfrühe abhielt, weil er durch die Zumutung des Frühaufstehens der Überfüllung seiner Vorlesungen Grenzen setzen wollte; in selbst organisierten Arbeitsgruppen tat ich mit anderen zusammen so, als würden wir Hegels Vorrede zur *Phänomenologie des Geistes* verstehen; bei den Religionswissenschaftlern dachte ich in den Vorlesungen von Professor Klaus Heinrich über Geschichtsphilosophie nach und hörte voll Staunen und Bewunderung, wie Professor Jakob Taubes anderthalb Stunden über anderthalb Sätze von Max Weber sprechen konnte, nur um am Ende der ›Sitzung‹ den Bescheid zu geben, dass – mindestens – noch eine davon nötig sei, bevor daran zu denken wäre, Webers Sätze etwas genauer zu interpretieren.

Neben diesen Eskapaden besuchte ich in meinen Stammfächern weiter Vorlesungen über Melancholie und Aufklärung, Seminare über Internationale Politik als System, Übungen zur sozialwissenschaftlichen Methodenlehre. In all diesen Veranstaltungen und von all denen, die sie abhielten, habe ich etwas gelernt, von einigen mehr, von anderen weniger und von einigen lieber als von anderen.

Wie ich erst später erfuhr, habe ich mich verhalten wie ein Fuchs. Einige Jahre nach dem Examen stieß ich bei dem überaus vielseitigen Denker Isaiah Berlin auf die instruktive, von ihm aber nur halb ernst gemeinte Unterscheidung zwischen Igel und Füchsen. Die Igel wühlen sich ausdauernd in eine Sache ein und schnüffeln alles heraus, was es nur herauszuschnüffeln gibt. Außerdem haben sie eine große Vorliebe für Systeme. Die Füchse dagegen streunen herum, schnuppern mal da, mal dort, lieben Neuigkeiten und denken sich ihren Teil, auch wenn das, was sie denken, nicht immer zusammenpasst. »Der Fuchs weiß viele Dinge, aber der Igel weiß eine große Sache.« Leute mit klassischer Bildung wissen, dass dieses Zitat von dem griechischen Dichter Archilochos stammt. Dass ich das auch weiß, verdanke ich nicht meiner klassischen Bildung, die eher rudimentär ist, sondern dem Segen der Anmerkungen, jenen Rosinen im Text, auf die ich der Lesbarkeit zuliebe in dem meinen verzichte.

In den frühen Achtzigern waren viele akademische Räume, die hinter der Stirn gehörten auch dazu, noch vom Aroma der Siebziger durchzogen. Es ging permanent und manchmal auch penetrant ›kritisch‹ zu, der Begriff ›Ideologie‹ verkam zur billigen Vokabel wie heute der Begriff ›Diskurs‹. Über die Germanistik dieser Jahre schrieb Jens Jessen, Feuilletonchef der *Zeit*, im Rückblick: »Nächst der Politologie und Soziologie gab es an den westdeutschen Universitäten kein Fach, das so sklavisch dem Weg der Achtundsechzigergeneration bis in die linksdogmatische Verknöcherung gefolgt wäre.« Und ich studierte diese linksdogmatisch meistversklavten Fächer auch noch im Dreierpack. Jessen zitiert in seinem Artikel ein germanistisches Vorlesungsverzeichnis aus den Siebzigern: »Gegenstand des Seminars ist die in exemplarischen proletarischen Autobiografien konkretisierte Entwicklung der Existenz und Stärke der Arbeiterklasse, des proletarischen Klassenbewusstseins und Selbstbewusstseins, der proletarischen Kultur, Bildung, Moral, Familienbeziehung und Ideologie.«

Das liest sich schrecklich, und manchmal waren es die auf solche Weise angekündigten Seminare auch. Ich habe in einigen gesessen, in denen es um Arbeiterkultur ging, und mich gefragt, worüber die Leute dort überhaupt redeten. Sie redeten, wie in ›diskursiven‹ Fächern heute immer noch üblich, wenig über Sachverhalte und viel über Begriffe. Das hieß und heißt ›Theoriebildung‹ und hat mit dem Leben, über das die Theorie gebildet wird, so wenig zu tun wie gesellschaftliche Konflikte mit Schulstubendiskussionen. Ich hatte linke Professoren, denen es peinlich gewesen wäre, mit ihrer Putzfrau auch nur einen Kaffee zu trinken; und ich verkehrte mit Kommilitonen, die im Seminar ein großes Herz für die Erniedrigten und Beleidigten aller Völker und Zeiten hatten, aber in abfälligster Weise über die ›Proleten‹ sprachen, mit denen sie während ihrer Ferienjobs in unerwünschten ›Sozialkontakt‹ gerieten.

Die proletarischen Autobiografien, die Jessen zitierend durch den Kakao zieht, verdienten damals als Gegenstand sozialer Neugier und wissenschaftlichen Interesses die Aufmerksamkeit, die ihnen nach Jahrzehnten akademischer Ignoranz endlich entgegengebracht wurde. In der zweiten Hälfte der Siebziger mag diese Aufmerksamkeit noch von klassenkämpferischen Motiven durchzogen gewesen sein, aber Anfang der Achtziger war sie einfach Teil einer umfassenderen Zuwendung zur autobiografischen Literatur und zu ›Verständigungstexten‹ aller Art. Dieser Zuwendung entsprach auf sozialwissenschaftlichem Gebiet die Konjunktur der Soziologie des Lebenslaufs. »Biografie und Lebensgeschichte«, hieß es in einem Standardwerk dieses ›Forschungszweiges‹, sind »ein Kitt, die auseinanderdriftenden Teilwelten der modernen Gesellschaft im Individuum zu verbinden.«

Die philologische Interpretation der Literatur und die soziologische der Wirklichkeit reagierten gleichermaßen auf die Beschleunigung gesellschaftlicher Differenzierungsprozesse, die Émile Durkheim in klassisch gewordener Weise beschrieben hatte und die nun, da der Wohlfahrtsstaat mitsamt seinen Bildungsinstitutionen in die Krise rutschte, erneut zum Thema gemacht wurden. »Die Stabilisierung der inneren Verhältnisse«, schrieb Jürgen Habermas in seinem 1981 erschienenen Hauptwerk *Theorie des kommunikativen Handelns*, »die auf der Grundlage des sozialstaatlichen Kompromisses (besonders eindrucksvoll vielleicht in der Bundesrepublik) erreicht worden ist, fordert nun wachsende sozialpsychologische und kulturelle Unkosten.«

Sich in einer solchen Situation in germanistischen Seminaren an die psychologischen und kulturellen ›Unkosten‹ zu erinnern, die vor dem ›sozialstaatlichen Kompromiss‹ auf den Arbeiterfamilien lasteten, ist viel weniger verschroben, als Jessen im Nachhinein glauben machen will. Es ist nicht einzusehen, warum literarische Stoffe, die nicht zum bürgerlichen Literaturkanon gehören, von höheren Schulen und Universitäten ausgeschlossen bleiben sollen, wenn diese Schulen und Universitäten in Anspruch nehmen, nicht nur für die bürgerlichen Schichten, sondern für alle da zu sein.

»Wer Tag für Tag seit seiner Kindheit Lohnarbeit verrichten muss, wer von der Hand in den Mund lebt und nie sicher sein kann, wie lange er noch seine Arbeitskraft und die seiner Familie erhalten kann, wer von fast jeglicher Bildung ausgeschlossen ist, kann sich nicht um den ›Prozess der Individuation‹, seine eigene Bildungsgeschichte kümmern. Sein Lebenslauf ist von vornherein nicht nur sein eigener, individueller, sondern der seiner ganzen sozialen Klasse.« So stand es in der Einleitung der Anthologie *Proletarische Lebensläufe*, und die dort versammelten Texte bestätigten das.

Beispielsweise erzählt Moritz Theodor William Bromme in seiner 1903 geschriebenen *Lebensgeschichte eines modernen Fabrikarbeiters* vom Abbruch seiner Bildungskarriere: »So kam denn langsam das Ende der Schulzeit heran. [...] Bis dahin hatte ich mir auch noch eingebildet, dass ich einige Stipendien erhalten würde und studieren könnte, da ich schon in den letzten Jahren unentgeltlich die Mittelschule besuchte. Allein eines Tages ließ mich der ›Alte‹ ins Direktionszimmer kommen und sagte zu mir: ›Bromme, mache dir keine Illusionen. Es wird nichts daraus. Dein Vater ist Sozialdemokrat.‹«

War die Gesamtschule die historische Rache der Sozialdemokraten für die Zurückweisung, die einst die Kinder ihrer Mitglieder erdulden mussten?

Trotz meiner Verteidigung der germanistischen Seminarwürdigkeit proletarischer Autobiografik will ich zugeben, dass mir die zum Bildungskanon gehörende bürgerliche Literatur damals lieber war und bis heute teuer geblieben ist. Im Unterschied zu diesen Büchern steht die Anthologie mit Arbeitertexten nicht in der literarischen Abteilung meiner Bibliothek, sondern, typisch bildungsbürgerlich, in der historischen. Schließlich handelt es sich bei diesen Texten nicht um ›künstlerische Werke‹, sondern bloß um ›sozialgeschichtliche Dokumente‹. Das Bif-Kind in mir ärgert sich über diese Abwertung der Hervorbringungen von meinesgleichen, und der examinierte Germanist, Soziologe und Politologe weiß, dass diese Sortierung einer germanistischen, soziologischen und politologischen Betrachtung nicht standhält. Aber der Bildungsbürger, zu dem das Bif-Kind geworden ist, bleibt dabei: Die Proleten kommen mir im Regal nicht zwischen Raabe, Hebbel, Fontane oder zwischen Musil, Mann und Hauptmann, obwohl der sich immerhin literarisch mit ihnen abgegeben hat. Den scheiternden Helden seines Romans *Wanda* lobt er: »Paul Haake war ein außerordentlich begabtes Proletarierkind.«

Die *Ästhetik des Widerstands* von Peter Weiss wiederum, in drei Bänden von 1975 bis 1981 erschienen, befindet sich selbstverständlich nicht in der sozialgeschichtlichen, sondern in der literarischen Abteilung. Denn hier spricht nicht der Arbeiter selbst, sondern sein intellektueller Stellvertreter. Die folgende Passage bezieht sich auf den Altarfries, der im Berliner Pergamonmuseum zu sehen ist und vor dem Weiss die Schilderung der Selbstbildungsanstrengungen seiner jungen Arbeiterhelden beginnen lässt: »Kaum wagte das Volk, als es vorbeizog an feierlichen Tagen, aufzublicken zum Abbild seiner eigenen Geschichte, und da umschritten längst schon, zusammen mit den Priestern, die Philosophen und Dichter, die herbeigereisten Künstler, voll Sachkenntnis den Tempel, und was für die Unkundigen im magischen Dunkel lag, war für die Wissenden ein nüchtern einzuschätzendes Handwerk. Die Eingeweihten, die Spezialisten sprachen von Kunst, sie priesen die Harmonie der Bewegung, das Ineinandergreifen der Gesten, die andern aber, die nicht einmal den Begriff der Bildung kannten, starrten verstohlen in die aufgerissnen Rachen, spürten den Schlag der Pranke im eigenen Fleisch. Genuss vermittelte das Werk den Privilegierten, ein Abgetrenntsein unter strengem hierarchischen Gesetz ahnten die andern.«

Ganz nostalgisch linksradikal wird mir zumute bei der Wiederbegegnung mit solchen Passagen. Lenin hat geschrieben, diejenigen seiner Generation, die nach dem Studium ins Volk gingen, hätten den damals berühmten Roman *Was tun?* von Tschernyschewski auf Knien gelesen. Denjenigen meiner Generation, die aus dem Volk zum Studium kamen, ging es mit dem damals berühmten Roman *Die Ästhetik des Widerstands* von Peter Weiss genauso. Kopf an Kopf studierten Bif- und Bürgerkinder dieses großartige, unlesbare Werk und übten sich in dem, was sie für die sozialistische Aneignung des bürgerlichen Kulturerbes hielten.

Ein Bestandteil dieses Erbes war das bei jedem studentischen Protest gegen jede Universitätsreform ins Feld geführte Humboldt'sche Bildungsideal. Wir waren in den Achtzigern ganz durchdrungen davon, obwohl wir von Humboldt keine Zeile gelesen hatten und den Alexander kaum vom Wilhelm zu unterscheiden wussten. Als ›Humboldt'sches Bildungsideal‹ bezeichneten wir unsere Reserve gegen die gesellschaftliche Arbeitsteilung, wie sie so harsch bei Durkheim beschrieben ist und die mit unaufhaltsamer Kraft in die Bildungssysteme, die Bildungsanstalten und die Bildungsnormen eindrang und die ›Ganzheitlichkeit‹ des Bildungsbegriffs auseinandersprengte. »Der wahre Zweck des Menschen«, heißt es bei Humboldt (Wilhelm), »ist die höchste und proportionierlichste Bildung seiner Kräfte zu einem Ganzen. Zu dieser Bildung ist Freiheit die erste und unerlässliche Bedingung.« Und: »Was nicht von dem Menschen selbst gewählt, worin er auch nur eingeschränkt und geleitet wird, das geht nicht in sein Wesen über, das bleibt ihm ewig fremd, das verrichtet er nicht eigentlich mit menschlicher Kraft, sondern mit mechanischer Fertigkeit.«

In Wahrheit meinten wir, wenn wir ›Humboldt‹ sagten, ein Ideal, das wir unverhüllt lieber nicht ausplauderten: das Ideal, in Ruhe gelassen zu werden. Wir wollten *machen*, was *wir* wollten – nicht was uns Hochschulrahmengesetze (die natürlich immer die ›Autonomie‹ beschränkten), Lehrpläne (immer an ›Verwertungsinteressen‹ orientiert) und Prüfungsordnungen (stets den ›Leistungsdruck‹ verstärkend) abverlangten beziehungsweise abzuverlangen drohten. Auch heute wird das Humboldt-Label von allen möglichen Seiten bei allen möglichen Gelegenheiten im bildungspolitischen ›Diskurs‹ geltend gemacht, obwohl es mit den universitären Problemen der Gegenwart so wenig zu tun hat wie mit denen der Siebziger und Achtziger.

Die Krise der Gremien- und der Massenuniversität war schon damals offenkundig, und zwar nicht nur was die äußeren Bedingungen des Studierens betraf, sondern auch die innere Verfassung der Studierenden. Viele litten unter Angebotsüberforderung und sehnten sich insgeheim nach der ›Verschulung‹, die sie lauthals beklagten. Nur Studentinnen und Studenten, die sich selbst zu organisieren verstanden, und damit ist nicht das politische, sondern das lernende Organisieren gemeint, konnten die Massenuniversitäten als riesige Supermärkte der Ideen nutzen. Es wäre unehrlich, im Rückblick diese Hochschulen zu idyllischen Institutionen zu verklären. Was für wenige eine märchenhafte Gelegenheit zur geistigen Selbstbedienung war, erlebten viele als unterlassene Hilfeleistung. Verloren irrten sie durch die intellektuellen und institutionellen Labyrinthe. Nicht grundlos trug ein 1977 erschienenes und bis Mitte der Achtziger viel gelesenes (übrigens 2007 wieder aufgelegtes) Buch von Wolf Wagner den Titel *Uni-Angst und Uni-Bluff.* Die paradoxe Wahrheit über die Massenuniversität ist: Man muss elitär sein, um in ihr zurechtzukommen.

Bei mir bildeten sich aus der Fülle der Neigungen und der Überfülle der Angebote nach einigen Semestern jene Spezialgebiete heraus, an deren Beherrschung, falls ›beherrschen‹ das richtige Wort für wissenschaftliche ›Gebiete‹ ist, die Fachkompetenz des Akademikers gemessen wird. In einem dieser Gebiete – es lag weit weg: im 18. Jahrhundert – siedelte ich meine Magisterarbeit an. Nachdem die Arbeit geschrieben, abgegeben und benotet war und nachdem ich sämtliche Klausuren und mündliche Prüfungen hinter mich gebracht hatte, stand ich da mit einer etwas spillerig wirkenden Urkunde und fragte mich, was nun aus mir werden sollte.

Ein Doktor. Das Promotionsstipendium versprach Rettung, vom Staat spendierter Zeitgewinn für weitere zwei Jahre, genau das Richtige: vom Bafög zum Nafög, von der Bundesausbildungsförderung zur Berliner Nachwuchsförderung. Ich beantragte, erhielt die Bewilligung, dissertierte. Und desertierte aus den Armen der Großen Mutter, indem ich parallel zur Doktorarbeit anfing, journalistische Artikel zu schreiben. Ich kam mir ein wenig vor wie Charlie Chaplin am Ende von *The Circus*: Mit einem Bein in Texas, mit dem anderen in Mexiko watschelt der Tramp die Grenze entlang, erst unsicher schwankend, dann fröhlicher und fröhlicher werdend, bis er schließlich beschwingt einer Zukunft entgegenhüpft, die ein großes THE END vor dem Zuschauer verbirgt.

Kapitel 11
Die Universität: Elite, Masse, Elite

In einer Szene von Goethes *Faust* sucht ein frischgebackener ›Scholar‹ den Gelehrten in dessen Studierstube auf. Faust hat wie viele andere Professoren keine Lust, seine Zeit mit Frischlingen zu verschwenden, und so kann Mephisto sich einen Spaß machen und in die Rolle des Lehrers schlüpfen. Das Jungchen ahnt zwar nicht, dass es zur Studienberatung beim Teufel ist, fühlt sich aber doch unwohl:

»In diesen Mauern, diesen Hallen
Will es mir keineswegs gefallen.
Es ist ein gar beschränkter Raum,
Man sieht nichts Grünes, keinen Baum.
Und in den Sälen, auf den Bänken,
Vergeht mir Hören, Sehn und Denken.«
Mephisto beruhigt ihn:
»Das kommt nur auf Gewohnheit an.
So nimmt ein Kind der Mutter Brust
Nicht gleich im Anfang willig an,
Doch bald ernährt es sich mit Lust.
So wird's Euch an der Weisheit Brüsten
Mit jedem Tage mehr gelüsten.«

Heute scheint es mit der Anziehungskraft von Mama Weisheit nicht mehr weit her zu sein. Professor Jochen Hörisch klagt: »Am Ende des zweiten und am Beginn des dritten Jahrtausends präsentiert sich die Universität auffallend unattraktiv und unerotisch; sie ist offensichtlich libidinös verwahrlost.« Arm und kein bisschen sexy sind die deutschen Hochschulen nach ihrer Mehrfachverwandlung von einer Honoratiorenprägeanstalt in den Fünfzigern über die postadenauerische Modernisierungsinstitution der Sechziger, die sozialstaatliche Reformmaschine der Siebziger, die Massen- und Gremienuniversität der Achtziger und Neunziger bis zu den mit Exzellenzinitiativen konfrontierten Studentenfabriken der Gegenwart. In den Fünfzigern fing es klein an, dann ging es in die Breite, jetzt soll es fein werden.

1950 hatte Westdeutschland rund 50 Millionen Einwohner und 122 900 Studierende. 1983 waren es 61,1 Millionen Einwohner und 920 000 Studierende – ohne Fachhochschulen. Die Zahl der Studierenden wuchs schneller als die Bevölkerung, die Öffnung der Hochschulen durch die Bildungsreform führte dazu, dass tatsächlich junge Leute eine akademische Chance bekamen, denen sie bis dahin vorenthalten geblieben war. Eine *Chance* bedeutete nicht die *gleiche* Chance, war aber besser als *keine* Chance. Die Massenuniversität ist nie eine Universität für die Massen geworden, jedenfalls nicht für die aus der Unterklasse und den bildungsfernen Schichten. Sie kam der Mittelschicht zugute, trug zur Verbreiterung dieser Mittelschicht bei und verstärkte infolgedessen den Zustrom aus diesen Schichten, zu denen der viel beschworene gut oder sogar besser verdienende Facharbeiter mit Auto in der Garage neben dem Reihenhaus, aber ohne Bildungshintergrund gerade nicht gehörte.

Übrigens blieb trotz des Anwachsens der Studentenzahlen die Wirklichkeit hinter den Prognosen zurück, wie Ludwig von Friedeburg Ende der Achtziger beschrieb: »Der vorausgeschätzte Studentenanteil [wissenschaftliche Hochschulen und Fachhochschulen] an den entsprechenden Geburtsjahrgängen wurde für 1980 mit 25 bis 30 Prozent beziffert. Dieser Anteil hatte sich in den Sechzigerjahren bereits mehr als verdoppelt, betrug an deren Ende knapp 10 Prozent und erreichte 1980 tatsächlich erst 16 Prozent.« 1983 waren es 22 Prozent, 1988 dann 25 Prozent, absolut etwa anderthalb Millionen Studierende, eine Steigerung seit Mitte der Siebziger um 75 Prozent.

Im Lauf der Neunziger stieg der Anteil weiter an, erreichte 2003 immerhin 38,9 Prozent und lag damit knapp unter der bildungspolitisch verkündeten Zielmarke von 40 Prozent Studienanfängern eines Jahrgangs. Seit einiger Zeit sinkt die Quote jedoch wieder und liegt jetzt bei 35,5 Prozent. Das hat mit den Verunsicherungen wegen der Einführung der Bachelor- und Masterstudiengänge zu tun, aber auch mit organisatorischen Problemen bei der Verteilung der Studienbewerber auf die Universitäten. Jedenfalls ist die Quote, verglichen mit den 50 Prozent in anderen Industrieländern, zu niedrig, obwohl ein solcher Vergleich wegen der Verschiedenheit der Studiengänge und Prüfungsverfahren nicht wirklich aussagekräftig ist.

Das soll sich ändern. Auf einem Treffen der europäischen Bildungs- und Wissenschaftsminister 1999 in Bologna wurde beschlossen, die Studiengänge an den europäischen Universitäten bis zum Jahr 2010, in dem übrigens das zweihundertste Jubiläum der Humboldt'schen Reform ansteht, zu vereinheitlichen und vergleichbar zu machen. Seitdem wurde die deutsche Zweiteilung in Grund- und Hauptstudium trotz anfänglicher Widerstände in den Universitäten zügig durch die europäische in Bachelor und Master ersetzt. Aus den 123 Bachelor- und 60 Masterstudiengängen im Wintersemester 1999/2000 wurden 4108 Bachelor- und 2778 Masterstudiengänge im Wintersemester 2007/2008.

Der Bachelor wird in der Regel nach sechs Semestern eines in Module aufgeteilten und durch mitlaufende Leistungskontrollen vorangetriebenen Studiums erworben. Auf die verschulten Bachelorsemester kann nach den Abschlussprüfungen ein Masterstudiengang gesetzt werden, dessen Methoden auf selbstständiges Arbeiten ausgerichtet sind und dessen Ziel im Erwerb wissenschaftlicher Qualifikationen besteht.

Der Versuch, die Ausbildungseffizienz der Universitäten zu erhöhen, indem ihre Angebote in ein schulmäßig organisiertes praxisorientiertes und ein wissenschaftlich angelegtes forschungsorientiertes Studium getrennt werden, ist bei Lehrenden und Lernenden umstritten. Neben sachlichen Einwänden gibt es auch Gejammer. So ließen im Juni 2007 Studierende der Berliner Humboldt-Universität wissen, die Bachelorisierung habe dazu geführt, dass ein Viertel ihrer Kommilitoninnen und Kommilitonen mehr als 45 Stunden die Woche arbeite und die Hälfte zwischen 38 und 45 Stunden. Während jeder werktätige Mensch in Ost und West (und Nord und Süd) sich fragen würde, wie viele Wochenstunden wohl die andere Hälfte für das Studieren aufwendet, klagten die jungen Leute über die ›Belastung‹, die ein Studium mit sich bringt.

Wichtiger als mediokre Beschwerden dieser Art ist die oft zu hörende Warnung, die Umstellung auf die Bachelor- und Masterstudiengänge führe zu einem strategischen Studienverhalten. Neugier und Leidenschaft verlange die Bereitschaft zu Seiten- und Umwegen, deren Attraktivität für einen auf schnellstmöglichen Abschluss fixierten Tunnelblick nicht mehr wahrnehmbar sei. Zeiteffizienz und Notenoptimierung würden an die Stelle der Hingabe an die wissenschaftliche Sache treten.

Es mag sein, dass mit einer Verstärkung der strategischen Tendenzen zu rechnen ist. Aber ist das wirklich so schlimm? Jedenfalls erinnert die Kritik ein wenig an das, was einst gegen die Einführung des Kurssystems an der gymnasialen Oberstufe gesagt worden ist. Es hat sich jedoch herausgestellt, dass die meisten Leute im schulischen Alltag weniger strategisch agieren als befürchtet. Im universitären Alltag wird es nicht viel anders sein. Grundsatzkritik dieser Art sollte nicht vom Tisch gefegt werden, sondern im Hinterkopf bleiben. Aber für die Begründung einer Blockadehaltung reicht sie nicht aus. Zumal die Alternative im bloßen Weiterlaufenlassen eines Universitätsbetriebs bestehen würde, der in den letzten Jahren zu einer regelrechten Verslumung geführt hat.

Die Hochschulen waren zu autonomen Reformen von innen heraus nicht in der Lage, zu stark waren die Interessen der einzelnen Gruppen, zu eingewurzelt die jeweiligen Vorlieben, die man für angestammte Rechte hielt. Die Versuche, die Probleme der Massenuniversität loszuwerden und gleichzeitig die Massen an der Universität zu halten, sind allesamt gescheitert. Die Massen sind zwar geblieben, die Probleme aber auch. Das Hochschulrahmengesetz (HRG) von 1976, die Einführung der Regelstudienzeit, die Novellierung des HRG von 1985, all die Reformen reformierter Studiengänge, die Überarbeitungen überarbeiteter Prüfungsordnungen haben Jahre und Jahrzehnte nichts am alltäglichen Chaos geändert. Vielleicht gelingt das mit der Aufteilung in den Schulbetrieb der Bachelor- und den Wissenschaftsbetrieb der Masterstudiengänge.

Der Bologna-Prozess wird die Oberflächeneffizienz in der Breite vermutlich steigern, die Studienzeiten verkürzen und die Studienkosten minimieren – hoffentlich ohne die Vertiefungsintensität in den weiterführenden Studiengängen zu senken. Mit welchen Qualitätsnachteilen die erwünschten Effizienzvorteile auch immer zu bezahlen sein werden, es steht zu erwarten, dass es für diejenigen schwieriger wird, denen man es schon jetzt nicht leicht macht. Der soziale Selektionsdruck wird stärker. Jedenfalls schätzt Thomas Becker das so ein: »Je früher irreversible Entscheidungen im Bildungssystem angesetzt werden, desto weniger besteht für Studenten aus bildungsfernen Familien die zeitraubende Möglichkeit, kulturelles Nicht-Wissen und zusätzliche strategische Fehlentscheidungen zu korrigieren.«

Außerdem wird die Alternative, nach dem Bachelor sein Glück auf dem Arbeitsmarkt zu versuchen oder mit einem Aufbaustudium den Master anzustreben, zur Selektionsweiche. »Die biologische Verjüngung des Masterstudiengangs durch die Einführung des Bachelorabschlusses, der schon nach dem sechsten Semester die Entscheidung für ein qualitativ höheres Studium herbeiführt, produziert daher nicht nur eine zunehmende soziale Homogenisierung der Eliten. Diese wird gerade durch das jüngere biologische Alter, das der Eintritt in ein höherwertiges Masterstudium ermöglicht, verdeckt: Die Verjüngung erscheint nämlich wie eine Reform alternder Eliten. Aber die habituell-mentale Einstellung der nachfolgenden Generation zur sozialen Realität wird sich durch die nun früher einsetzende Selektion zunehmend aus der gleichen sozialen Schicht rekrutieren wie die der schon arrivierten Elite.«

Die Formulierung, der zufolge nicht Menschen, sondern habituell-mentale Einstellungen ›rekrutiert‹ werden, ist etwas unbeholfen. Und eine ›zunehmende soziale Homogenisierung der Eliten‹ wird schon deshalb nicht stattfinden, weil diese Homogenität so weit fortgeschritten ist, dass es da nicht mehr viel ›zuzunehmen‹ gibt, jedenfalls wenn man mit Elite nicht Leute mit akademischem Abschluss auf mittlerer Ebene meint, sondern ›die Entscheider‹, wie ›die Herrschenden‹ heute heißen.

Die zitierte Beobachtung ist aber insofern interessant, als sie auf die Selektionsfolgen der nach sechs Semestern für akademische Verhältnisse frühen Weichenstellung hinweist. Nur wird sich das eben nicht auf die Zusammensetzung der Elite erstrecken, zu der Bifs und andere Aufsteiger ohnehin nur in seltenen Ausnahmen Zugang finden. Vielmehr werden sich die abschnürenden Folgen in jenem mittleren Aufstiegsfeld geltend machen, in das die Karrieren der Bifs normalerweise münden und in dem sie nicht mit den Angehörigen der Elite, sondern mit den Angehörigen der alten akademischen Mittelschicht konkurrieren.

Der Bologna-Prozess soll die europäischen Hochschulen durch Standardisierung der Module, aus denen künftig die Studiengänge zusammenzusetzen sind, miteinander kompatibel machen. Das entspricht schlaggenau dem, was Helmut Schwarz, Vizepräsident der Deutschen Forschungsgemeinschaft (DFG), über die Massenuniversität sagt: Sie »basiert auf der Vorstellung, es seien alle Studierende, es seien alle Lehrer, es seien alle Universitäten gleich«. Der Bachelor-Teil des Bologna-Prozesses will Vergleichbarkeit durch Gleichmacherei erzielen, während der Master-Teil als Qualitätssockel gedacht ist, auf dem sich einmal die Monumente der Exzellenz erheben sollen.

Eine Eliteuniversität wird Schwarz zufolge künftig daran zu erkennen sein, dass sie ihre Hochschullehrer international gezielt rekrutiert und nicht durch Ausschreibungen und Bewerbungsverfahren auswählt, dass sie sich auch ihre Studenten selbst aussucht und dass ihre Budgets hoch genug sind, um beides bezahlen zu können. Die Differenzierungen zwischen den deutschen Hochschulen, die sich, angestoßen durch die Exzellenzinitiativen, in den nächsten zehn bis zwanzig Jahren ausprägen werden, beschreibt er so: »Es wird sich um eine Dreiteilung handeln: in wenige herausragende Universitäten, gefolgt von vielleicht dreißig, die sehr gut sind – besser als der Mittelwert in den USA –, und dann eine Gruppe von etwa zwanzig Universitäten, die hoffentlich noch so sind, wie sie heute sind.«

Durch das ›hoffentlich‹ lässt sich heraushören, dass er die Differenzierung auch dann bejahen würde, sollte sich diese Hoffnung nicht erfüllen. Die Entwicklung ›weniger herausragender Universitäten‹ scheint den Preis wert zu sein, zwanzig Hochschulen am unteren Ende fortgesetztem Niedergang zu überlassen. Fragt sich nur, wer an diesen Hochschulen noch lehren und wer dort noch studieren will und welche Aussichten diejenigen, die dort lehren und studieren müssen, im Berufsleben haben.

Vielleicht läuft die Entwicklung der Universitäten im 21. Jahrhundert auf das hinaus oder besser gesagt zurück, womit sie im 19. Jahrhundert begonnen hatte. Jochen Hörisch schätzt die Zukunft des europäischen Hochschulwesens so ein: »Natürlich bedarf es keiner Befehle, um feine, elitäre, kleine, atmosphärisch dichte, anekdotenumrankte, international vernetzte, gelassen und luxuriös ausgestattete Institute mitsamt der Arbeits- und Lebensbedingungen, die sie bieten, zu lieben – vorausgesetzt, man gehört dazu. Eliten sind überschaubar, sonst wären sie keine. Viele Indizien sprechen dafür, dass sich etwa für jeden zehnten Professor und für drei bis fünf Prozent der Jahrgänge im Studienalter wieder traditionelle Alma-Mater-Strukturen herausbilden werden. Das wäre ziemlich genau die traditionelle Marge von ›Studierten‹, wie sie im 19. und beginnenden 20. Jahrhundert üblich und relativ konstant war. Statt vierzig Prozent studieren dann ca. vier Prozent eines Jahrgangs ›richtig‹.«

In diesem Szenario produzieren Massenunis mittlere Funktionsträger vom Band, und Eliteinstitute bilden Menschen zu Führungspersönlichkeiten aus. Sollte es tatsächlich so kommen, würde der beste Teil der akademischen Zukunft in Deutschland wieder dem besten Teil seiner Vergangenheit entsprechen. Der Preis wäre eine elitäre ›No-go-Area‹ für die Bifs und auch für die überwiegende Mehrheit der Mittelschicht.

Sind die amerikanischen Spitzenuniversitäten der Zukunftsspiegel, in dem die in Deutschland verratenen Ideale Humboldts widerscheinen? In einem »Offenen Brief aus Harvard« schrieb Klaus Antoni im November 2005: »Anstatt Zeuge der Zukunft unserer Universitäten im Hinblick auf eine totale Ökonomisierung und Privatisierung der Wissenschaften zu sein, wie man es uns täglich als Modell einer erfolgreichen amerikanischen Eliteuniversität einhämmert, habe ich gänzlich unerwartet in einen höchst beschämenden Spiegel blicken müssen, der die Vergangenheit unserer eigenen Ideale zeigte.« Von so viel amerikanischem Glanz geblendet, forderte Antoni: »Lasst die Universitäten endlich in Ruhe!« Würden sich durch diesen Kunstgriff einfachen Nichtstuns unsere akademischen Massenmaschinen in lauter Humboldt'sche Idealanstalten verwandeln?

Die Elite hat Hochkonjunktur: in der Wirtschaft, in der Gesellschaft, in der Wissenschaft. Nur in der Kultur ist ›elitär‹ weiterhin ein

Schimpfwort. Während durchschnittliche Steuerberater und gewöhnliche Ärztinnen sich der sogenannten Leistungselite für zugehörig halten, gilt in der Kultur als ›arrogant‹, wer aus dem Mainstream steigt. Gegen den Strom darf man unter Umständen schwimmen, und wer Glück hat, wird zum ›Querdenker‹ nobilitiert. Nur aus dem Strom herauszusteigen und ihn vom Ufer zu betrachten gilt als suspekt. Und wehe dem, der es wagt, hineinzuspucken.

Der Tendenz zur Differenzierung nach Funktionseliten entspricht eine seltsame Indifferenz bei kulturellen und ästhetischen Leistungen. Feuilletonspatzen pfeifen vom Verschwinden des Unterschieds zwischen Hoch- und Unterhaltungskultur; Fernsehsendungen, die sich der Neigung des Mediums zur Dümmlichkeit auch nur halbwegs entziehen, werden als geistige Höhepunkte beklatscht; grinsende Rateonkel steigen zu intellektuellen Leitfiguren auf.

Die öffentlich zelebrierte Weigerung, Unterschiede zu erkennen, gelten zu lassen und zu bewerten, scheint das gleichfalls medial bediente Bedürfnis hervorzurufen, die abhandengekommene Orientierung durch Kanonbildungen, Rankings und Punktelisten wiederherzustellen. Auch wissenschaftliche Institute, Hochschulen und Universitäten werden ›Rankings‹ unterworfen und miteinander auf Listen verglichen. Sollten sich die Platzierungen verfestigen, wird das auch die Studienabschlüsse in eine Rangfolge zwingen. Dann kommt es bei der Stellensuche nicht mehr nur darauf an, was jemand studiert und ob er sein Studium mit einem Bachelor, einem Master oder einer Promotion abgeschlossen hat, sondern auch, wo das alles passiert ist. Zudem besteht die Gefahr, dass Image mit Leistung verwechselt wird und infolgedessen überdurchschnittliche Leistungen an unterdurchschnittlichen Institutionen kaum noch zu identifizieren sind.

Dennoch können Rankings sinnvolle Aussagen machen, wobei die Meinungen, worüber, schon wieder auseinandergehen. Schließlich gibt es verschiedene Methoden der Qualitätserhebung und deren Ziele sind keineswegs immer die gleichen. Indem Rankings miteinander darin konkurrieren, durch Evaluation Ordnung zu schaffen, bringen sie zugleich Unordnung hervor. Auf dieses Dilemma wird mit der Evaluation der Evaluation reagiert, mit dem Ranking von Rankings.

Als eines der Kriterien, an denen künftig Spitzenuniversitäten zu erkennen sein werden, nannte Helmut Schwarz die Fähigkeit, sich ihre studierende Klientel selbst auszusuchen und aus dem Knetteig des Durchschnitts die Rosinen der Genialität herauszupicken. Das ist karikierend ausgedrückt, zugegeben, aber die Aufgabe der Niveauoptimierung verlangt nach Verfahren, in denen sich Studierende selektieren lassen, bevor sie mit dem Studium überhaupt angefangen haben.

An den meisten Universitäten versucht man es mit einer Mischung aus Tests und persönlichen Gesprächen. Der individuellere, ›menschlichere‹ Gesprächsteil der Eignungstests erweist sich dabei auch als der ungerechtere. Die Habitusübereinstimmung zwischen denen, die rekrutieren, und denen, die rekrutiert werden wollen, macht sich auf ähnliche Weise bemerkbar wie später bei Bewerbungsgesprächen in der Wirtschaft. Unterschichtiger Stallgeruch wirkt negativ, das Bif-Aroma weckt Vorbehalte und instinktive soziale Zugehörigkeitsgefühle überlagern die Bewertung schon erbrachter oder fürderhin erwartbarer Leistungen. Dies geschieht auf diffuse, nicht eigentlich gewollte und im konkreten Einzelfall nur schwer, statistisch jedoch leicht nachweisbare Art. Bei den Professoreneinschätzungen vor dem ersten Semester wirken ähnliche Selektionsmuster wie bei den Lehrerempfehlungen am Schluss der vierten Klasse. Wenn es um Auswahlgespräche geht, fallen die wissenschaftlichen Bildungsinstanzen auf Grundschulniveau zurück.

Die Elite – und wer sich dafür hält – sucht als Nachwuchs diejenigen aus, die am besten zu denen zu passen scheinen, die aussuchen. »Dort, wo es funktionierende Eliteuniversitäten gibt«, schreibt Konrad Paul Liessmann über diesen geheimnisvollen Prozess der Kooptierung, »fungieren diese nicht nur als hervorragende Plätze für Forschung und mitunter für Lehre, sondern vor allem auch als Produktions- und Reproduktionsstätten sozialer Zugehörigkeiten, die bei Weitem nicht mit den intellektuellen Ansprüchen korrelieren, die man an eine Elite stellen möchte.«

Chancengleichheit bei der Auswahl der Studierenden ist kein wissenschaftliches, sondern ein soziales Kriterium, und Universitäten sind Wissenschafts-, keine Sozialeinrichtungen. Das sollte auch so bleiben und die Universität nicht als Ort nachholender Gerechtigkeit missbraucht werden, zumal sie solchen zugeschusterten Aufgaben ohnehin nicht gewachsen ist. Sie kommt kaum mit sich selbst zurande und kämpft auf allen Ebenen mit Steuerungsproblemen, auch bei der nun einmal unvermeidlichen Kanalisierung der Studentenströme. Nach der Zuständigkeitsbeschränkung der einst so mächtigen ZVS, der Zentralstelle für Studienplatzvergabe in Dortmund, leiden alle Beteiligten unter dem Chaos, das auf der Seite der Hochschulen durch Regelvielfalt und auf der Seite derjenigen, die hineinwollen, durch Mehrfachbewerbungen angerichtet wird. Manchmal geht es zu wie am Aktienmarkt: Mehrfach überzeichnete Neuemissionen gehen plötzlich im freien Handel in den Keller; Studiengänge mit einem Vielfachen an Bewerbern für die zu vergebenden Plätze stehen am Ende des Parcours unausgelastet da, weil zahllose Bewerbungen bloß optional sind und zugesagte Plätze nicht eingenommen werden.

Um diesem Übel abzuhelfen, soll eine reanimierte und zur Serviceeinrichtung für Hochschulzulassung umgetaufte ZVS ab dem Wintersemester 2008/09 wieder dabei helfen, die Universitäten und die Studienanfänger miteinander in halbwegs überschaubare Beziehungen zu bringen. Man wird abwarten müssen, ob die ›Re-Implementierung‹ zentralplanerischer Elemente die Defizite der Selbststeuerung ausgleichen kann. Jedenfalls hat sich die hübsche Idee, Angebot und Nachfrage würden Studienplätze und Studienbewerber schon zusammenschaukeln, im Bewerbungsalltag als nur eingeschränkt praktikabel erwiesen. Es ist eben nicht so, dass der Markt alles immer optimal steuert; er steuert zwar immer, aber manchmal suboptimal.

Die berühmte ›unsichtbare Hand‹, die angeblich das Eigeninteresse mit dem Gesamtwohl in Übereinstimmung bringt, ist in der Praxis so selten auffindbar wie in der Theorie von Adam Smith, der sie in seinem Werk *Der Wohlstand der Nationen* nur ein einziges Mal erwähnt. Und wenn es nicht anders geht, ruft auch Smith nach dem Staat: »Die Bildung des einfachen Volkes erfordert in einer zivilisierten und kommerzialisierten Gesellschaft die Aufmerksamkeit des Staates wohl mehr als die der Personen von einigem Rang und Vermögen.«

Vor dem Beginn des Studiums steht das Chaos der Bewerbung und Zulassung, nach seinem Ende scheint der Stress der Bewerbung und Ablehnung zu stehen. Eine ganze Generation gerät in die Sklaverei nie abreißender Praktika und zieht einer ungewissen Zukunft entgegen. So jedenfalls klingt der Gospelsong in den Medien und auf Demonstrationen, wenn die Bevorzugten ihrer gefühlten Benachteiligung Ausdruck verleihen. Zugegeben, das schlechte, alte Berechtigungswesen mit seinen Karriereautomatismen und Besserverdienergarantien ist auf jenen Kernbestand geschrumpft, den sich der Staat heute noch leisten will oder vielmehr muss. Auch kann man persönlich die Sorgen verstehen, die sich hoch qualifizierte Leute machen, wenn sie nicht schon während des Examens mit Vorverträgen angeheuert werden, sondern sich nach dem Examen selbst auf die Socken machen müssen. Allerdings bleibt es doch ein Unterschied, ob jemand aus psychologischen oder aus sozialen Gründen verunsichert ist und ob das eine wirklich einen Zusammenhang mit dem anderen hat. Eben das ist bei der ›Generation Praktikum‹ nicht der Fall.

Im Frühjahr 2007 wurde vom Hochschul-Informations-System (HIS) eine erste Studie zum Thema vorgelegt. Projektleiter Kolja Briedis: »Die Aufregungen und Ängste, die unter Studenten und Jungakademikern grassieren, wirken angesichts der beobachteten Wirklichkeit arg übertrieben.« Lediglich 8 Prozent der Fachhochschul- und 7 Prozent der Uni-Absolventen machen nach dem Studium ein Praktikum. Allerdings trifft es die Geisteswissenschaftler mit einem Anteil von 34 Prozent und die Architekten mit einem von 21 Prozent besonders hart. Neun Monate nach dem Ende des ersten Praktikums waren der Studie zufolge noch 6 Prozent der Praktikanten mit Fachhochschul-Abschluss und 4 Prozent derjenigen mit Uni-Abschluss arbeitslos. 6 Prozent von 8 Prozent der FH-Absolventen und 4 Prozent von 7 Prozent der Uni-Absolventen: Das ist bedauerlich, aber eine Katastrophe, die eine ganze akademische Generation ins Abseits stellt, kann man das nicht nennen.

Die Stimmungseintrübung bei den Studierenden hat ihre Gründe in diffusen Absturzängsten der Mittelschicht, die auf verstörende Weise mit einer Furcht vor dem Verlust von Privilegien durchzogen ist, die keineswegs diffus und nicht immer grundlos ist. Aus der Unterschichtperspektive allerdings stellt sich kühl die Frage, warum es schlimmer sein soll, wenn es den anderen nicht mehr gut, als wenn es einem selbst seit jeher schlecht geht.

Außerdem hat sich eine realistische Einschätzung der Zukunftschancen einzelner Gesellschaftsschichten nicht an Ängsten und Hoffnungen, Illusionen und Ernüchterungen zu orientieren, so verständlich all das auf der ›menschlichen Ebene‹ sein mag, sondern an dem, was über die Entwicklung des Arbeitsmarktes vernünftigerweise zu vermuten ist. Dazu gehört, dass der Bedarf nach einfachen Fachtätigkeiten und ungelernter Arbeit weiter sinken wird und mit ihm die Bezahlung, die diejenigen zu erwarten haben, die auf solche Jobs angewiesen sind. Die Debatte um Mindest- und Kombilöhne, also darüber, ob der Staat mit Gesetzes- oder mit Geldmitteln den Niedrigstverdienern beispringen soll, zeigt schon, dass die Notwendigkeit staatlicher Hilfe fast schon allgemeine Überzeugung und nur die Methode noch umstritten ist.

Am oberen Ende der Qualifikationsskala hingegen wächst die Zahl der Arbeitsplätze. 2010 werden knapp 25 Prozent der Beschäftigten in diesem Segment ihr Geld verdienen. Wenn man bedenkt, dass bei den 25- bis 34-Jährigen nur 22 Prozent ein *abgeschlossenes* Studium haben (Stand Januar 2006), sieht man, wie vielversprechend die Aussichten sind, auch wenn sich der pauschal berechtigte Optimismus je nach Fachrichtung unterschiedlich bewähren wird: etwas weniger zum Beispiel bei Juristen und Architekten, mehr bei Pädagogen, sehr viel mehr bei Ingenieuren.

Weil alles in allem die Zukunftsaussichten am oberen Ende der Bildungsskala besser und am unteren Ende schlechter werden, ist es gerecht, wenn auch nicht billig, dass die Chancengewinner einen Teil der Kosten für das Studium übernehmen, das ihnen Möglichkeiten bietet, die den Haupt- und Realschülern ihrer Generation von vornherein verstellt sind. Seit im Januar 2005 das Bundesverfassungsgericht ein von Rot-Grün im Hochschulrahmengesetz verankertes Gebührenverbot aufgehoben hat, werden in den Ländern und an deren Hochschulen verschiedene Gebührenmodelle diskutiert.

Bei vielen Studierenden und ihren Eltern stößt *jedes* Modell auf Ablehnung, weil nun einmal alle etwas kosten. Aus Sorge um den eigenen Geldbeutel erinnert sich die Mittelschicht plötzlich an den der Bifs. Studiengebühren, heißt es scheinheilig, würden Kinder aus bildungsfernen Schichten vom Studium abschrecken. Dass Bif-Kinder selten und Unterschichtkinder sehr selten Hochschulen besuchen, liegt aber nicht an Studiengebühren, wie ihr bisheriges Nichtvorhandensein beweist. Seit zweieinhalb Jahrzehnten stagniert der Anteil der Arbeiterkinder unter den Studierenden, was zwar viele Bildungsforscher und manche Bildungspolitiker regelmäßig in Erinnerung gerufen haben, aber die Bildungsschichten herzlich gleichgültig gelassen hat.

Doch nun stellt man die eigenen Privilegien als Solidarität mit den Unterprivilegierten hin. Dabei würde eine Solidarität, der es darum ginge, mit anderen zu teilen, statt alles für sich zu behalten, darauf hinauslaufen, nicht weniger, sondern mehr Studiengebühren zu zahlen, um diejenigen aus den Unterschichten, die sich das nicht leisten können, davon freizustellen. Umgekehrt läuft die Ablehnung der Studiengebühren durch die Bildungsschicht darauf hinaus, die ›breite Masse‹ für Privilegien zahlen zu lassen, die nur einem selbst zugutekommen. Hinter der angeblichen Solidarität mit den Benachteiligten steckt das Beharren auf dem eigenen Vorteil.

Jürgen Kluge von McKinsey schreibt: Das »Argument, solche Gebühren würden Abiturienten aus sozial benachteiligten Familien vom Studium ausschließen, verfängt nicht. Der soziale Selektionsprozess beginnt weit früher: Bereits in den ersten Klassen entscheidet sich der künftige Bildungsweg, und er macht sich weitgehend am sozialen Hintergrund der Eltern fest. Schon in der Schule sozial benachteiligt, müssen die Bildungsarmen nun also auch noch den Bildungs- und beruflichen Aufstieg der Bessergestellten finanzieren, der diesen wiederum zusätzliche Renditen einträgt.«

Jochen Hörisch teilt diese Einschätzung: »Denn es ist schlechterdings nicht einzusehen, warum Bäcker, Friseure, Arbeiter, Angestellte und Handwerker denen ein Studium (teil-)finanzieren sollen, die nach dessen Abschluss deutlich bessere Einkommenschancen haben und immer noch über mehr symbolisches Kapital verfügen als Nichtakademiker. Es gibt keine plausiblen Begründungen dafür, für Kindergarten-, nicht aber für Studienplätze gutes Geld zu verlangen. Es gibt nachweislich eine starke Korrelation zwischen erfolgreichem Studienabschluss und gutem Lebenseinkommen.«

Und noch einmal Kluge: »Wenn wir mehr soziale Gerechtigkeit

wollen, dann müssen wir der Unterscheidung zwischen grundständigen Bildungsangeboten wie den Kindergärten und den Schulen auf der einen Seite und individuell zurechenbaren Zusatzqualifikationen wie dem Studium auf der anderen Seite Rechnung tragen, indem wir die anteiligen Verhältnisse von öffentlichen und privaten Ausgaben ändern. Grundständige Bildung fällt in den Bildungsauftrag des Staates und sollte mit öffentlichen Geldern finanziert werden. [...] Demgegenüber sollten Bildungsabschlüsse, deren Gewinne sich individuell rechnen, auch als private Investition verstanden und zu einem größeren Teil privat finanziert werden.«

In interessegeleitetem Selbstmissverständnis neigen viele angehende Akademiker dazu, ihr Studium als Einsatz für die Gesellschaft aufzufassen, für den die Gesellschaft deshalb auch aufzukommen habe. Sobald das Studium abgeschlossen ist, wird umgeschwenkt. Nun wird betont, man habe eine Menge ins Studium investiert, das müsse sich im Berufsleben auszahlen – und droht andernfalls mit Abwanderung ins Ausland.

Es gibt aber auch viele, denen das schwächliche Argument vom gesellschaftlichen Einsatz – zu Recht – peinlich ist und die sich auf eine Art Einnahme-Überschuss-Rechnung verlegen in der Überzeugung, so ließe sich zeigen, dass man dem Gemeinwesen zurückerstatte, was man von ihm bekommen habe. Doch auch das ist ein Irrtum. Der Finanzwissenschaftler Karl-Dieter Grüske: »Ein Akademiker zahlt im Laufe seines Lebens die Studienkosten, die er verursacht hat, über die hochschulbezogenen Steuern nicht zurück. Da das Lebenseinkommen von Nichtakademikern im Schnitt etwa ein Drittel unter dem der Akademiker liegt, finanzieren damit untere Einkommensgruppen einen Teil der Ausbildung von höheren Einkommensgruppen.«

Die ganze Sache läuft auf das alte Spiel hinaus: Privatisierung der Gewinne – Sozialisierung der Verluste; die Ausbildungsvorteile will jeder für sich genießen, die Ausbildungskosten soll die Allgemeinheit tragen. Studiengebühren würden da wirken wie Spielverderber – und das sollen sie auch. Bernd Rürup: »Wer studiert, erzielt in hohem Maße private Erträge. Er verdient hinterher mehr als andere, die nicht studiert haben, also sollte er sich an den Kosten beteiligen. Eine ausschließliche Finanzierung von Bildung mit Steuern kommt nur dort infrage, wo die sozialen Erträge und nicht die privaten besonders hoch sind.«

Das ist überall der Fall, wo es um das geht, was Jürgen Kluge ›grundständige Bildungsangebote‹ nennt, zu denen die Grundschulen gehören, aber auch Vorschulen und Kindergärten. Rürup kommt ebenfalls auf die Kindergärten zu sprechen: Sie »werden zu fast 40 Prozent über Gebühren finanziert, eine auch international hohe Quote, obwohl gerade dort erhebliche soziale Erträge anfallen. Eine solche Finanzierungsstruktur ist nicht nur unsozial, sondern ökonomisch falsch.« Für das gebührenfreie Studium gilt das Gleiche: unsozial und ökonomisch falsch.

In den Diskussionen um die Studiengebühren ist häufig zu hören, finanzschwache Eltern und ihre eigentlich studierwilligen Kinder würden vor einem Studium zurückschrecken, wenn es nicht zu haben sei, ohne Schulden zu machen. Die Angst vor Verschuldung spielt bei einkommensschwachen und bildungsfernen Schichten gewiss eine Rolle, besonders dann, wenn sie von dem Gefühl begleitet wird, ein Studium stelle ein unkalkulierbares Risiko dar. Allerdings dürften die in den letzten Jahren sinkenden Immatrikulationszahlen kaum darauf zurückzuführen sein. Schließlich gibt es nicht viele Unterschicht- und Bif-Kinder, die in ihrem Bildungsweg überhaupt so weit kommen, dass sie von was auch immer vom Übertreten der akademischen Schwelle abgeschreckt werden können. Vom Deutschen Studentenwerk wurde im Dezember 2006 denn auch verlautbart: »Die Frage, ob Studiengebühren eine abschreckende Wirkung haben, kann man auf der Basis der vorliegenden Zahlen noch nicht beantworten.« Trotzdem ließ sich Rolf Dobischat, Präsident des Studentenwerks, im Mai 2007 mit der Behauptung zitieren: »Viele stellen ein Studium aus Angst vor der Schuldenfalle infrage.«

Ob das wirklich stimmt, wird sich erst noch zeigen. Die Zahl der Studienanfänger in Bundesländern mit Studiengebühr nahm jedenfalls nicht stärker ab als in denen ohne. Auch die Erfahrungen in anderen Nationen lassen eine länger andauernde Abschreckungswirkung durch Gebühren nicht erwarten. In Australien beispielsweise gibt es sie seit 1989. Sie wurden seitdem mehrmals erhöht, und zwar für die einzelnen Fächer in unterschiedlichem Maß. Für einen Jurastudenten etwa liegen die Gebühren inzwischen bei durchschnittlich 4000 Euro im Jahr. Trotz dieser Gebühren sind die Studentenzahlen weiter gestiegen, um ein Drittel seit der Einführung, und auch der Anteil der Studierenden mit niedriger sozialer Herkunft hielt Schritt.

In England, den Niederlanden und Österreich studiert trotz Studiengebühren ein höherer Prozentsatz eines Jahrgangs als im gebührenfreien Deutschland. In allen drei Ländern führte die Einführung von Gebühren, trotz einer vorübergehenden Schockdelle in Österreich, mittelfristig nicht dazu, dass weniger Leute studierten – sie studierten nur schneller, und das ist wünschenswert. Allerdings kam es auch zur stärkeren Inanspruchnahme ökonomisch vielversprechender Fächer, was zeigt, wie weit her es mit dem Einsatz für humanistische Bildungsideale beim akademischen Nachwuchs ist, sobald es nicht nur um Worte, sondern um Taten geht und um Geld. In einem nach dem Gebührenurteil des Bundesverfassungsgerichtes in der *Zeit* abgedruckten Leserbrief hieß es: »Die Studierenden werden mehr in die verwertbaren Studienrichtungen der Technik und Wirtschaft drängen, denn wer würde schon auf Kredit Philosophie oder Literaturwissenschaft studieren?«

Der Briefschreiber war Student der Elektrotechnik und hatte wohl Angst, dass die Konkurrenz zu groß werden würde, wenn neben ihm noch viele andere ›verwertbare Studienrichtungen‹ wählen. Was die Philosophie oder Literaturwissenschaft angeht: Wer nicht bereit wäre, sie ›auf Kredit‹ zu studieren, ist untauglich für diese Fächer, auch wenn sie keine Gebühren kosten. Die Sprach- und Kulturwissenschaften haben in den letzten anderthalb Jahrzehnten einen Boom erlebt, der diese auch vorher schon überlaufenen Fächer zu ersticken droht. Während seit 1990 die Zahl der Studierenden insgesamt um 4 Prozent zunahm, wuchs sie in diesen Fächern um nahezu 50 Prozent. Wenn künftig ein paar Tausend Leuten die Lust vergeht, sie ›auf Kredit‹ zu studieren, ist das gar nicht so schlecht. Die Lauen und die mit bloß halbem Interesse würden denjenigen, die es ernst meinen, nicht länger die Wege verstopfen.

Die Finanzierung eines Studiums kann eine komplizierte Angelegenheit sein, wenn die Eltern nicht genügend Geld haben oder nicht genügend herausrücken oder der studentische Lebensstandard zu hoch ist. Ich weiß, wovon ich rede, mein Studenteneinkommen setzte sich zusammen aus dem halben Bafög-Satz, einem Zuschuss von meinen Eltern und dem Geld, das ich als Taxifahrer, in einer Buchhandlung, in einer Brotfabrik, in einer Auswertestelle für Lottoscheine und schließlich als studentische Hilfskraft in der germanistischen Bibliothek der Freien Universität Berlin verdiente. Trotz meiner Zuverdienste kam ich nur knapp über die Runden und musste mich beim Bücherkaufen zurückhalten. Gleichzeitig jedoch glaubte ich, ein Menschenrecht aufs eigene Auto zu haben. Hätte ich darauf verzichtet, hätte ich mir mehr Bücher kaufen oder weniger arbeiten und schneller studieren können.

Nicht alle Klagen Studierender über Finanznot sind gleich ernst zu nehmen. Es gibt die ganze Palette von wirklich erbärmlichen Lebensumständen bis zum Gejammer verwöhnter Leute, die ihren goldenen Löffel zwischen den Lippen behalten wollen wie Babys ihre Schnuller. In Deutschland gibt es rund 330.000 Bafög-Empfänger, was für sich schon ein Hinweis darauf ist, dass die Dreiviertelmehrheit der Studierenden aus Familien kommt, deren Einkommen zu hoch ist, um die Unterstützung durch Staatsknete nötig zu haben. Vor diesem Hintergrund wird deutlich, dass die Angst vor der ›Schuldenlast‹ in mindestens drei von vier Fällen zwar psychologisch verständlich, aber sachlich unbegründet ist.

Studienkredite der Banken (oder von ihnen im Auftrag der staatlichen Kreditanstalt für Wiederaufbau/KfW vermittelte) sind zu fairen Konditionen zu bekommen, wenn man sich ein wenig Mühe macht und die Angebote vergleicht. Sie schwanken zwischen 650 Euro und 1500 Euro im Monat, auch die Zinsgestaltung und die Rückzahlungsmodalitäten sind verschieden. Achtet man auf die Festsetzung einer Obergrenze des sonst rücksichtslos am Markt orientierten Zinssatzes, muss man keine Sorge haben, dass die Verzinsung bei scharfer Marktentwicklung in unerwartete Höhen getrieben wird; und lässt man eine Grenze beim späteren Einkommen festschreiben, bei deren Unterschreiten keine Tilgung mehr geleistet werden muss, erledigt sich auch die Sorge, als Schlechtverdiener einen neuen Kredit aufnehmen zu müssen, um den alten Studentenkredit abzahlen zu können.

Den Horrorszenarien von massenhafter akademischer Überschuldung zum Trotz ist mit Gebühren eine Finanzierung des Studiums möglich, die später die Absolventen nicht erdrückt. Im Grunde läuft es darauf hinaus: Wenn man nach dem Studium nicht gut oder schlecht verdient, zahlt man wenig oder gar nicht zurück; wenn man nach dem Studium gut oder spitze verdient, zahlt man normal oder alles auf einen Schlag zurück. Nur zur Erhöhung des Lebensstandards sollte man Studienkredite nicht nutzen.

Die Banken wiederum betrachten Studienkredite nicht etwa als gutes Geschäft, das sich mit ›Bedürftigen‹ machen ließe, sondern als Anbahnung von viel besseren Geschäften, die sich mit den Vermögenden der Zukunft machen lassen werden, falls man sie durch Studienkredite rechtzeitig an sich bindet. Dass die Banken auf die künftige Bonität der Studierenden wetten, ist ein Hinweis darauf, dass die akademischen Aussichten im Allgemeinen recht vielversprechend sind, auch wenn im Besonderen nicht jedes dieser Versprechen später eingelöst wird.

Der Streit um die Studiengebühren ist deshalb so aufschlussreich, weil er eines der Felder ist, auf dem die akademische Mittelschicht ihre materiellen Interessen beeinträchtigt sieht und darauf moralisch reagiert. Solange man an der Uni ist, schiebt man die ›Arbeiterkinder‹ vor, die nicht mehr studieren könnten, wenn die Mittelschichtkinder Studiengebühren bezahlen. Außerdem sei die ›Investition in die Zukunft‹ eine staatliche Angelegenheit. Was die Phase des Berufseintritts betrifft, in der sich die staatliche Investition privat auszuzahlen beginnt, wehrt man die Diskussion um Selbstkostenbeteiligung damit ab, dass Lebensgestaltung und -entfaltung durch einen ›Schuldenberg‹ erdrückt werde. Und wenn es mit der Lebensgestaltung und -entfaltung richtig vorangeht und die ersten Stufen der Karriereleiter genommen sind, fühlt man sich erneut benachteiligt, weil man privilegiert ist: Denn die akademische Fruchtbarkeit würde durch die Rückzahlung von Studienkrediten beeinträchtigt, heißt es, und überhaupt brauche ein Mensch mit gutem Einkommen und guten Aussichten die Unterstützung vom Staat, um die Verluste wettzumachen, die diesem Einkommen und diesen Aussichten durch die fortpflanzende Weitergabe der eigenen Begabungsgene entstehe.

Die Antwort des Staates auf die bizarre Benachteiligungsbehauptung seiner Akademiker ist das Elterngeld. Seit Anfang 2007 wird es in der Regel zwölf Monate lang ausbezahlt. Seine Höhe beträgt 67 Prozent des letzten Nettoeinkommens, jedoch höchstens 1800 Euro und mindestens 300 Euro. Dieser Unterschied ums Sechsfache zeigt, dass dem Staat die Babys von gut verdienenden Mamis und Papis teuer sind, während es bei denen von schlecht verdienenden auch billiger geht. Auf dem Höhepunkt seiner finanziellen Krise besinnt sich der Wohlfahrtsstaat darauf, seinen Mittelschichten eine Entschädigung fürs Kinderkriegen auszuschütten, die höher ist, als unterschichtige Leute wie beispielsweise Friseusen im Monat überhaupt verdienen. Das ist aber »nicht unsozial«, meint Susanne Gaschke, »dem Staat sind damit nicht die Kinder unterschiedlich viel wert, sondern die ›Opportunitätskosten‹ des sorgenden Elternteils. Die Einkommensabhängigkeit drückt ganz nüchtern das Ziel dieser staatlichen Subventionen aus: Sie soll Nachwuchs auch bei den Gut- und Besserverdienenden fördern, denn davon gibt es zu wenig.«

Diese ›Opportunitätskosten‹ sind eine feine Sache. Der Staat muss schon etwas springen lassen, sollen seine Akademiker die Mühen der Fortpflanzung und des Kindererziehens auf sich nehmen. Schließlich kann die Aufzucht dieser Luxusgeschöpfe dazu führen, dass einem nichts anderes übrig bleibt, als »auf erstrebenswerte Lifestyle-Elemente der Oberschicht zu verzichten«. Es ist kein Zufall, meint Gaschke, »dass Hochschulabsolventinnen heute zu 80 Prozent berufstätig sind, Hauptschülerinnen hingegen nur zu 60 Prozent. Der Job an der Aldi-Kasse ist wegen Familiengründung leichteren Herzens zu unterbrechen als der Kuratorinnenposten an einem großen Museum.«

Der Staat muss also die arme Kuratorin mit einer, wie soll man sagen, ›Wurfprämie‹ entschädigen, wenn er »die soziale Spaltung der Fortpflanzung zumindest mildern« möchte, »sonst wird Fortpflanzung ein Unterschichtenmerkmal«. Weil Susanne Gaschke offenbar davon überzeugt ist, dass die Menschheit in die Steinzeit zurückfällt, wenn Akademikerinnen wegen der ›Opportunitätskosten‹ keine Kinder mehr kriegen, und weil sie große Angst vor Überfremdung durch die Bifs hat, fügt sie warnend hinzu, »die Gesellschaft steht plötzlich vor der schwierigen Aufgabe, immer mehr Kinder aus bildungsfernen Schichten auf Hochschulniveau zu trimmen«.

Immer mehr Kinder aus bildungsfernen Schichten! Wunderbar. Die kuriose Drohung klingt für meinesgleichen wie ein Versprechen. Vielleicht bekommen die Bifs eine Chance, wenn die Bildungsschicht ausstirbt?

Es ist ein Problem, wenn 44 Prozent der Akademikerinnen zwischen 35 und 39 und bis 35 sogar 62 Prozent von ihnen kinderlos sind. Offenbar wird Gebären als Karriereknick empfunden – und leider oft mit guten Gründen. Daran hätte der Staat zusammen mit der Wirtschaft etwas zu ändern. Aber statt mit jährlich vier Milliarden Euro Elterngeld, die übrigens der Jahreseinnahme durch Erbschaftssteuern entsprechen, die verschiedenen ›Opportunitätskosten‹ einzelner Mütter und Väter zu senken, wäre das Geld effektiver in Strukturverbesserungen investiert, die allen gleichermaßen zugutekommen. Doch im Machtkampf um das Bildungsprivileg nutzt jeder seine eigene Chance.

Ausblick: Der PISA-Schock und die Folgen

Während der Achtziger- und Neunzigerjahre interessierte Bildung eher am Rande, ökologische und multikulturelle Themen hatten Vorrang in den Köpfen der Meinungsmacher und beim Publikum. Nach 1990 spielten außerdem die Probleme der deutschen Vereinigung eine Hauptrolle. Durch die PISA-Studien jedoch gerieten Eltern, Lehrer und Politiker auf einmal völlig aus dem Schulhäuschen. Von den Medien vereinfacht dargestellt und skandalisiert, lösten die Resultate des internationalen Vergleichs heftige Debatten aus, auf die wiederum in Kultusministerien und Schulbehörden mit ›Maßnahmebündeln‹ reagiert wurde – als ließe sich das Bildungssystem generalüberholen wie eine in die Jahre gekommene Maschine, an der man nach Belieben herumschrauben kann. Die nicht immer kompetent geführten öffentlichen Diskussionen und die nicht immer sinnvollen behördlichen Maßnahmen wurden getragen von dem »Voilà-Effekt, der sich mit solchen Vergleichen erzielen lässt und oft jede weitere Argumentation erspart. In der Tat ist es ja so, dass die Bundesrepublik bei solchen Vergleichen stets sehr schlecht abschneidet.«

Dieses Zitat ist kein Kommentar zu ›PISA‹, sondern eine Bemerkung von Ralf Dahrendorf aus dem Jahr 1965. Auch damals schon gab es verheerende Tests. Außerdem hatte der Schockappeal des Versagens nach dem Sputnikstart zusammen mit dem ›Voilà-Effekt‹ ein Erregungsklima geschaffen, in dem ›weitere Argumentation‹ eine scheinbar klare Sache so kompliziert gemacht hätte, wie sie in Wirklichkeit war. Aber differenzierte Problemanalysen wurden und werden von den Anbietern einfacher politischer Lösungen eher als störend empfunden. Auch bei den Adressaten dieser Versprechungen passen Gefühle und Gedanken oft nicht zusammen, Bedürfnisse und Interessen kommen Einsicht und Moral ins Gehege. Dann sind alle Versuche, die plötzlich erkannten Probleme zu lösen, selbst noch von dem durchzogen, was diese Probleme verursacht hat.

Die hysterischen Reaktionen auf ›PISA‹ sind geprägt vom gleichen Ungeist, der für das Zustandekommen der miserablen Ergebnisse verantwortlich ist und sich manifestiert in kurzfristigen Protestkonjunkturen bei langfristigem Desinteresse in der Öffentlichkeit; scheinheiliger Besorgnis bei den Saturierten, die es mit allen gut meinen, solange sie das Beste für sich behalten; dementsprechend in Sentimentalität statt Solidarität; und schließlich in Meinungsstärke bei Kenntnisschwäche, typisch für medial organisierte Diskussionen.

So ist etwa der Vergleich des deutschen Schulwesens mit dem der Finnen bloß ein Aufreger und sachlich nichts wert. Die Idee, einem mitteleuropäischen Gemeinwesen mit 80 Millionen Menschen eines mit 5,5 Millionen am nordeuropäischen Rand als Vorbild zu empfehlen, ist eine soziologische und bildungspolitische Kuriosität. Wenn man untersucht, wie sich die einzelnen Testergebnisse zusammensetzen und wie sie zustande kamen, bleibt wenig übrig, was sich aus den guten finnischen Resultaten für die Verbesserung der deutschen lernen ließe. Beispielsweise spielt die Ganztagsschule, deren weiträumiges Fehlen bei uns als eine der Ursachen für das schlechte Abschneiden gewertet wird, in Finnland keine besondere Rolle. Trotzdem ist es richtig, ein solches Angebot in Deutschland möglichst flächendeckend auszuweiten.

Der Hinweis auf die finnischen (und überhaupt die skandinavischen) Errungenschaften ruft nur fruchtlose Umwegdiskussionen hervor, noch dazu über etwas, das die wenigsten aus eigener Anschauung kennen. Ein unkritisches, auf Listen und Rankings fixiertes Ländervergleichsdenken schadet, weil man wegen des Splitters im eigenen Auge den Balken in dem des anderen nicht sieht. Ein statistikfester Zyniker könnte zur Desillusionierung beispielsweise die finnische Platzierung auf der PISA-Rangliste korrelieren mit der Platzierung der finnischen Selbstmordrate auf der Vergleichsliste der Weltgesundheitsorganisation und mit sozialpsychologischen Erhebungen zur Prostitutionsdichte – in allen drei Bereichen nehmen die Finnen vordere Plätze ein. Vielleicht macht Bildung traurig und einsam? Die Frage ist nicht ernst gemeint, aber es gilt: Von den Finnen lernen heißt gar nichts lernen, sobald es um Bildung und nicht um Saunen und Handys geht.

Ganz generell sind die PISA-Tests weniger aussagekräftig und weniger objektiv, als in der Öffentlichkeit angenommen. Das reicht von der nicht immer einleuchtenden Konzeption der Tests und der mitunter fragwürdigen Formulierung der einzelnen Aufgaben über die mangelnde Dokumentation der Testprozeduren bis zu mathematischen Unsauberkeiten bei der statistischen Auswertung. Mit dieser Kritik, die von Didaktikern, Psychologen und Statistikern in den letzten zwei, drei Jahren verstärkt und teilweise mit polemischer Hitze geäußert worden ist, sollen hier die PISA-Studien nicht entwertet werden. Schon gar nicht in dem Sinn, es sei alles halb so schlimm. Nur steht der Hype um die Studien in keinem Verhältnis zur Hilfe, die sie bieten.

Der positive Effekt, das Bildungsthema aus dem Abseits politischer Profilierungsfelder in deren Zentrum katapultiert zu haben, droht verspielt zu werden durch Testhörigkeit und Rangfetischismus. Verrückterweise dringt die einseitige Orientierung am Ökonomischen, die einer der Gründe für die Defizite des deutschen Bildungswesens ist, auf dem Wegenetz überstürzter Reformen bis zu dem vor, was überhaupt mit Bildung gemeint ist und von ihr gewollt wird. Das vergleichende Messen überlagert das Verstehen von Unterschieden, die Bildung wird nicht als Wert, sondern als Ressource aufgefasst und dementsprechend nicht am einzelnen Individuum ausgerichtet, sondern an abstrakten ökonomischen und politischen Größen wie ›Volkswirtschaft‹ oder ›Nation‹. Für alle drei Perspektivenfehler gibt es prominente Beispiele aus der Zeit nach dem PISA-Schock:

Sigmar Gabriel sagte im März 2002, damals noch Ministerpräsident von Niedersachsen: »Die Politik spürte zu lange keinen wirtschaftlichen Druck, sich mit mangelnden Qualifikationen auseinanderzusetzen. Die Globalisierung zwingt uns jetzt dazu. Wir erleben so etwas wie einen zweiten Sputnikschock, denn wir sehen: Die anderen sind besser.« Ersetzt man den ›zweiten Sputnikschock‹ durch den ersten und das Wort ›Globalisierung‹ durch ›Kalten Krieg‹, sieht man, dass Gabriel sich ganz in der Tiefe der Diskussion Ende der Fünfzigerjahre befindet.

Guido Westerwelle erklärte auf einem FDP-Kongress im Dezember 2006: »Die Bildungsfrage ist nicht nur die soziale Frage für den

Einzelnen, die Bildungsfrage ist heute auch die Wohlstandsfrage für die ganze Nation.« Vier Jahrzehnte zuvor hatten Liberale wie Ralf Dahrendorf noch für die umgekehrte Rangfolge gestritten: Bildung sei nicht nur wegen des Wohlstands für alle Bürger wichtig, sondern auch und zuerst als Recht jedes Einzelnen.

Der Gesundheitsökonom Karl Lauterbach erklärte im August 2007: »Ein Land ohne Rohstoffe kann es sich nicht mehr leisten, dass Kinder aus Arbeiterfamilien und mit Migrantenhintergrund nicht optimal ausgebildet werden.« Und ein Land mit Rohstoffen?

Es geht nicht darum, bildungsökonomischen Überlegungen ihre sachliche Relevanz zu bestreiten oder sie in billiger Entrüstung moralisch zu diskreditieren. Solange die Mittel beschränkt sind und die Interessen divergieren, muss auch über die Verwendung dieser Mittel und den Ausgleich der Interessen gestritten werden. Nur ist dabei im Auge zu behalten, dass in der Bildungsökonomie nicht das Ökonomische der Selbstzweck zu sein hat, sondern die Bildung. Die ökonomische Kontrolle der Mittel darf sich nicht ausweiten zur ökonomischen Kontrolle des Denkens. In einer Verlautbarung der Vereinigung der Hessischen Unternehmerverbände zur Zukunft der Schule beispielsweise heißt es: »Die Selbstständige Schule 2015« – schon die Titulierung soll an den ›selbstständigen Unternehmer‹ erinnern – »ist eine Dienstleistungsorganisation im Bereich Bildung und keine soziale Einrichtung.«

Wie es um die ›soziale Einrichtung‹ Schule bestellt ist, haben die PISA-Studien beschrieben. Allerdings muss gesagt werden, dass deren schockierendste Erkenntnis zugleich die banalste ist. Um sich klarzumachen, dass das deutsche Bildungswesen nicht aus Versehen in einzelnen Details, sondern in seiner gesamten Segregationsarchitektur ungerecht ist und seit jeher als Selektionssystem funktioniert, genügt ein Blick in die Jahrbücher des Statistischen Bundesamts oder das Durchblättern der achtzehn Sozialerhebungen des Deutschen Studentenwerks. Die jüngste davon wurde im Juni 2007 veröffentlicht – mit erwartbarem Ergebnis: von 100 Kindern, deren Eltern nicht studiert haben, schaffen es 23 an die Uni; von 100 Akademikerkindern 83.

Über Jahrzehnte wurde die Illusion gehegt – von den einen aus Naivität, von den anderen aus Hinterlist –, in einer sich kontinuierlich modernisierenden Gesellschaft würde Bildung allmählich durch die Mittelschichten nach unten diffundieren und sich auch bei den Bifs verbreiten.

Auffassungen wie diese kursieren in der Entwicklungspolitik als ›Trickle-down‹-Theorie. Ihr zufolge sickert wachsender Wohlstand nach und nach von ganz oben bis ganz unten durch, oder, um es mit einer anderen, häufig benutzten ideologischen Metapher zu sagen: Die Wellen des Wohlstands heben alle Boote.

Das tun sie häufig nicht, wie jeder weiß, der nicht nur Statistiken liest und mit Excel-Tabellen voller Durchschnittszahlen und Pro-Kopf-Angaben hantiert, sondern die Verhältnisse der Menschen kennt, und zwar ihre alltäglichen Lebens- und Leidensverhältnisse. Außerdem ist der Mensch ein soziales Wesen (obwohl er sich manchmal verdammt Mühe gibt, sich das nicht anmerken zu lassen), er ist ein Beziehungsgeschöpf. Deshalb kommt es nicht nur darauf an, *ob* einer satt wird, sondern auch *wie*, was der Mensch nun einmal, und zwar völlig zu Recht, am Mitmenschen misst.

Selbst dann, wenn die Wellen tatsächlich alle Boote heben, sitzen keineswegs auch alle im *gleichen* Boot. Einer rudert eine Jolle, ein anderer fährt einen Kutter, wieder ein anderer steuert eine Jacht. Übertragen auf den Machtkampf um das Bildungsprivileg: Die Jachtbesitzer und Yale-Besucher glauben, das Naturrecht des Stärkeren auf uneinholbare Vorsprünge zu haben, während die Bifs im Kutter den Jachten hinterher-, aber den Jollen davonfahren, in denen die Leute aus der Unterschicht sitzen und froh sein müssen, wenn sie nicht untergehen. Die akademische Mittelschicht wiederum fährt als Personal auf den Jachten und Staatsschiffen mit.

Dieses Personal, soziologisch als ›Funktionselite‹ bezeichnet, hat vor nichts mehr Angst als vor dem Abstieg und sucht sich mit allen Mitteln die Konkurrenz von unten vom Leibe zu halten. Die Reformwellen mögen alle Boote gehoben haben, aber immer noch sitzt jeder in seinem. Fünfzig Jahre nach dem Sputnikschock »gilt als […] unstrittig, dass im Gesamtanstieg des Bildungsniveaus kein Abbau der Ungleichheiten zwischen den Sozialschichten, d. h. kein Chancenausgleich stattgefunden hat«.

Aus dieser Diagnose ziehen Mechthild Gomolla und Frank-Olaf

Radtke die Schlussfolgerung, »dass sich die bisher fast durchgängig verfolgte Strategie erschöpft hat, die Bildungsungleichheit entweder bei den benachteiligten Schülern selbst durch Förderung zu kurieren oder zur Vermeidung von Diskriminierung beim Bewusstsein ihrer Lehrerinnen durch Aus- und Fortbildung anzusetzen. Sie übersieht die Kräfteverhältnisse in der Rationalität und Eigenlogik der Entscheidungspraxis.«

Mit ›Rationalität und Eigenlogik der Entscheidungspraxis‹ ist die unsichtbare Selektion im schulischen Alltag gemeint: das Fördern der einen und die Vernachlässigung der anderen, das Zuwenden und Zurückweisen, das Motivieren und Entmutigen, das Anteilnehmen und Ignorieren. All dies bringt zusammen mit pädagogischen Gewohnheiten, behördlichen Auflagen und politischen Vorgaben einen Effekt hervor, den Gomolla und Radtke ›institutionelle Diskriminierung‹ nennen. Die Institution Schule mildert Diskriminierung nicht, sondern verschärft sie oder bringt sie sogar überhaupt erst hervor, auch wenn diejenigen, die in dieser Institution arbeiten, die besten Absichten und schönsten Illusionen haben. Die Schwierigkeiten der Schüler können nicht allein in der Schule behoben werden. Und die Schwierigkeiten der Schule selbst auch nicht. Dennoch richtet sich der ganze von ›PISA‹ angetriebene Renovierungseifer auf die Schule und ihr Personal, von der Ganztagsschule bis zur Nachhilfebetreuung, von der Evaluierung der Unterrichtsmethoden bis zur Einführung der Leistungsbezogenheit der Lehrerbezüge.

Aber selbst wenn sich unsere Schulen zur besten aller möglichen pädagogischen Welten entwickeln ließen, wäre damit die Weiterentwicklung der Gesellschaft noch nicht bewerkstelligt. Chancengleichheit und Gerechtigkeit in der Gesellschaft lassen sich nicht in der Schule herstellen, pädagogische Erneuerung reicht nicht, um soziale Benachteiligung zu bekämpfen.

Am Beispiel der Überwindung geschlechtsspezifischer Diskriminierung lässt sich veranschaulichen, dass die Entwicklung in der Schule der Entwicklung in der Gesellschaft folgt, nicht umgekehrt. Gomolla und Radtke: »Erreicht wurde die Veränderung der Verhältnisse nicht mit Pädagogik, sondern durch eine Politisierung der Diskussion über Ungleichheit und Ungleichbehandlung, in deren Folge es zu einer Reorganisation der Struktur des Bildungsangebots für Mädchen, einer Änderung der Selektionspraktiken in den Schulen und einer Delegitimation von Begründungshaushalten kam, die bis dahin die Entscheidungen gültig machten.« Die Wendung von den ›Begründungshaushalten‹ mag in Verbindung mit Mädchen unfreiwillig komisch sein. In der Sache jedoch bezeichnet sie jenen Vorrat an Pseudoargumenten zur Rechtfertigung von Diskriminierung, die nach und nach an Legitimation verloren.

Im Unterschied zu den politischen Auseinandersetzungen um gesellschaftliche und ökonomische Modernisierungsprozesse, zu deren wichtigsten Elementen die ›Frauenfrage‹ und zu deren wichtigsten Antriebskräften die Frauenbewegung gehörte, ist die Diskussion der Bildungsfrage von einer *Ent*politisierung der Diskussion über Ungleichheit gekennzeichnet. Das ist, nebenbei gesagt, auch einer der Gründe dafür, warum die klassistische Diskriminierung im Vergleich zur sexistischen und rassistischen zwar bedauernd umschrieben wird, aber in kategoriale Indifferenz gebannt bleibt. Wortprothesen wie ›Klassismus‹ sind deshalb besser als gar keine Begriffe, wenn es darum geht, laut und deutlich zu sagen, was leider Sache ist.

Im neuen deutschen Bildungsstreit werden politische Argumente zu häufig in geduckter Haltung ins Spiel gebracht. Groß ist die Furcht, mit der roten Karte des Sozialismusverdachts vom Debattenfeld verwiesen zu werden. Da bietet es sich auch für mich an, hinter den breiten Rücken eines Milliardärs zu schlüpfen. Warren Buffett, der zweitreichste Mann der USA, wurde nicht zum ›working poor‹, als er 30 Milliarden US-Dollar der Stiftung von Bill Gates, dem reichsten Mann der Welt, überschrieb. Aber er brachte in sympathischer amerikanischer Hemdsärmeligkeit die moralische Fragwürdigkeit des Generationenvertrags der Privilegierten zur Sprache: »Es gibt keinen Grund, warum künftige Generationen von kleinen Buffetts das Land beherrschen sollen, nur weil sie aus der richtigen Gebärmutter kommen.«

Das lässt sich auch wissenschaftlich verallgemeinert sagen, mit Roberto Mangabeira Unger beispielsweise: »Es geht darum zu verhindern, dass die erbliche Übertragung ökonomischer und bildungsmäßiger Vor- und Nachteile durch die Familie die Lebenschancen von

Individuen maßgeblich beeinflusst.« Aber: »Selbst in den fließendsten und egalitärsten Gesellschaften unserer Zeit bildet die Vererbung ökonomischer und bildungsmäßiger Privilegien innerhalb der Familie noch immer ein großes Hemmnis für die Mobilität zwischen den Generationen. Das heißt, bereits die Abschaffung des Erbrechts [...] für alles außer einem bescheidenen Familienminimum käme überall einer Revolution gleich.«

Beim Wort ›Revolution‹ zucken die einen zusammen, die anderen brechen in Gelächter aus. Ich will offenlassen, zu welcher Sorte ich gehöre. Aber ich bin überzeugt, dass sich Freiheit, Gleichheit, Geschwisterlichkeit zwar in der Schule lehren, aber nicht durch die Schule verwirklichen lassen. Alle Erfahrungen haben gezeigt, betont der Bildungsforscher Heinz-Elmar Tenorth, »dass sich die Differenz von pädagogischer und gesellschaftlicher Gleichheit nicht überspringen lässt«. Verbesserungen beim einen ziehen keineswegs Verbesserungen beim anderen nach sich: »Im Bildungsparadoxon moderner Gesellschaften, in dem höhere Bildung immer bedeutsamer wird, ohne doch allein zu sichern, was sie verspricht (und früher vermeintlich garantierte), ist die unterstellte enge Bindung von Bildung und Statuserwerb bzw. -sicherung an ihr Ende gekommen.«

Diese Passage wirkt zweideutig. Sie könnte sich interpretieren lassen, als seien Bildung und Status entkoppelte Systeme, und das eine habe mit dem anderen in modernen Gesellschaften nichts mehr zu tun. Das wäre dann eindeutig: Unsinn. Das Wörtlein ›allein‹ ist der Angelpunkt im Zitat. Bildung sichert zwar nicht mehr automatisch höheren Status und höheres Einkommen, aber umgekehrt ist höherer Status und höheres Einkommen ohne Bildung fast nie zu erwerben, wenn nicht gerade ein Tellerwäscher Millionär wird oder ein Esel erbt.

In Bezug auf die Bildung als Selbstwert ist das, was sie an Status und Einkommen mit sich bringt, zwar nicht unwichtig, aber doch sekundär. Das unterscheidet sie auch vom bloßen Wissen und von technischer Kompetenz. Man kann auch ohne Bildung eine gute Steuerberaterin sein oder ein guter Ingenieur. Bei der Spitzenanwältin oder dem herausragenden Pädagogen allerdings ist das schwer vorstellbar, weil deren Spezialistenfertigkeit mit dem verwachsen und verwoben ist, was man Kommunikations- und Reflexionskompetenz nennen könnte, die sich ohne Bildung nicht entfalten.

Die sogenannte Wissensgesellschaft ist keine Bildungsgesellschaft, sondern muss erst zu einer gemacht werden. Das ist in den letzten Jahren und Jahrzehnten nicht leichter geworden. Spezialistentum und Arbeitsteilung sind unverzichtbar für die Weiterentwicklung wissenschaftlicher Erkenntnisse und die Steigerung technischer Leistungen, aber sie werden seit jeher mit Betriebsblindheit bezahlt und sind neuerdings auch mit Abwertungsprozessen verbunden. Süffisant mit Konrad Paul Liessmann gesagt: »Es ist nicht der Arbeiter, der zum Wissenden, sondern der Wissende, der zum Arbeiter wird. Wäre es anders, würde man Unternehmen in Universitäten und nicht Universitäten in Unternehmen verwandeln.«

Zur wachsenden Fallhöhe zwischen Spezialkompetenz und Allgemeinbildung kommt die Kluft zwischen dem, was Menschen möglich ist, und dem, was Menschen darüber wissen. Beim Schreiben auf dem Computer ist das unwesentlich. Die meisten haben null Ahnung von den Nullen und Einsen des binären Codes und kommen mit den Rechnern, die erfolgreich so tun, als könnten sie schreiben, trotzdem wunderbar zurecht. Wir steigen ja auch ins Flugzeug und glauben, dass es fliegt, obwohl wir nicht wissen warum. Wir agieren magisch wie die Regenmacher. Nur mit dem Unterschied, dass wir ›rein theoretisch‹ wissen *könnten*, wie es praktisch funktioniert, wenn wir Lust darauf und die Zeit dafür hätten.

So unproblematisch unsere alltägliche Funktionsmagie bei Aktivitäten wie Computern oder Fliegen ist, so eklatant sind die Folgen der wachsenden Kluft zwischen dem Machbaren und dem Wissbaren, wenn es um Leben und Tod geht. Die in den letzten Jahren rasant gestiegenen biotechnischen Möglichkeiten bei der Erzeugung des Lebens und bei seiner Verlängerung über den (Herz-)Tod hinaus, haben sich von den bioethischen Kenntnissen und alltagsmoralischen Vorstellungen der meisten Menschen vollständig entkoppelt. Und das auf einem ›Gebiet‹, mit dem wir alle einmal zu tun bekommen werden.

Das drastische Beispiel wurde gewählt, um zu veranschaulichen, was es bedeutet, wenn die Brücken zwischen der normalen Vernunft und dem Expertenwissen einstürzen. Nur Bildung kann die dringend benötigten Behelfsbrücken schlagen.

Es käme darauf an, analog zum Bürgersinn einen Bildungssinn zu entwickeln. Damit ist mehr als Begabtenförderung gemeint. Die Unterstützung einzelner Bif- und Unterschichtkinder, auch wenn es noch so viele sind, genügt nicht. Vielmehr muss in den bildungsfernen Gegenden der Gesellschaft eine *mentale* Alphabetisierung stattfinden und in den bildungsnahen eine Besinnung darauf, dass Denken mehr ist als ›Vernetzen‹ und ›Verlinken‹.

In den unteren Schichten haben die Selbstblockaden gegen all das, was man ›geistige Erfahrungen‹ nennen kann (und muss, auch wenn es hochtrabend klingt), mit der schichtspezifischen Kohärenzkraft zu tun, die zwar Geborgenheit gibt, oft aber zugleich Zusammengehörigkeitsgefühle tyrannisch erzwingt. Man könnte es mit dem Krabbeneimereffekt vergleichen. Gefangene Krabben im Eimer muss man nicht mit einem Deckel an der Flucht hindern. Das erledigen sie selbst. Jede Krabbe, die an der Innenwand des Eimers nach oben klettert, und das passiert dauernd, wird von den anderen sofort wieder zurückgeholt. So ist an der Oberfläche die ganze Gruppe dauernd in Bewegung, aber kein Individuum kommt von der Stelle.

Wendet man die kleine Parabel auf die Kohärenzkraft der Bildungsferne bei den Bifs an, zeigt sich die alte Schwierigkeit: Die Überwindung der Bildungsblockade setzt die Bildung voraus, deren Aneignung sie erst ermöglichen soll. Gegen dieses Pinocchio-Dilemma hätte sich ein neuer Bildungssinn durchzusetzen.

Bei den Bildungsnahen wiederum würde ein allgemeiner Bildungssinn unvermeidlich mit den eigenen Interessen kollidieren. Solidarität hat jedoch Grenzen, wenn sie ihren Preis hat. Das ist ebenfalls ein Dilemma, und man sollte hier nicht zu viel erwarten.

Die Bürger allein werden das Bildungsproblem nicht lösen können und der Staat allein kann es auch nicht. Es geht nur mit einer Doppelstrategie:

In der Zivilgesellschaft müsste der Bildungs*sinn* durch eine Bildungs*bewegung* entwickelt und vorangetrieben werden, deren Vorbild für mein Dafürhalten nicht etwa die Ökobewegung zu sein hätte, sondern die Frauenbewegung. Und zwar deshalb, weil die

Ökobewegung zu globalmoralischen Überhöhungen neigte und eine Vorliebe für die Rettung der Welt hatte, während es den Frauen darauf ankam, sich selbst zu retten – und das ist viel effektiver.

Von staatlicher Seite müsste eine Bildungs*entwicklungs*politik entworfen werden, die sich nicht nur darum kümmert, Bildung bereitzustellen oder die bereits vorhandenen Angebote zu reorganisieren. Entwicklungspolitik für Bildung hat neben und *vor* den bestehenden pädagogischen Institutionen stattzufinden. Von größter Bedeutung ist die Vorschulerziehung. Vielleicht wäre die Einführung einer allgemeinen Vorschulpflicht ähnlich der Einführung der allgemeinen Schulpflicht der richtige Weg. Das müsste mit Bedacht angegangen werden, denn das Vordringen des Staates in die frühkindliche Erziehung ist eigentlich von Übel, genau wie das Vordringen des Ökonomischen in die frühkindliche Erziehung von Übel ist und schon die kleinen Mäuse ins Rattenrennen zwingt. Dennoch ist eine faire Vorschulerziehung für alle gegen die konservativen Versuche zu verteidigen, Vorschule und Familie gegeneinander auszuspielen.

Bildungssinn, Bildungsbewegung, Bildungsentwicklungspolitik. Klingt das nicht nach Sonntagsrede? Stimmt. Nur wenn sich im Alltag etwas ändert, bekommen die Bifs eine Chance.

Dazu tragen weder naive Radikalappelle etwas bei noch die von Beschwichtigungsrhetorik geprägten Aufrufe besorgter Honoratioren. Zwischen nur mit sich selbst spielender ideologischer Renitenz und einem Pragmatismus von oben herab kommt es bei der Bildung tagtäglich darauf an, wer von wem was bekommt – oder es sich nimmt!

Zitatnachweise

Einleitung: Pinocchios Dilemma

Collodi: *Pinocchio*, S. 74, 24, 9, 223. Unger: *Wider den Sachzwang*, S. 81 f. Dahrendorf: *Bildung als Bürgerrecht*, S. 38. Dahrendorf: S. 94 f. Benvenuto: *Das Pinocchio-Prinzip*, S. 112. ›Litanei‹: *Zeit* v. 3.4.03, *Zeit* v. 14.10.04, *Zeit* v. 22.3.07. Brontë: *Sturmhöhe*, S. 422.

Kapitel 1: Kurze Geschichte der Chancengleichheit

Goethe: *Dichtung und Wahrheit*, S. 10. Philologenverband, zitiert nach Friedeburg: *Bildungsreform in Deutschland*, S. 332. Die Bayerische Schule, zitiert nach Hüfner, Naumann: *Konjunkturen der Bildungspolitik*, S. 101. Der Bildungsbericht des Max-Planck-Instituts entspricht Cortina u. a.: *Das Bildungswesen in der Bundesrepublik*, dort S. 44. Brookover, zitiert nach Hüfner, Naumann: *Konjunkturen*, S. 109. Hamann: *Geschichte des Schulwesens*, S. 241. Richter und Mikat, zitiert nach Kenkmann: *Von der bundesdeutschen ›Bildungsmisere‹ zur Bildungsreform*, S. 405 f. Kenkmann, S. 422. Picht: *Die deutsche Bildungskatastrophe*, S. 58. Schnuer: *Die deutsche Bildungskatastrophe*, S. 22, 29. Heckel, zitiert nach Picht, S. 240. Picht: *Die deutsche Bildungskatastrophe*, S. 81. Verband Deutscher Studentenschaften, zitiert im Anhang von Picht, S. 227, 229. Mikat, zitiert im Anhang von Picht, S. 188. Dahrendorf: *Bildung als Bürgerrecht*, S. 76. Heckel bei Picht, S. 235. *Zeit* v. 28.9.06. Dahrendorf, S. 62 f., 35. Friedeburg: *Bildungsreform in Deutschland*, S. 333. Cortina: *Bildungswesen*, S. 118, 119. Liessmann: *Theorie der Unbildung*, S. 50. Dahrendorf: S. 98.

Kapitel 3: Volksschule. Hauptschule. Restschule. Rütlischule

KMK nach Lundgreen: *Sozialgeschichte der deutschen Schule*, S. 37. Deutscher Ausschuss, zitiert nach Hüfner: *Konjunkturen der Bildungspolitik*, S. 118, und Schnuer: *Die deutsche Bildungskatastrophe*, S. 34. Von der Hauptschule zur Restschule: Der Aufsatz stammte von Ulf Preuss-Lausitz. Friedeburg: *Bildungsreform*, S. 467. Wissenschaftlich ausgedrückt: Zitat Cortina: *Bildungswesen*, S. 410. Hussein: *Zeit* v. 7.10.04. Kommentar: *Tip* 26/2006. Bos: *Zeit* v. 10.4.03. Lehberger:

Zeit v.12.4.06. Hochschild: *Zeit* v. 14.12.06. Bauer: *Lob der Schule*, S. 117 f. Lenzen: *Zeit* v. 8.3.07. Amerikanische Studie: *Zeit* v. 3.5.07.

Zwischenstück über Selektion

Bos: *Zeit* v. 10.4.03. Lehmann: *Zeit* v. 18.1.07. Picht: *Bildungskatastrophe*, S. 31 f. Bildungsbericht: Zitat nach Schnuer: *Deutsche Bildungskatastrophe*, S. 31. Cortina: *Bildungswesen*, S. 128. Kluge: *Bildungsmisere*, S. 72 f. Die Mädchenzahlen nach Dahrendorf: *Bildung ist Bürgerrecht*, S. 72. Roth: *Fühlen, Denken, Handeln*, S. 400. Colwyn Trevarthen: Wer schreibt die Autobiographie eines Kindes? In: Welzer, Markowitsch (Hg.): *Warum Menschen sich erinnern können*, S. 237. Die amerikanische Studie nach *Zeit* v. 3.5.07. Muñoz-Bericht: *Report of the Special Rapporteur on education on his Mission to Germany*. Meinhardt: Der Muñoz-Bericht ist eine Zumutung, www.fdp.de/files/541/309-Meinhardt-Bildungsbericht.pdf (Seite zuletzt besucht am 13. November 2007). Roth: *Fühlen* ..., S. 404, 180. Rost: *Zeit* v. 31.5.07. Bos: *Zeit* v. 10.4.03

Kapitel 4: Hölle & Himmel

Benediktsregel: Benedikt von Nursia: *Die Benediktsregel*, S. 30 f.

Kapitel 5: Die Auferstehung des konfessionellen Gymnasiums und der Boom der Privatschulen

Kluge: *Schluss mit der Bildungsmisere*, S. 169. Sußebach: *Zeit* v. 1.2.07. Tenorth: *Zeit* v. 18.1.07. Zimmermann: ›Schule der Republik‹, S. 56. Schnuer: *Bildungskatastrophe*, S. 70. Verband Deutscher Privatschulen: *Welt am Sonntag* v. 6.8.06. Phorms AG: *Spiegel* 39/2006. Götte: *Zeit* v. 15.2.07. *chrismon*: Nr.12/2006. Edelstein: *Zeit* v. 2.9.04. Phorms AG: *Welt am Sonntag* v. 6.8.06. Mayer: *Zeit* v. 2.9.04.

Zwischenstück über die Achtundsechziger

Dutschke: *Geschichte ist machbar*, S. 117 f. Heydebreck, zitiert nach Friedeburg: *Bildungsreform*, S. 369. Friedeburg: ebd., S. 369, 372.

Kapitel 6: asdf jklö

Wössmann: *Zeit* v. 14.6.07. Nietzsche: *Zarathustra*, S. 94.

Kapitel 7: Die Realschule: rascher Aufbau, schnelle Entwertung

Mikat, zitiert nach Picht: *Bildungskatastrophe*, S. 188 f. Denkschrift des Deutschen Verbands, zitiert nach Lundgreen: *Sozialgeschichte*, S. 58. Cortina: *Bildungswesen*, S. 123.

Zwischenstück über Dialekt

Bufalino: *Museum der Schatten*, S. 48. Singer: *Was kann ein Mensch wann lernen*, S. 88. Vonnegut: *Das Handwerk des Schreibens*, S. 231. Goethe: *Dichtung und Wahrheit*, S. 227. Spranger: *Der Eigengeist der Volksschule*, S. 41. Adorno: *Philosophie und Lehrer*, S. 45 f. Handbuch: Gerdes, Schön: *Sprachsoziologie*, S. 433 ff. Bernstein, zitiert nach Vinnai: *Sozialpsychologie der Arbeiterklasse*, S. 48. Friedeburg: *Bildungsreform in Deutschland*, S. 454.

Kapitel 8: Abitur im ›Deutschen Herbst‹

Kant: *Was ist Aufklärung*, S. 9. Gide: *Uns nährt die Erde*, S. 44.

Kapitel 9: Das Gymnasium: Privileg auf Bewährung

Bohrer: Zitate in: *Nach der Natur*, S. 87, und in der *Zeit* v. 8.2.01. Büchner: *Der Hessische Landbote*, S. 211. *Leonce und Lena*, S. 30. Brandt: *Bildung, Please!*, S. 80. Schnuer: *Deutsche Bildungskatastrophe*, S. 65. Deutscher Bildungsrat, nach Kenkmann: *Von der bundesdeutschen ›Bildungsmisere‹ zur Bildungsreform*, S. 418. Oelkers: *Zeit* v. 2.12.04. Picht: *Bildungskatastrophe*, S. 70 f. Lange: *Zeit* v. 30.11.06. Behler: *Zeit* v. 12.5.05. Baumert: *Zeit* v. 30.11.06.

Zwischenstück über ›Stallgeruch‹

Mosca: Zitate in: *Gegenworte* 12/2007, S. 7. Balzac: *Vetter Pons*, S. 192 (beide Zitate). Hobsbawm: *Gefährliche Zeiten*, S. 415. Bernstein: zitiert nach Negt: *Achtundsechzig*, S. 300 f. Hirnforschung: Markowitsch, Welzer: *Das autobiographische Gedächtnis*, S. 241. Goffman: *Stigma*, S. 150. Wolff: *Alte Schule*, S. 29. Bourdieu: *Soziologie der symbolischen Formen*, S. 60. Hartmann: *Der Mythos von den Leistungseliten*, S. 125. Horkheimer-Zitat: ebd. Bourdieu: *Die feinen Unterschiede*, S. 568. Becker: *Die groben und die feinen Unterschiede*, S. 79 f. Blossfeld: *Zeit-Chancen-Spezial*, Dez. 2004. Verhaltensphysiologe: Roth: *Fühlen …*, S. 91. Hartmann: erstes Zitat in: *Was heißt eigentlich ›Exzellenz‹?*, S. 30, zweites in: *Der Mythos …*, S. 122. Nicolaus Sombart: *Journal intime*, S. 91. Werner Sombart: *Liebe, Luxus und Kapitalismus*, S. 105.

Kapitel 10: Examen in der Tasche

Schölling: *Zeit* v. 14.4.07. Durkheim: *Über die Teilung der sozialen Arbeit*, S. 443. Archilochos, zitiert nach Berlin: *Den Ideen die Stimme zurückgeben*, S. 251, Anmerkung 5. Jessen: *Zeit* v. 9.9.04. Standardwerk: Fuchs: *Biographische Forschung*, S. 91. Habermas: *Theorie des kommunikativen Handelns*, Bd.1, S. 9. *Proletarische Lebensläufe*, herausgegeben von Emmerich, Bd. 1, S. 22. Bromme, zitiert nach Emmerich: Bd. 1, S. 199. Hauptmann: *Wanda*, S. 12. Weiss: *Ästhetik des Widerstands*, Bd. 1, S. 9. Humboldt: *Studienausgabe*, S. 99 f. und S. 109.

Kapitel 11: Die Universität: Elite, Masse, Elite

Goethe: *Faust*, S. 207. Hörisch: *Die ungeliebte Universität*, S. 22. Friedeburg: *Bildungsreform*, S. 381. Becker: *Die groben und die feinen Unterschiede*, S. 80. Schwarz: alle Zitate nach einem Interview in der Zeitschrift *Gegenworte* 17/2007. Hörisch: *Ungeliebte Universität*, S. 123. Antoni, zitiert nach Krautz: *Ware Bildung*, S. 147. Liessmann: *Theorie der Unbildung*, S. 131. Smith, zitiert nach Podak: *Die Legende vom heiligen Markt*, *Süddeutsche Zeitung* v. 25./26.2.06. Briedis: *Zeit* v. 14.4.07. Kluge: *Schluss mit der Bildungsmisere*, S. 166 und S. 162 f. Hörisch: *Ungeliebte Universität*, S. 124. Grüske: *Zeit* v. 14.9.06. Rürup: alle Zitate in der *Zeit* v. 20.1.05. Deutsches Studentenwerk: *Zeit* v. 7.12.06. Dobischat: *Zeit* v. 24.5.07. Leserbrief: *Zeit* v. 10.2.05. Gaschke: *Zeit* v. 8.12.05, 11.8.05, 4.5.05.

Ausblick: Der PISA-Schock und die Folgen

Voilà-Effekt: bei Dahrendorf: *Bildung als Bürgerrecht*, S. 18. Gabriel: *Zeit* v. 7.3.02. Westerwelle, zitiert nach der Zeitschrift: *Gegenworte*, Nr. 17/2007, S. 11. Lauterbach: *Spiegel* Nr. 34/07. Vereinigung der Hessischen Unternehmerverbände, zitiert nach Krautz: *Ware Bildung*, S. 177. Gomolla/Radtke: *Institutionelle Diskriminierung*, S. 238, 292, 22. Buffett: *Zeit* v. 3.5.07. Unger: *Wider den Sachzwang*, S. 155, 57. Tenorth: Ein Votum für Leistungsuniversalismus, S. 13, 10. Liessmann: *Theorie der Unbildung*, S. 43.

Literatur

Adorno, Theodor W.: Philosophie und Lehrer; in: ders.: *Eingriffe. Neun kritische Modelle*; Frankfurt a. M. 1974

Adorno, Theodor W.: Theorie der Halbbildung; in: *Gesammelte Schriften* Bd. 8/1; Frankfurt a. M. 1980

Balzac, Honoré de: Vetter Pons; in: ders.: *Vetter Pons. Vater Goriot. Gobseck*; München 1960

Bauer, Joachim: *Lob der Schule. Sieben Perspektiven für Schüler, Lehrer und Eltern*; Hamburg 2007

Becker, Thomas: Die groben und die feinen Unterschiede; in: *Gegenworte* Nr.17/2007

Benedikt von Nursia: *Die Benediktsregel. Eine Anleitung zu christlichem Leben. Der vollständige Text der Regel lateinisch – deutsch*; Zürich 1993

Benvenuto, Sergio: Das Pinocchio-Prinzip; in: *Lettre International* Nr. 59

Berlin, Isaiah; Jahanbegloo, Ramin: *Den Ideen die Stimme zurückgeben. Eine intellektuelle Biographie in Gesprächen*; Frankfurt a. M. 1994

Bohrer, Karl Heinz: *Nach der Natur. Über Politik und Ästhetik*; München 1988

Bourdieu, Pierre: *Zur Soziologie der symbolischen Formen*; Frankfurt a. M. 1974

Bourdieu, Pierre: *Die feinen Unterschiede. Kritik der gesellschaftlichen Urteilskraft*; Frankfurt a. M. 1997

Brandt, Reinhard: Bildung, Please!, in: *Lettre International* Nr.77

Bromme, Moritz Th. W.: *Lebensgeschichte eines modernen Fabrikarbeiters*. Nachdruck der Ausgabe von 1905, herausgegeben von Bernd Neumann; Frankfurt a. M. 1971

Brontë, Emily: *Sturmhöhe*; Düsseldorf 2006

Büchner, Georg: *Leonce und Lena*; Frankfurt a. M. 1982

Büchner, Georg: *Der Hessische Landbote*; in: ders.: *Werke*, herausgegeben von Paul Stapf; Wiesbaden o. J.

Bufalino, Gesualdo: *Museum der Schatten. Geschichten aus dem alten Sizilien*; Berlin 1992

Collodi, Carlo: *Pinocchio. Die Geschichte eines Hampelmanns*; München 2003

Cortina, Kai S.; Baumert, Jürgen, u. a.: *Das Bildungswesen in der Bundesrepublik Deutschland. Strukturen und Entwicklungen im Überblick. Ein Bericht des Max-Planck-Instituts für Bildungsforschung*; Reinbek 2003

Dahrendorf, Ralf: *Bildung als Bürgerrecht. Plädoyer für eine aktive Bildungspolitik*; Hamburg 1968 (erstmals 1965)

Durkheim, Émile: *Über die Teilung der sozialen Arbeit*; Frankfurt a. M. 1977

Dutschke, Rudi: *Geschichte ist machbar. Texte über das herrschende Falsche und die Radikalität des Friedens.* Herausgegeben von Jürgen Miermeister; Berlin 1980
Emmerich, Wolfgang (Hg.): *Proletarische Lebensläufe. Autobiographische Dokumente zur Entstehung einer Zweiten Kultur in Deutschland.* 2 Bde., Reinbek 1974
Friedeburg, Ludwig von: *Bildungsreform in Deutschland. Geschichte und gesellschaftlicher Widerspruch*; Frankfurt a. M. 1989
Fuchs, Werner: *Biographische Forschung. Eine Einführung in Praxis und Methoden*; Opladen 1984
Gerdes, Klaus; Schön, Georg: Sprachsoziologie; in: Heinz Ludwig Arnold, Volker Sinemus (Hg.): *Grundzüge der Literatur- und Sprachwissenschaft.* Bd. 2: *Sprachwissenschaft*; München 1974
Gide, André: *Uns nährt die Erde. Uns nährt die Hoffnung*; München 1976
Goethe, Johann Wolfgang von: *Aus meinem Leben. Dichtung und Wahrheit*; München 1973
Goethe, Johann Wolfgang von: *Faust. Eine Tragödie*; in: *Goethes Faust-Dichtungen*; München 1978
Goffman, Erving: *Stigma. Über Techniken der Bewältigung beschädigter Identität*; Frankfurt a. M. 1967
Gomolla, Mechthild; Radtke, Frank-Olaf: *Institutionelle Diskriminierung. Die Herstellung ethnischer Differenz in der Schule*; Wiesbaden 2007
Habermas, Jürgen: *Technik und Wissenschaft als ›Ideologie‹* ; Frankfurt a. M. 1968
Habermas, Jürgen: *Theorie des kommunikativen Handelns.* 2 Bde.; Frankfurt a. M. 1981
Hamann, Bruno: *Geschichte des Schulwesens: Werden und Wandel der Schule im ideen- und sozialgeschichtlichen Zusammenhang*; Bad Heilbrunn 1993
Hamm-Brücher, Hildegard: *Aufbruch ins Jahr 2000 oder Erziehung im technischen Zeitalter. Ein bildungspolitischer Report aus 11 Ländern*; Reinbek 1967
Hartmann, Michael: *Der Mythos von den Leistungseliten. Spitzenkarrieren und soziale Herkunft in Wirtschaft, Politik, Justiz und Wissenschaft*; Frankfurt a. M. 2002
Hartmann, Michael: Was heißt eigentlich ›Exzellenz‹? In: *Gegenworte* 17/2007
Hauptmann, Gerhart: *Wanda*; Gütersloh 1952
Hobsbawm, Eric: *Das Zeitalter der Extreme. Weltgeschichte des 20. Jahrhunderts*; München 1995
Hobsbawm, Eric: *Gefährliche Zeiten. Ein Leben im zwanzigsten Jahrhundert*; München 2003
Hörisch, Jochen: *Die ungeliebte Universität. Rettet die Alma mater!*; München 2006
Hüfner, Klaus; Naumann, Jens: *Konjunkturen der Bildungspolitik in der Bundesrepublik Deutschland: Der Aufschwung (1960–1967)*; Stuttgart 1977
Hüfner, Klaus; Naumann, Jens, u. a.: *Hochkonjunktur und Flaute. Bildungspolitik in der Bundesrepublik Deutschland 1967–1980*; Stuttgart 1986

Humboldt, Wilhelm von: *Studienausgabe in 3 Bänden*, herausgegeben von Kurt Müller-Vollmer; Frankfurt a. M. 1971

Kant, Immanuel: Beantwortung der Frage: Was ist Aufklärung?; in: Ehrhard Bahr (Hg.): *Was ist Aufklärung? Thesen und Definitionen*; Stuttgart 1974

Kenkmann, Alfons: Von der bundesdeutschen ›Bildungsmisere‹ zur Bildungsreform in den 60er Jahren; in: Axel Schildt, Detlef Siegfried, Karl Christian Lammers (Hg.): *Dynamische Zeiten. Die 60er in den beiden deutschen Gesellschaften*; Hamburg 2000

Kluge, Jürgen: *Schluss mit der Bildungsmisere. Ein Sanierungskonzept*; Frankfurt a. M., New York 2003

Krautz, Jochen: *Ware Bildung. Schule und Universität unter dem Diktat der Ökonomie*; Kreuzlingen/München 2007

Lauterbach, Karl: *Der Zweiklassenstaat. Wie die Privilegierten Deutschland ruinieren*; Berlin 2007

Liessmann, Konrad Paul: *Theorie der Unbildung. Die Irrtümer der Wissensgesellschaft*; Wien 2006

Lundgreen, Peter: *Sozialgeschichte der deutschen Schule im Überblick*. Teil II: 1918–1980; Göttingen 1981

Markowitsch, Hans J.; Welzer, Harald: *Das autobiographische Gedächtnis. Hirnorganische Grundlagen und biosoziale Entwicklung*; Stuttgart 2005

Muñoz, Vernor: Report of the Special Rapporteur on education, Vernor Muñoz, on his Mission to Germany (13–21 February 2006). United Nations, General Assembly, Distr. General, A/HRC/4/29/ Add.3, 9 March 2007

Negt, Oskar: *Achtundsechzig. Politische Intellektuelle und die Macht*; Göttingen 1995.

Nietzsche, Friedrich: *Also sprach Zarathustra*; München o. J.

Oevermann, Ulrich: Schichtenspezifische Formen des Sprachverhaltens und ihr Einfluss auf kognitive Prozesse; in: H. Roth (Hg.): *Begabung und Lernen*; Stuttgart 1969

Oevermann, Ulrich: *Sprache und soziale Herkunft. Ein Beitrag zur Analyse schichtenspezifischer Sozialisationsprozesse und ihrer Bedeutung für den Schulerfolg*; Frankfurt a. M. 1972

Picht, Georg: Bildung im Widerstreit; in: *Merkur Sonderheft*, Deutscher Geist zwischen gestern und morgen; Stuttgart 1954

Picht, Georg: *Die deutsche Bildungskatastrophe. Analyse und Dokumentation*; Freiburg 1964

Preuss-Lausitz, Ulf: Von der Hauptschule zur Restschule; in: *b:e* (*betrifft:erziehung*), Heft 1, 1975

Rösner, Ernst: *Hauptschule am Ende*; Münster 2007

Roth, Gerhard: *Fühlen, Denken, Handeln. Wie das Gehirn unser Verhalten steuert*; Frankfurt a. M. 2003

Schildt, Axel; Siegfried, Detlef; Lammers, Karl Christian (Hg.): *Dynamische Zeiten. Die 60er in den beiden deutschen Gesellschaften*; Hamburg 2000

Schnuer, Günther: *Die deutsche Bildungskatastrophe. 20 Jahre nach Picht – Lehren und Lernen in Deutschland*; Herford 1986
Singer, Wolf: Was kann ein Mensch wann lernen?; in: Nelson Killius, Jürgen Kluge, Linda Reisch (Hg.): *Die Zukunft der Bildung*; Frankfurt a. M. 2002
Sombart, Nicolaus: *Journal intime* 1982/83; Berlin 2005
Sombart, Werner: *Liebe, Luxus und Kapitalismus. Über die Entstehung der modernen Welt aus dem Geist der Verschwendung*; Berlin 1992
Spranger, Eduard: *Der Eigengeist der Volksschule*; Heidelberg 1956
Tenorth, Heinz-Elmar: Ein Votum für Leistungsuniversalismus auch in Schulen. Diskussionspapier zu einer Veranstaltung der Heinrich Böll-Stiftung; Ms 2007
Tillmann, Klaus-Jürgen: *Sozialisationstheorien. Eine Einführung in den Zusammenhang von Gesellschaft, Institution und Subjektwerdung*; Reinbek 1989
Unger, Roberto Mangabeira: *Wider den Sachzwang. Für eine linke Politik*; Berlin 2007
Vinnai, Gerhard: *Sozialpsychologie der Arbeiterklasse. Identitätszerstörung im Erziehungsprozess*; Reinbek 1973
Vonnegut, Kurt: Das Handwerk des Schreibens; in: ders.: *Nudelwerk. Reden, Reportagen, Kurze Texte 1965–1980*; Straelener Manuskripte, Straelen 1999
Wagner, Wolf: *Uni-Angst und Uni-Bluff*; Berlin 1977
Walter, Thomas: *Der Bologna-Prozess. Ein Wendepunkt europäischer Hochschulpolitik?* Wiesbaden 2006
Weiss, Peter: *Die Ästhetik des Widerstands*; 3 Bde., Frankfurt a. M. 1975–81
Welzer, Harald; Markowitsch, Hans J. (Hg.): *Warum Menschen sich erinnern können. Fortschritte in der interdisziplinären Gedächtnisforschung*; Stuttgart 2006
Wößmann, Ludger: *Letzte Chance für gute Schulen. Die 12 großen Irrtümer und was wir wirklich ändern müssen*; München 2007
Wolff, Tobias: *Alte Schule*; Berlin 2005
Wowereit, Klaus: *... und das ist auch gut so. Mein Leben für die Politik*; München 2007
Zimmermann, Martina: Die »Schule der Republik«. Scheitert die Schule als Integrationsinstrument?; in: *Dokumente* Nr. 6/2006